全国高校人才学课程系列教材

U0822183

国际人才学概论

王辉耀　苗　绿　郑金连　编著

致谢中国人才研究会国际人才专业委员会
北京东宇全球化智库基金会

中国人事出版社
中国劳动社会保障出版社

图书在版编目(CIP)数据

国际人才学概论/王辉耀，苗绿，郑金连编著. -- 北京：中国人事出版社：中国劳动社会保障出版社，2020

ISBN 978-7-5129-1450-6

Ⅰ.①国… Ⅱ.①王…②苗…③郑… Ⅲ.①人才学-概论 Ⅳ.①C96

中国版本图书馆 CIP 数据核字(2020)第 215125 号

中国人事出版社
中国劳动社会保障出版社 出版发行

(北京市惠新东街 1 号 邮政编码：100029)

*

三河市潮河印业有限公司印刷装订 新华书店经销

787 毫米×1092 毫米 16 开本 15.75 印张 232 千字

2020 年 12 月第 1 版 2021 年 3 月第 2 次印刷

定价：49.00 元

读者服务部电话：(010) 64929211/84209101/64921644

营销中心电话：(010) 64962347

出版社网址：http://www.class.com.cn

■ 教材编写委员会 ■

■ 总序一 ■

进入 21 世纪之后，人才学研究迎来了蓬勃发展的春天。这主要得益于时代的变迁，人才资源在经济社会发展中战略意义的凸显，特别是党中央国务院对人才资源与人才问题的高度重视。2003 年 12 月第一次全国人才工作会议召开，颁布《中共中央　国务院关于进一步加强人才工作的决定》，2010 年 5 月第二次全国人才工作会议召开，颁布《国家中长期人才发展规划纲要（2010—2020 年）》，这两次重要会议为全国人民绘制了人才强国的宏伟蓝图，激励全国人民为建设人才资源强国，实现中华民族伟大复兴而努力奋斗。

在这种形势下，如何将人才学知识普及开来、探索下去就成为一件重要而急迫的事情。中央领导同志对这个问题非常重视，多次发表讲话、部署工作，指出要重视人才理论研究，要以科学人才观指导人才工作，要加强人才学学科和研究机构建设。中央领导还指出，目前的人才理论研究，已经严重落后于实践，要鼓励理论创新、政策创新。中央领导还对人才学的学科体系建设进行了谋划，认为人才学应该包括宏观人才学、微观人才学、人才学通论等。这些重要指示为当前人才理论研究向哪里发展以及如何发展指明了方向。

以杨河清教授为领军者的首都经济贸易大学的人才研究队伍，积极响应中央号召，很快开始了 21 世纪高校人才学教材的编写工作。目前已经编出全国第一套人才学课程系列教材，有《人才战略的制定与实施》《人才素质测评理论与实务》《人才考核体系与激励策略》《人才保障与服务》《人才开发概论》五种。今后，还会有更多的成果奉献给急需这些成果的青年学生与广大读者。可以说，这是在全国高校行动快、带了头的一件好事，值得肯定与鼓励。

值得特别注意的是，这些教材较之于 20 世纪 80 年代的人才学教科书在学科建设方面突出了研究方法的创新，从而推动了教学内容的进一步深化。以人才战略研究为例，以往的研究大都属于定性研究，定量研究不多。这套教材的编写，把定量化实证研究方法引入教材内容，采用了 SPSS 和 AMOS 等现代统计分析软件，运用了探索性因子分析、验证性因子分析、结构方程模型分析、描述统计分析等方法验证了研究假设，构建了中国人才发展战略模型，推进了人才发展战略量化理论的研究，做到了人才研究的与时俱进。

人才学研究在中国虽说已经有了 30 年的历史，但是这个学科的理论体系到底是怎样的，谁也没有给出过定论，因为它本身就是一个开发发展的体系。我个人认为，以世纪之交为界限，国内人才学研究可以大致划分为两个不同的阶段。前 20 年，主要是学者个体进行的，后 10 年则是在组织领导下进行的；前 20 年，结合实际不够紧，后 10 年大量结合实际工作；前 20 年创新层次较低，后 10 年创新层次大幅上升，属于高层次系统创新。前不久经国家标准化管理委员会批准，人才学已经从三级学科上升为二级学科，这就为人才学教学科研队伍建设以及高校招收本科生、研究生创造了十分有利的前提条件。社会需要与领导重视已经成为人才学快速发展与深入发展的强大动力。这一套高校人才学丛书较好地反映了当前全国人才学研究水平，是一套具有开拓意义的新世纪人才学研究成果。可以肯定，它对下一步高校广泛开展人才学教学与科研，具有示范价值与推动作用。而且我相信，紧随其后，还会有更多的高校人才学教材陆续面世。

一门新学科有没有生命力，关键是它能不能满足社会需求，以及能不能满足不断发展的社会需求。要做到这一点，关键就在于持续创新。这就对丛书的编著者提出了更高的期望。期望能够列出若干条，我认为最重要的就是人才学概念、人才学概念群、人才学学科规律体系表述的创新。

众所周知，人才学属于一门综合性的社会科学学科，所涉及的学科较多。写出高水平人才学著作有一定的难度。这就要求我们提升概括能力、归纳能力、综合能力、跃迁能力。在世界上，国外已经有人力资源学说，发达国家高校的人力资源教科书也到处可见，因此，怎样写出具有中国特色的人才学专著还确实是一件不大容易的事。创新不能凭空，出路在于实践。要想提高人才学学术水准，我认为可行的办法只有一个，那就是立足中国现实，一手伸向国外，一手伸向历史。前些年，不少高校开设人力资源课，也取得一定成绩，但是那是西方的体系，学习的目的全在于结合中国国情，如果不是这样，学了也难用。我已经注意到，这些年来，国内研究人才学的众多学者为国内人才流动、人才市场建设、人才战略制定、人才队伍建设出了不少力。究其原因，就是人才学研究与国家实际情况结合较紧，不少研究成果用得上。有句古诗说“蜂蝶纷纷过墙去，疑是春色在邻家”。我们完全没有必要认为，所有的好东西都在国外，所以言必称国外。我们完全有信心建立我们中国特色、中国风格的人才理论。道理不在别处，就在于当前发生在中国大地的有史以来最壮观的关于人力资源、人才资源的伟大变革，我们是参与者、亲历者、改革者、感悟者，我们完全有能力把自己的经验总结好，上升为系统的、理性的、完整的、生动的新认识。

学习、使用这套教科书的更多的是年青一代。年轻人的任务不仅是要继承，还要创新。要思考教科书里哪些内容讲对了，哪些内容还值得改进。只有以这种态度读书学习才是真正的读书学习。改革开放时代丰富多彩、热气腾腾的人才实践是比任何教科书都伟大的无字教科书。所有的理论都是在社会实践的检验中不断产生并日益走向成熟的。我期待着有更多的年轻人加入人才学研究的队伍，把发轫于中国的人才学研究继续推向前进。

王通讯

中国人才研究会学术委员会主任

2012 年 9 月 12 日

■ 总序二 ■

人才学是以人才管理与开发为研究对象，综合经济学、人口学、人力资源管理学、组织行为学、社会学等学科而形成的一门交叉新兴学科。人才学在宏观层面上，主要研究人才思想、人才战略规划、人才聚集与开发等内容；在中观与微观层面上，则主要研究人才胜任力模型、测评、开发、培训、选拔任用、激励和人才成长的规律及其在人才发展实践中的应用。人才学研究的核心目标是，在人才学理论指导下，通过人才管理与开发一系列活动，做到人才与岗位的最佳匹配，挖掘人才的最大潜能，创造人才绩效最大化，提升人才竞争力，最终提升组织绩效和竞争力。

1979 年 10 月新华社发表了《社会科学园地里一株新苗破土而出，人才学引起学术界的重视》的报道，这标志着中国人才学的诞生，并开始了人才学的创建。1992 年，新兴的人才学被国家承认，作为三级学科列入《学科分类与代码》（中华人民共和国国家标准），学科代码：630. 5520。经国家标准化管理委员会批准自 2012 年 3 月 1 日起，人才学正式列为社会学下的二级学科。

改革开放至今，中国人才学研究取得了一定成绩。步入 21 世纪之后，中国人才学发展加快了步伐。2003 年 12 月，我国召开了第一次全国人才工作会议，对人才学科发展进行了重要部署。2010 年 5 月，第二次全国人才工作会议在北京召开，《国家中长期人才发展规划纲要（2010—2020 年）》出台，这标志着我国的人才学科建设开创了全新局面。

在历数中国人才学发展成绩的同时，也意味着中国人才学发展面临着一定挑战或者不足，尤其是在理论研究方面显得滞后于实践工作进程，主要表现为：

第一，定量化的实证性理论研究成果较少。由于历史的原因，我国社会科学领域的部分学者擅长于定性的规范研究，对定量化的实证性的研究较少，在人才学科领域也不例外。因此，我国人才学领域的研究成果中，定量化的实证性理论研究成果还需要进一步加强。

第二，系统化的理论研究成果不多。由于人才学是一门交叉新兴学科，目前在全国各个高校中，只有首都经济贸易大学于 2011 年成功申请人才学的硕士点和博士点，因此，在该领域缺乏足够的研究专家团队，且系统化的理论研究成果不多见。

第三，实践工作者缺乏科学的、系统的理论指导。在中国的实践领域，人才管理与开发的重要性逐渐凸显。但是他们普遍反映，在实践工作中，缺乏系列的丛书的理论指导，希望能为他们提供科学的理论依据，促进人才工作科学化、规范化、系统化发展。

为了满足社会需求，我们特别精心策划、组织一批本研究领域的专家、学者撰写这套书。我们提出了建设国际一流人才学精品丛书的目标，既鼓舞人心，又任重道远。为此，我们组成了教材编写委员会，主要为作者服务，同时，我们充分利用国内相关平台和人才优势，将这项工作不断向纵深推进。

这套书的主要创新点在于：一是在理论上，采取规范研究和实证研究相结合的方法，对中国人才管理与开发进行定量化的实证研究，比较系统地构建了中国人才管理与开发框架体系，丰富了人才学理论体系；二是在实践上，提出了人才学管理与开发实践的相关技术方法，对如何提升中国人才绩效进行了科学设计，为各类组织进行人才管理与开发实践提供了全新的管理思路与技术方法。

本套书对于认识中国人才成长的规律，解决目前中国人才发展中的现实问题，促进地区经济的持续、健康发展具有指导意义，对于丰富人才学研究具有重要的价值。同时本套书也可以作为各类组织制定人才管理制度的重要参考。

这套书的出版，得到相关领导的高度重视，得到有关单位的鼎力相助，得到相关高校和研究机构专家、学者的指导，得到社会热心人士的积极响应，得到中国人力资源和社会保障出版集团的大力支持。在此一并表示诚挚的敬意和衷心的感谢。

文章千古事，得失寸心知。尽管编委会和各专著的作者、编辑与审订者做出了很大努力，但由于水平所限，这套书仍会有不少缺点和不足。好在该丛书将会继续编辑下去，仍然有不断改进和提高的机会。错误和漏洞，敬请读者予以指正。同时，也希望有更多的有识之士加入到人才学研究中来，为中国人才学发展奉献聪明才智。如果说探索是一种乐趣，那么，在探索的路上做一块不起眼的铺路石则是一种幸运，也是我们的共同心愿。

杨河清

中国人力资源开发研究会副会长

中国劳动学会副会长

首都经济贸易大学学术委员会副主任

2012 年 9 月

■序言■

长期以来，我国一直高度重视国际人才工作，并取得了巨大成就，国际人才队伍不断壮大、政策突破创新的力度不断加大。自党的十八大以来，我国国际人才工作更是进入了前所未有的高速发展时期，突出表现为海外人才回流的速度不断加快。随着国际人才工作的不断推进，相关研究也逐渐起步。但面对日益复杂的国际形势、日趋激烈的国际人才竞争，我国国际人才研究正面临着新的机遇与挑战，原有的人才研究已难以适应新的发展要求，明显滞后于实践发展。因此，作为“人才学”的发源地，我国应及时总结国内外国际人才工作实践经验和研究经验，并在此基础上深化理论研究，构建系统的国际人才学理论体系。

从目前来看，我国对国际人才的研究主要集中在概念研究、类别研究、跨国流动研究、管理方法和竞争战略研究上。但是，这些研究尚处于起步阶段，通常将国际人才的研究内嵌于人才研究中，并未将国际人才群体单列出来作为主体研究对象。在采用更具针对性的方法和理论，构建和创新国际人才理论方面更是滞后，这在一定程度上不利于我国推进国际人才研究。因此急需开拓探索国际人才专项研究领域，对已有理论基础进行整合归纳，打通国际人才研究领域的各个环节，形成链条完整的国际人才学研究体系。基于长期对国际人才的跟踪和研究，笔者认为国际人才学研究应该朝以下方向努力。

第一，以国际人才相关实践经验为理论构建起点。一门学科的建立，不仅是理论的建立，更是社会实践的结果。人才研究本身与实践就有密不可分的关系，同样，国际人才学研究也应关注社会实践。具体来说，就是关注国际人才这一群体的发展状况，了解如何促进他们的成长、如何评价他们的社会贡献等。

第二，探索国际人才学的社会科学基础。我国现阶段的国际人才学研究更多的是对一种现象的描述和解读，缺乏研究方法和理论构建。总体来说，大多借助其他学科或研究方向，如劳动经济学、人力资源管理、国际移民研究等方向。这些学科或研究方向虽然为国际人才学的发展提供了参考依据，拓展了国际人才学的研究思路，但是，国际人才学应该拥有自身的研究范式和方法。

第三，拓展国际人才内涵和外延。相对于一般人才，国际性是国际人才的一个重要特征，此特征往往可以通过一些外部表征体现出来，比如外语好、有留学经历等。但是，判断一个人才是否是国际人才不能仅凭外部表征，还要看人才的专业特长，积极参与国际社会事务的各种能力所涵盖的内在和外在的综合特质。因此，对国际人才的概念界定应是开放的、广义的、动态化的，其未来研究也应该取各家之长。

第四，丰富国际人才的研究议题。现有国际人才研究成果主要涵盖国际人才的基本理论、国际人才开发、国际人才流动、国际人才竞争战略、国际人才治理等多样化的议题。从多个角度对国际人才进行深度挖掘，形成具有群体针对性的、系统的国际人才学研究体系，切实推动我国国际人才理论研究的深入发展，为我国国际人才工作水平提升提供坚实的理论支撑。

总之，国际人才学是一门新兴学科，也是我国学术领域的一个创新。我国的发展越来越受到全球的关注，人才学研究也开始从中国走向世界，吸引越来越多的优秀人才从事这一学科研究。

笔者长期从事国际人才学研究工作，在国际人才学方面做过一些探索，先后编著出版了《中国留学发展报告》《中国国际移民报告》《中国海归发展报告》《海外华侨华人专业人士报告》《中国区域国际人才竞争力报告》《国际人才竞争战略》等国际人才学系列蓝皮书及其他相关著作，从研究实践中发现，国际人才学的领域非常广阔，还有更多、更大的空间，需要更多优秀的专家学者加入这个队伍，需要一代又一代的时代精英去探索和发现。所以笔者真诚地希望将来能和更多专家学者以及人才学的支持者一道，不断开拓我国国际人才研究的新领域，为我国的国际人才学研究多做贡献，努力构建我国国际人才学的国际话语权。

西南财经大学发展研究院院长

全球化智库（CCG）主任　王辉耀

中国人才研究会副会长

2020 年 11 月 10 日

CONTENTS

目录

第一章　绪　　论

本章教学目标

掌握国际人才的含义、主要类别和常见的研究对象，初步把握国际人才学常见的研究主题和国际人才学与相关学科或研究领域的关系。

【导入案例】

美国强大的奥秘：获得全球顶尖人才的想象力①

近读《纽约时报》专栏作家弗里德曼文，题为《真正的美国梦之队》，说的是美国真正的竞争力在于人才，与笔者多年前发表的意见不谋而合。弗里德曼文章开头说他出席了一场隆重的晚宴，紧接着列举了一连串出席嘉宾的名单，从姓氏一看便知大多数是华人或印度人名。文章接着说，读者不要猜错，这不是中印友好协会的聚会，而是 2010 年“英特尔科学杰出人才奖”进入决赛的 40 名中学生参加的颁奖晚宴。从这些中学生中挑选 10 名上台讲述他们的发明方案和成长的小故事，然后再选出冠军，奖励 10 万美元。这些多半属于亚裔的才华横溢的中学生谈起他们的科学创意时眼睛发光，意气风发，尽管外行的听者不见得能听得懂，却受到感染，被深深打动。

弗里德曼自称是“狂热的移民支持者”。他认为美国领先于中国的关键，就是能确保合法移民源源不断流入本国，因为所有这些精力充沛、雄心勃勃的人才一旦与美国的人才环境结合，就会产生“魔法效应”。因此他敦促美国改进移民政策，以便其在世界汲取智力精英的竞赛中保持第一轮的优先选择

① 节选自资中筠. 资中筠谈人才优势：唯有思想是不能用钱砸出来的［EB/OL］.（2017-05-31）［2018-01-03］. http://cul.qq.com/a/20170531/032354.htm.

地位。他说，今天最重要的经济竞赛已经不在于国家或公司之间，而在于你和你自己的想象力之间。因为你的孩子个人想象出的东西能够以比以往任何时候都更远、更快、更便宜的方式付诸实施。今天，大多数东西都可以成为商品，唯一例外的是想象力，迸发出新思想火花的能力。

如果我现在有一种新的创意，我可以在中国台湾找设计者设计出方案，在中国大陆找工厂制造模型，然后到越南批量生产，用 Amazon 网站订货，还可以通过 freelancer 网站招聘人员为我做网页和后台管理。所有这一切都可以以极低的价格做到。只有一样东西不可能，也永远不会成为商品，那就是思想的火花。而英特尔晚宴的出席嘉宾，就是我们最优秀的思想火花迸发者。弗里德曼的结论是，只要美国大门一直打开，美国就能无往而不胜，这才是真正的"美国梦之队"。

此文令我想起大约 20 年前我在一篇文章中的话，那是针对 20 世纪 80 年代后期保罗·肯尼迪的《大国兴衰》一书问世后掀起的"美国衰落说"而发的。当时此说颇为盛行，其依据是美国 GDP 在世界经济总量中的比例比第二次世界大战之后的最高水平下降，同时日本经济正蓬勃发展，尤其是出口旺盛，于是有日本将取代美国之说。喊声最响的是美国人自己，确有危机感，还有知名东亚专家写的《日本第一》一书，风靡一时。本人当时不以为然，认为日本绝对不可能取代美国。其他论点此处不赘述，只引 20 世纪 90 年代初出版的拙著《战后美国外交史》"绪论"中的一段话。由于这本书已经绝版，不妨在此多引一些：

"一个常为论者所忽视的方面，就是美国的人才优势。如果说今后国际竞争主要是经济实力之争，而经济实力又取决于高科技和各种管理人才的话，美国吸引人才和发挥人才作用的优势仍将是一大强项。美国是移民国家，从一开始就有其独特之处。

"世界上没有一个国家的人口是从已经具备一定劳动力和技能的青壮年开始的。他们出生、成长阶段的'赔钱'是由别国支付的，而把最富创造性的年华和辛勤劳动贡献给美国。不仅在立国初期和'拓边'时期如此，这一进程贯穿于每个历史时期，至今方兴未艾。苏联解体后，美国在高科技人才方面有望发一笔意外之财，其深远影响不可估量。在人才日益国际化的今天，无可否认的事实是，全世界人才的自然流向是美国。只要这种情况不变，就说明美国的社会机制相对来说更能提供发挥创造力的条件。大批移民当然也会造成许多社会问题，但美国可以通过调整移民政策来择优劣汰。

“人才状况不是孤立的，它预示着未来的竞争潜力，也从一个侧面反映了当前的相对实力。因为人才流动不可能强迫。一个对人才有如许容量和吸引力的国家很难说已经走上了衰落之路。”

第一节 国际人才的界定

一、人才的词源与词义

谈及国际人才，首先要明确何为人才。

早在汉代的《毛诗序〈诗经·小雅〉》中就有“君子能长育人材，则天下喜乐之矣”的说法，不过，直到宋代以后，对“人才”一词的使用才逐渐增多。如《宋史》卷三四七，黄廉曰：“成天下之务，莫急于人才”；又如，清代龚自珍曰：“我劝天公重抖擞，不拘一格降人才”。随着白话文的推广，“人才”一词才得以广泛使用。[①] 在《现代汉语词典》中，“人才”意为“德才兼备的人；有某种特长的人”。王通讯认为，人才是为社会发展和人类进步进行了创造性劳动，在某一领域、某一行业或某一工作上做出一定贡献的人。[②]

在西方，并没有与“人才”直接对应的概念，比较相近的概念是“人才资本”和“人力资源”，相关研究也主要是从人力资源的角度进行讨论的。早在 19 世纪，部分学者就把人才资本归为国家竞争力的重要组成部分。德国历史学派经济学家弗里德里希·李斯特（Freidrich Liszt），把国家生产力分为三个层次：天然资源、社会状况和精神力量。其中，前两个层次是物质性质的生产力，最高层次是精神力量。在阐述精神力量时，李斯特强调了激励机制和智力开发，也即“人才资本”的重要性。1954 年，“现代管理学之父”彼得·德鲁克（Peter F. Drucker），在其名著《管理实践》中首次提出了“人力资源”的概念。德鲁克认为企业的资源包括很多，但真正的资源只有人力资源。企业走下坡路的第一个信号是对那些合格的、能干的、有志向的人才失

① 蔡永宁. 人才界定及其一般含义与特殊含义［J］. 人才开发，2008（11）：10-11.

② 王通讯. 宏观人才学［M］. 北京：中国社会科学出版社，2001：4.

去吸引力。①

由此可见，国内外对于“人才”的含义是有一定共识的。首先，“人才”必须有一定的知识和才干；其次，需要能对社会做出贡献。

1990年，哈佛大学商学院教授麦克尔·波特（Michael Porter）在他的著作《国家竞争优势》中提到，一国的竞争优势就是该国企业、行业的竞争优势。在不同的经济发展阶段，驱动经济发展的力量是不一样的。当经济进入知识经济和信息化时代时，靠传统的资源、资本、劳动力实现经济增长越来越困难，唯有通过知识和技术创新才能突破资源制约、产业升级困难等诸多发展瓶颈，实现经济持久增长。②世界互联的程度越来越高，变革越来越快，对创新的要求也越来越高。那么，拥有哪类人才的国家才真正具备未来竞争力？《世界是平的》一书作者托马斯·弗里德曼（Thomas L. Friedman）认为，今天的世界可以分成两类：“高想象力国家”和“低想象力国家”，“如果我有一个创意火花，我可以在香港找设计，通过在杭州的阿里巴巴找厂商来贴牌生产，再由一个网站来设计企业标志，真正的增值恰在最初的创意上”。从物理学家转型为投资人的张首晟也认为，“我判断人才的准则是他的原创性到底有多大。一个创业者再怎么草根，如果他有一个特殊的想法，我们还是会支持的。今天这个世界，人才是最核心的，别的所有东西全部可以被机器人取代，但人的创意不能被取代”。③

鉴于创新的重要性，2010年颁布的《国家中长期人才发展规划纲要（2010—2020年）》将人才定义为“具有一定的专业知识或专门技能，进行创造性劳动并对社会做出贡献的人，是人力资源中能力和素质较高的劳动者”。根据叶忠海的界定，“人才”的这一定义可以用“一个区别”和“三性”来加以总结。“一个区别”是指人才与人力资源的区别与联系，人才是人力资源中能力和素质较高的部分。“三性”是指人才范围的广泛性，强调专业知识或专业技能；人才劳动性质的创造性，强调创造性劳动；人才劳动方向的进步性，强调贡献，强调人才的德。④

那么，国际人才又该如何定义？其中的“国际”具体指何种性质呢？

---

①② 王辉耀. 国际人才竞争战略［M］. 北京：党建读物出版社，2014：5.

③ 王辉耀，苗绿. 人才战争2.0［M］. 北京：东方出版社，2018：27.

④ 叶忠海，钟祖荣，沈国权. 新编人才学通论［M］. 北京：党建读物出版社，2013：113.

二、国际人才：论人才的国际性

蔡哲人和邓丹萍立足上海的情况，认为国际人才是具有较高学历、懂得国际通行规则、熟悉现代管理理念、具有丰富的专业知识和较强创新能力和跨文化沟通能力的人才。① 黄湘闽将国际人才定义为“具有国际道德与职业操守，具有一定的专业知识或技能，通晓国际惯例和规则，能够在跨文化环境中进行创造性劳动，为社会和全人类文明建设做出积极贡献的人”②。《国家中长期教育改革和发展规划纲要（2010—2020年）》认为国际化人才应“具有国际视野、通晓国际规则、能够参与国际事务和国际竞争”。根据《新编人才学大辞典》，国际人才应该具备七种素质：宽广的国际视野和强烈的创新意识，熟练掌握本专业先进知识和技能，熟练掌握本行业国际惯例和竞争规则，较强的跨文化沟通能力，独立的国际活动能力，较强的运用和处理信息的能力，以及良好的职业道德风尚③。由此可见，相较于人才，国际人才带有国际性：具备国际职业操守，具备国际视野，通晓国际惯例和规则，具备在国际跨文化环境中工作和竞争的能力，以及能为社会和人类文明建设做出积极贡献。

人才的国际性有时可以通过一些外部表征体现出来，比如精通外语、有留学经历、在国外生活或工作过，或是从事外事、外贸工作等。不过，拥有这些外部表征的人才并不一定具备国际性，没有上述外部表征的人才也有可能具备国际性。正如原国家外国专家局教科文卫专家司司长赵立宪所强调的，判断一个人才是否是国际化人才不应该仅凭外部表征，还要靠认知内涵，特别是“运用自己的专业特长，参与人类进步的各种活动”④。

基于多种有关人才及国际人才的定义和讨论，本书将国际人才界定为具有国际职业操守，具备国际视野和一定的专业知识或技能，通晓国际惯例和规则，能够在跨文化环境中竞争并进行创造性劳动，为社会和全人类文明建设做出积极贡献的人，是国际人力资源中素质较高的劳动者。

---

① 蔡哲人. 走向人才国际化：上海人才发展研究报告［M］. 上海：上海社会科学院出版社，2002：202；邓丹萍. 上海市国际化人才开发研究［D］. 上海：华东师范大学，2007.

② 黄湘闽. 国际人才与国际人才环境［J］. 中国人才，2011（1）：76.

③ 叶忠海，郑其绪. 新编人才学大辞典［M］. 北京：中央文献出版社，2015：399.

④ 赵立宪. 什么是国际化人才的关键特征［J］. 国际人才交流，2013（7）：55.

在中文语境中，大多数人将国际人才与国际化人才等同，但黄湘闽对这两类人才进行了区分。他认为国际化人才介于人才与国际人才之间，是向国际人才标准靠近但还没有完全达到标准的人才。本书认同这种区分的理念，并将在下文国际人才的类型中加以讨论，但在表述上，为求简便避免歧义，仍然将国际化人才等同于国际人才。

三、国际人才的主要类别

人才类型划分方式复杂多样，国际人才也可从多种角度进行划分。传统意义上，人才类型可以按照社会分工进行横向划分，也可以根据年龄、才能或贡献进行纵向划分。[①] 有的学者对不同专业领域的国际人才进行了定义，有的学者根据流动特点定义了不同类型的国际人才。总的来说，国际人才学的主要类别可以从四个维度划分：社会分工，才能高低或贡献大小，专业领域，流动特点。

（一）按社会分工划分

黄湘闽认为，以社会分工为依据，可将国际人才分为四种类型：国际公共管理人才、国际经营管理人才、国际专业技术人才以及国际复合型人才。[②]

国际公共管理人才需要了解世界主要国家政治、经济、文化制度，熟悉其政府管理公共事务的基本权限、流程、方法和模式，具备公共管理领域内国际交往的能力。

国际经营管理人才需要了解所属行业及相关行业的全球市场动态，熟悉国际通用的经济管理法规与方法，掌握跨文化组织的管理与融合模式，具备把握国际国内两个市场的能力。

国际专业技术人才则需要了解专业领域内前沿技术的发展方向，熟悉国际相关先进技术，主持或参与国际和国内领先的技术团队，具备很强的自主创新能力。

国际复合型人才则需要具备国际经营管理人才和国际专业技术人才的素质和能力，一方面有很强的技术研发能力，另一方面有把握国际和国内两个市场的经营、管理和决策能力。

---

① 叶忠海，钟祖荣，沈国权．新编人才学通论［M］．北京：党建读物出版社，2013：132-133.

② 黄湘闽．国际人才与国际人才环境［J］．中国人才，2011（1）：76.

（二）按才能高低或贡献大小划分

以才能高低和贡献大小为依据，国际人才可分为四类：高层次国际人才、优秀国际人才、一般国际人才①、准国际人才（国际化人才）。

高层次国际人才，即国际人才中的精英型领军人才，有本领域内整合全球资源的成功案例（企业运营、项目运作、技术研发等方面），在全球范围内有巨大的知名度、影响力和凝聚力。

优秀国际人才是介于高层次国际人才与一般国际人才之间的中坚力量，是成长为未来高层次国际人才的核心人员，掌握本领域内关键业务与核心技术，独立承担项目研发或带领项目团队，执行各项经营管理或技术管理职能。

一般国际人才是国际人才中的基层人员，达到国际人才各项标准，参与项目研发，辅助业务管理，具有很强的适应能力、学习能力和自主创新能力。

准国际人才，即国际人才中的储备人员，是向国际人才各项标准靠近但还没有完全达到标准的人才。

（三）按专业领域划分

2017 年在全球化智库（CCG）举办的“中美国际人才新政研讨会”上，清华大学教授鲁白表示，如果能汇聚各领域的专业人才，那么中国在世界上就有了话语权。事实上，专业领域数不胜数，所需的国际人才也各不相同。在那些与国际事务紧密相关的专业领域中，国际人才尤为重要。表 1-1 列举了学者对某些领域国际人才特质的思考。除各领域的专业人才外，还应该重视能够融会贯通的跨专业国际人才。

表 1-1　　不同专业领域的国际人才及其特质（举例）

类型	特质
国际经济与贸易人才	应掌握政治经济学、西方经济学、国际经济学、计量经济学、世界经济概论、国际贸易理论与实务、国际金融、国际结算、国际电子商务、国际投资、国际营销、国际信贷、国际经济法、国际税收、环境和资源经济学、货币银行学、财政学、会计学、统计学等基本知识。应较系统地掌握马克思主义经济学基本原理和国际经济、国际贸易的基本理论，掌握国际贸易的基本知识，具有全球视野，具备国际化经营技能，了解当代国际经济贸易的发展现状，熟悉通行的国际贸易规则和惯例、中国对外贸易的政策法规，了解主要国家与地区的社会经济情况，具备娴熟的英语和计算机操作能力。能在涉外经济贸易部门、外资企业及政府机构从事实际业务、管理、调研和宣传策划工作以及教学工作

① 黄湘闽. 国际人才与国际人才环境［J］. 中国人才，2011（1）：76.

续表

类型	特质
国际金融人才	除掌握金融人才应掌握的基本知识外，还应掌握货币银行学原理、国际金融、信贷管理学、银行管理学、金融衍生市场、公司金融战略、金融市场行情分析、跨国银行经营管理、国际融资技术、国际金融市场分析、金融宏观调控与监管等知识。除金融人才的素质要求外，还应具备比较扎实的国际金融学、货币银行学、金融市场学、中央银行学、商业银行经营学、国际金融管理、国际收支调节理论、国际贸易学理论基础，熟练掌握国际结算、国际商业银行信贷、投资银行业务、国际融资事务、网上金融、期货交易、金融时间序列模型设计、证券投资分析、公司财务分析等方法，熟悉国内外有关金融政策和法规，具有金融产品开发与设计、金融企业财务分析、金融商品创新能力。能在涉外银行以及证券公司国际部涉外商业银行、外资银行、跨国银行、国内商业银行国际部、国际租赁公司、财务公司、投资公司、期货公司及国家综合经济调控部门等单位从事微观国际金融现代化经营管理、证券期货投资、投资顾问、金融产品设计与投资管理工作或在科研、教学单位从事研究、教学工作
国际体育人才	国际体育人才是体育领域内具有国际化意识、知识和能力，以及活动经验，在全球化竞争中善于把握机遇的高级体育人才。国际体育人才是体育领域新词汇，它主要来自职业体育俱乐部运动员国际转会，来自不同国家和地区的国家体育组织的管理干部与人才，具有多国教育背景和经历的体育优秀人才等。国际体育人才应具备的素质包括：有宽广的国际化视野和强烈的创新意识，熟练掌握体育专业的国际化知识，熟悉国际体育惯例，有较强的跨文化沟通能力，具备独立的国际体育活动能力，有较强的运用和处理信息的能力。必须具备较高的思想政治素质和健康的心理素质，能经受多元文化的冲击，保持良好的人格和国格
国际组织人才	正直、尊重多样性、崇尚专业性。具有结果取向、客户取向和团队取向的思维方式；具备灵活、开放、抗压、主动、尽责、敏锐和注重细节等个性特质；还需具备可迁移技能，即交流技能、人际交往与合作技能、计划与组织技能、科技技能、学习技能、管理技能；了解国际组织相关知识
国际科技人才	国际科技人才是具备较强的能力素质，从事高科技、创新型工作，对社会发展做出较大贡献的海外工作人员以及留学归国人员。该人才应具备职业道德、成就动机、适应力、学习能力、外语能力五种基础素养；全球化战略规划能力、变革创新能力、系统思考力三种战略能力；跨文化理解力、多国籍人才团队整合、冲突解决、包容力四种人际能力；国际资源整合能力、问题解决能力、技术应用能力三种执行能力

资料来源：

①叶忠海，郑其绪. 新编人才学大辞典［M］. 北京：中央文献出版社，2015.

②滕珺，曲梅，朱晓玲，等. 国际组织需要什么样的人？——联合国专门机构专业人才聘用标准研究［J］. 比较教育研究，2014（10）：78-84.

③王德晓. 国际科技人才的能力模型与现状分析［J］. 劳动保障世界，2017（27）.

（四）按流动特点划分

所谓流动，即国际人才在国家间、国际区域间或全球范围内的流动。① 根据流动的方向，本书认为，可将国际人才分为流出型国际人才和流入型国际人才和环流型国际人才。

流出型国际人才，即对于一个国家或地区来说，流动到其他国家或地区的人才，例如出国留学、出国务工的国际人才。相反，流入型国际人才，即对于一个国家或地区来说，从他国或地区流动到本国或本地区的人才，例如来华留学、来华务工的国际人才（在我国，一般将来华务工的高层次国际人才和优秀国际人才称为外国专家，见拓展阅读 1-1）。环流型国际人才，也可称为“专业过客”或“海鸥”②，是指以工作为目的、短期性的高技术移民，他们的迁徙不以民族国家为背景，而是出于工作的原因，在全球各地流动，多为跨国公司、非政府组织各部门驻外机构及合资企业的管理人员和专业人员。③

【拓展阅读 1—1】

外国专家的定义

外国专家，即具有大学学士以上学位和 5 年以上相关的工作经历（其中语言教师应具有大学学士以上学位和 2 年以上相关工作经历），具有特殊专长、中国紧缺的外国籍专业技术人员或管理人员。按其工作领域，可分为经济技术类和文教类等。经济技术类外国专家是指应聘（邀）在我国政府、企事业单位从事技术、管理及其他专业服务的外籍高级管理人员和高层次专业技术人员。文教类外国专家是指应聘（邀）在我国教育、科研、新闻、出版、文化、艺术、卫生、体育等领域工作的外籍专业技术人员或管理人员，包括从事专业合作研究的外国专家和从事语言教学的外籍教师。具体而言，外国专家须符合下列条件之一：①为执行政府间、国际组织间协议、协定和中外

① 关于国际人才流动的具体内容，请参见第二章。

② 关于“海鸥”，可见拓展阅读 2-2。

③ 汪怿. 引进海外高科技人才比较研究：以新加坡和我国香港、台湾、上海为例 [M]. 上海：上海社会科学院出版社，2012：6.

经贸合同，应聘在中国工作的外国籍专业技术人员或管理人员；②应聘在中国从事教育、科研、新闻、出版、文化、艺术、卫生、体育等工作的外国籍专业人员；③应聘在中国境内的企业中担任副总经理以上职务，或享受同等待遇的外国籍高级专业技术人员或管理人员；④经外国专家局批准的境外专家组织或人才中介机构常驻华代表机构的外籍代表；⑤应聘在中国从事经济、技术、工程、贸易、金融、财会、税务、旅游等工作，具有特殊专长、中国紧缺的外国籍专业技术人员或管理人员。

资料来源：叶忠海，郑其绪．新编人才学大辞典［M］．北京：中央文献出版社，2015：396.

四、常见的研究对象

如果从外部表征的角度考虑，国际人才的典型代表就是各种类型的工作型国际移民、留学人员（通常为准国际人才）等。尽管外部表征不是判断一个人是否是国际人才的决定性因素，但以具备上述外部表征的人作为研究的切入点，不失为国际人才研究的一种便捷方式。在这一部分，对工作型国际移民和留学人员的具体含义加以阐释。

（一）工作型国际移民

工作型国际移民，是指为了获得更高收益或更好的工作环境而离开其祖籍国或此前常住国，前往另一国家工作的人。具体来看，又可分为技术移民、合同移民工等。[①] 其中，技术移民（international skilled migrant），特别是高技术移民（international highly skilled migrant），往往是国际人才中的重点研究对象。

那么，高技术是什么意思呢？经济合作与发展组织和欧盟统计局 1995 年联合发布的《科技人力资源堪培拉手册》（以下简称堪培拉手册）结合多个国家的情况，识别出两类高技术工人：某一科技领域成功完成大学或高等教育的人；已经获得某一科技领域的职位，但并没有正式地达到这一职位通常所要求的条件的人。到目前为止，尽管堪培拉手册所关注的仅仅是科技行业，

① 李明欢．国际移民的定义与类别——兼论中国移民问题［J］．华侨华人历史研究，2009，6（2）：1-10.

其结合《国际标准职业分类》而对高技术工人进行定义的方法依然在国际上得到了较高的认可。不过，一些国家仍旧试图自行定义高技术，且各有特点。例如，美国并没有采取《国际标准职业分类》（ISCO-08）中所使用的“技术层级”① 这一标准。在美国，一位在环境工程公司工作的、拥有硕士学位的土木工程师，与一位在建筑公司工作的、仅有本科学位的土木工程师在身份上是一样的，因为他们都有相同的任务。而在以色列，判断一个职业高低的标准是这一职业所需要的正式培训量，而正式培训量又是以接受教育情况来判断的。所以，教育在以色列的职业划分中扮演着重要角色。② 在我国，高技能人才的概念是由技术工人、技能劳动者演变发展而来的，“是技能劳动者中具备较高层次技术技能水平的人员”③，“是我国人才队伍的重要组成部分，是各行各业产业大军的优秀代表，是技术工人队伍的核心骨干”④。由于我国技术工人大都毕业于技术类院校，因此这一定义与美国、以色列或堪培拉手册中的定义有所不同。可见，当研究高技术或高技能劳动者在国家间的迁徙时，需要考虑到不同国家的具体情况。

（二）留学人员

留学人员，从移民角度来看，可称为学习型国际移民，即按照规定在被其求学目的国教学机构或者科研机构接纳之后，申请以留学生身份在该国求学的人。⑤ 在进行国际比较时，与“留学人员”相对应的术语一般有两个：一是“外国学生”（foreign student），二是“国际学生”（international student）。两个术语均是从学生就读国家来定义的，一般不作区分。不过，OECD 曾对两个术语进行区分。“外国学生”是指那些在某国就读的非该国公民，包括那些长期居住甚至出生在该国的学生。“国际学生”是“外国学生”

① 在 ISCO-08 中，“技术层级”是用来衡量工作任务的复杂性和范围的，一般反映了一项工作所需要的正式培训和教育的量。

② PARSONS C R, ROJON S, SAMANANI F, WETTACH L. Conceptualising international high-skilled migration [R/OL].(2014-11)[2018-07-18]. https://pdfs.semanticscholar.org/89ee/f20c6a283ffd0c6882e0b99d90f6cff41385.pdf.

③ 吴道槐. 国外高技能人才战略［M］. 北京：党建读物出版社，2014.

④ 中共中央办公厅，国务院办公厅. 关于进一步加强高技能人才工作的意见［EB/OL］.（2006-04-18）［2018-07-18］. http://www.gov.cn/gongbao/content/2006/content_346288.htm.

⑤ 李明欢. 国际移民的定义与类别——兼论中国移民问题［J］. 华侨华人历史研究，2009，6(2).

的一个子集，指那些离开来源国[①]（country of origin），为了学习而迁徙至另一个国家的人。[②] 另外，中国大陆通常将来自港澳台的学生也作为留学人员，但一般直接称之为“港澳台学生”。

根据学习目的，留学人员可分为两类：一类是被其他国家大学或中学录取，并在该国求学的外国学生；另一类是到他国学校或工作单位研修或者接受技能培训的外员，即通常所说的访问学者或者研修生。[③] 在一些国际报告中，还有“学分留学生”（credit-mobile student）的说法。“学分留学生”，即在母国注册，但去另外一个国家获取部分学分的留学生，比如伊拉斯谟项目中的学生。[④]

根据流动特点，留学人员又可分为出境留学人员和入境留学人员。其中，出境留学人员中一部分还在国外学习，一部分已经学成归国，我国一般将其称为“海归”。有时候，人们为了区分已就业的“海归”与未就业的“海归”，还特将后者称为“海待”（“海归待业”）。

此外，海外高层次留学人才也是我国引入人才相关政策的常用术语。根据中华人民共和国人事部2000年印发的《关于鼓励海外高层次留学人才回国工作的意见》，“海外高层次留学人才是指我国公派或自费出国留学，学成后在国外金融机构、跨国公司、国际组织、著名高校、科研院所等从事金融、工程技术、教学、科研、管理等工作，取得显著成绩，是国内急需的中青年高级经营管理人才、专业技术人才、学术技术带头人，拥有具有产业化开发前景的专利、发明或专有技术等人才”。

---

① 判断一个在高等教育阶段就读的学生的“来源国”，应依据其“先前教育国家”（country of prior education）或“常住国”（country of permanent or usual residence）情况。“先前教育国家”即学生获得当前入学阶段就读资格时所在的国家。如果这一数据难以获得，还可根据其“常住国”判断。不过，对于“常住国”的定义，各个国家有所不同。

② OECD. Education at a glance 2017 [R/OL].（2017-09-12）[2018-07-02]. https://www.hm.ee/sites/default/files/eag2017_eng.pdf:296-297.

③ 李明欢. 国际移民的定义与类别——兼论中国移民问题 [J]. 华侨华人历史研究，2009（2）.

④ VAN MOL C, EKAMPER P. Destination cities of European exchange students [J]. Geografisk Tidsskrift-Danish journal of geography. 2016, 116（1）: 85-91.

第二节 国际人才学的研究主题

本书所涉及的研究主题包括四个方面：国际人才流动、国际人才开发和实践、国际人才竞争战略、国际人才融入和国际人才全球治理。这四个主题构成了本书第二章至第七章的内容。

一、国际人才流动

2014年5月22日，中共中央总书记习近平出席在上海召开的外国专家座谈会时强调，要遵循国际人才流动规律，更好地发挥企业、高校、科研机构等用人单位的主体作用，使外国人才的专长和中国发展的需要紧密契合，为外国专家施展才能、实现事业梦想提供更加广阔的舞台。① 这里的“国际人才流动规律”是什么？应如何遵循？

本书第二章即聚焦这一主题。国际人才流动，指国际人才在国家间、国际区域间或全球范围内的流动。促成国际人才流动的原因有很多，知识经济新时代的到来、全球化快速发展以及各国人才政策是其中最为重要的因素。以往的研究发现，国际人才流动大致分为四种模式：国际人才流出（流入）、国际人才回流、国际人才环流、国际人才的柔性流动四种模式，各类模式的具体含义将在第二章加以阐释。研究国际人才流动规律，必须以大量的数据为基础。由于各国对国际人才甚至人才的定义不同，目前针对全世界范围内的国际人才流动趋势还没有形成公认的监测标准。在第二章中，将采用国际上常用的监测指标，并以国际移民，特别是工作型国际移民和留学人员为研究对象，对其流动趋势进行初步判断。不过，随着大数据时代的到来，数据产生和组织方式将不断发生变化，涌现出更多可利用的精细化数据。在研究国际人才流动时，应充分掌握这些数据，最大限度地避免因信息不对称而形成的非理性决策。

---

① 习近平：开放首先是人的开放［EB/OL］.（2015-03-09）［2018-07-02］. http://politics.people.com.cn/n/2015/0309/c1001-26664458.html.

二、国际人才开发和实践

谈及国际人才的开发，首先会想到一般人才的开发。从国内外研究和总结的内容来看，人才开发的内容主要包括人才选拔、人才培养、人才配置、人才管理和人才测评等方面。

国际人才的开发是在人才开发的基础上衍生出来的一个概念，它除了拥有一般人才开发的内容外，还有其特殊性，其最大的特殊性，在于它的“国际性”。在国际人才的开发中，要考虑跨国和跨境的属性，这自然就牵涉国家的主权等国际政治经济的一些特征和属性。

从一个国家内部来看，对国内国际人才的开发，主要是积极促进国内人才的国际化，提高国内人才的国际化水平。例如，鼓励本国学生出国，鼓励本国人才出国接受国际化培训，聘请国外国际化的人才来本国参与本国人才的国际化教育，送国内人才到国际组织、跨国公司接受教育培训等。从外部来看，主要是吸引外国国际人才来本国参与经济社会建设、提升本国面向外籍人才的各种便利化措施，创造各种外籍人才来本国创新创业的便利化措施。

本书主要在第三章中对国际人才的开发和实践进行详述，内容涉及国际人才开发的内涵与方式、国际人才开发与国际猎头、国际人才的评价与激励三个方面。

三、国际人才竞争战略

“国际人才竞争日渐激烈”——这种提法在很多场合经常出现，却很少有人能准确地说清“国际人才竞争”的含义。在本书中，国际人才竞争指各国为了本国利益而争夺国际人才。在争夺国际人才的过程中，从技术层面来看，各国争夺国际人才需要采用适当的开发策略；而国际人才流动的特点既可以是争夺国际人才的起因或依据，又可以是其结果。因此，国际人才竞争与国际人才的开发和流动有着紧密联系。这样一来，本书的第二章、第三章内容也能为第四章、第五章内容做一定的理论铺垫。

随着国际人才竞争日益普遍化、白热化，许多国家制定了相关竞争战略。国际人才竞争战略，即为赢得国际人才而进行的全局的、长远的谋划。根据不同国家国际人才流动的现状，国际人才竞争战略又可分为巩固型国际人才竞争战略、追赶型国际人才竞争战略、赶超型国际人才竞争战略、防御型国际人才竞争战略等。例如，美国、加拿大和澳大利亚等发达国家，吸引人才的政策制度和市场机制较为成熟，不断补充完善现有的移民制度是其国际人才竞争战略的重点任务，因此，主要采取巩固型战略；欧洲发达国家在国际人才竞争制度方面相对美国等国家落后，近年来才开始实施各项吸引人才的措施，由此，其竞争战略以追赶型为主；亚洲发达国家如日本、韩国等，过去10年都曾经出现过人才大量流失的现象，近年来通过实施各种措施成功吸引了大量人才回流，大致属于赶超型；而中国、印度、巴西和其他发展中国家，正处于努力遏制人才流失的阶段，所以总体来看属于防御型。当然，随着国际人才竞争的演变，国际人才流动特点可能会发生变化，这时，国际人才竞争策略的主要类型可能也会随之发生变化。另外，由于国际人才的类型较为复杂，一个国家可能会针对不同的国际人才采用不同的竞争策略。因此，上述不同国家所属的不同类型，也不是一成不变的。本书的第四章详细阐述了采用上述四种国际人才竞争战略的典型国家的具体做法以及主流国际人才比较研究的概况，随后又在第五章对中国的国际人才竞争战略进行了回顾和总结，希望对政策制定者有所帮助。

四、国际人才融入

国际人才融入是国际人才从母国到居住地以后，能够较好地接受当地的文化、风俗习惯，实现自身携带的母国文化、习俗以及其他生活和工作理念、生活习惯的全面对接。从历史发展来看，许多国际人才倾向于集聚在同一个区域，这样他们能为自身接受居住地文化、风俗提供一个缓冲期（或区），从而更好地生存。在国际上，早期的人才融入主要通过同祖同源或文化近似的群体，逐渐实现自身身份的转化。近年来，在国际人才融入方面，许多国家、政府介入越来越多，如为了更好地引导外籍人才融入，我国部分地区开始推进国际化城市建设、国家人才特区或国际人才社区等，期望通过这些宏观的规划和政策设计，借助市场和社会组织等的作用，为外籍人才在本区域工作学习、创新创业提供一个较好的环境。

五、国际人才全球治理

国际人才竞争不是零和游戏。对于人才流入国，一般总会带来各方面的积极影响，包括知识、技术、信息、资金等，以及通过产业化创造潜在的公司和就业机会，进而推进整个社会和经济的发展。与此同时，接受国必须确保根据自身市场需求引导人才的流入，给予适宜的发展平台，避免人才浪费，避免与国内人才培养、就业产生矛盾。而对于输出国来说，人才的外流，可能会导致劳动生产力及其相关产出的损失等，也可能形成潜在的“智慧银行”。

在国际人才竞争过程中，由于缺乏国际性组织对人才流动进行规范和约束，人才流动也可能出现大量不合理的现象，发达国家选择性接收高层次人才，发展中国家人才大量流失且接收了大量低层次移民，人才流动严重失衡，加剧了各国对人才流动的限制，也越来越引起世界各国的关注。国际上，近些年，一些国际机构针对各国人才竞争力进行了量化评估和国际比较，如《全球人才竞争力指数报告》和《全球人才指数报告》，这些国际比较研究为各国制定国际人才竞争战略和国际人才的全球治理提供了一定的依据。

在第一次全球化浪潮中，世界贸易组织（World Trade Organization，WTO）促进了全球贸易在市场经济中有序开展；在第二次全球化浪潮中，国际货币基金组织（International Monetary Fund，IMF）促进了全球金融快速规范流动。正因为有国际规则引导，贸易开展和货币流动才能有序进行，才能带来今天全球经济社会的健康发展。同样，在人才全球化时代，也需要这样的国际组织来维护人才流动与竞争秩序。①

2016年3月，中共中央印发了《关于深化人才发展体制机制改革的意见》（以下简称《意见》）。《意见》中特别提到要创立国际人才合作组织，促进人才的国际交流与合作。对此，王辉耀评论道：“谁把握制定国际人才流动秩序的主动权，谁就能抓住第三次全球化浪潮的主动权。”② 为此，本书将国际人才全球治理放在最后一章，回顾了主要国际组织成立发展的经验，并在此基础上，提出了建立国际人才合作组织的相关建议。

---

① 王辉耀. 国际人才竞争战略［M］. 北京：党建读物出版社，2014：212.

② 郭爽，王辉耀. 中国应组建人才“WTO”［N］. 中国科学报，2016-03-08.

第三节 国际人才学与相关学科或研究领域的关系

作为一个正在形成中的学科，国际人才学的成长发展是开放的，从其他学科中吸取广泛的理论与方法基础。本节将就国际人才学与其最接近的两个学科——人才学和国际人力资源管理的关系进行讨论。

一、国际人才学与人才学

人才学是国际人才学最直接的理论土壤，是中国的特色学科，是“以人为本”理念在中国学界最突出的体现。《新编人才学大辞典》提出：“人才学是一门新兴的独立的现代学科，一门专门研究人才产生和发展规律的学科。具体来说，人才学是一门研究人才运动现象，揭示人才运动规律，促进人才工作科学化，促进人才全面发展的学科。”①

事实上，早在春秋战国时期，我国就出现了许多关于人才的思想。以儒家代表人物孔子为例，他在育才、识才、用才方面的思想对后人的影响十分深远。三国时期，各方军阀求贤若渴，也因此催生了许多引才、用才的思想。魏国官员刘劭就是一位著名的人才学家。他的《人物志》一书包含上中下三卷共十二篇，内容丰富、系统、深刻，令人惊叹。《人物志》还被译为英文版，于20世纪30年代在美国面世，引来心理学家的赞叹。20世纪初到30年代，是人才学大发展的时期，出现了任鸿隽、丁文江、梁启超、张耀湘和潘光旦等一批对人才问题颇有见地的学者。不过，人才问题被提到战略高度并开始深入研究始于我国改革开放初期。那时，中国人才严重短缺，制约了改革开放和社会主义现代化建设。此外，20世纪60年代以来，以信息技术为核心的新的科技革命前所未有地缩短了知识的创造、转化和更新周期，这对人才的素质以及结构都提出了新的要求。因此，急需从理论和实践上对人才和人才问题进行深入的研究。

时至今日，人才学已发展成为一门内容丰富的学科。这与其他相关学科的发展不无关系。《新编人才学通论》认为②，人才学可根据研究领域或角度

① 叶忠海，郑其绪. 新编人才学大辞典［M］. 北京：中央文献出版社，2015：3.

② 叶忠海. 新编人才学通论［M］. 北京：党建读物出版社，2013.

分为五个子系统：人才历史学、理论人才学（人才学理论）、交叉人才学、专门人才学和外国人才研究。其中，外国人才研究与当前的国际人才学研究有一定的重合之处，但是国际人才学研究不应局限于外国人才研究。其他四个子系统也与国际人才学产生交集。

随着经济全球化的不断演进，对人才的研究也应放在国际乃至全球的视野下进行。因此，国际人才学很有可能成为人才学研究最有潜力的发展方向。

二、国际人才学与国际人力资源管理

对于跨国公司来说，实施国际化的战略性人力资源管理能为其在全球经营中带来明显的竞争优势。由于跨国公司的快速发展，国际人力资源管理理论得到迅速发展。

国际人力资源管理是人力资源管理的一个新的、重要的分支，是以经济全球化和区域经济一体化为背景，以跨国公司、全球企业的人力资源为主要研究对象，以跨文化管理为主要研究方法的一门学科。① 国际人力资源管理从事的是与国内人力资源管理相同的活动（获取、配置、利用），但是国内人力资源管理只考虑一国范围内员工的问题，而国际人力资源管理则要从员工类型（东道国员工、母国员工、其他国员工）和国家类型（东道国、母国、其他国）两个大维度考虑。② 其结果就是，国际人力资源管理可能更为复杂，这种复杂性表现在六个方面：更多的人力资源活动；需要更宽广的视野；更加关心员工个人生活；随着外派员工与当地员工的融合而转移重心；风险暴露，如恐怖主义；以及更多的外部影响。③

从研究对象和话题范围来看，国际人才学较国际人力资源管理更为宽广，前者还包括国际人才流动、国际人才竞争战略、国际人才全球治理等更为宏观的话题，所牵涉的研究对象也不仅仅针对跨国公司或全球企业的员工。但是，国际人力资源管理的相关理论对国际人才开发具有重要的参考价值。

---

① 赵曙明. 国际企业：人力资源管理［M］. 南京：南京大学出版社，2010.

② 彼得·J. 道林，马里恩·费斯廷，艾伦·D. 恩格尔. 国际人力资源管理［M］. 赵曙明，刘燕，译. 5版. 北京：中国人民大学出版社，2012.

③ DOWLING P J. International and domestic personnel/human resource management：similarities and differences，in ed. R S SCHULER，S A YOUNGBLOOD and V L HUBER（eds），Readings in personnel and human resource management，3^{rd}edn（St. Paaul，MN：West Publishing，1988）.

【本章复习思考题】

1. 国际人才学具有哪些特征?

2. 常见的国际人才研究对象有哪些?

3. 国际人才学研究的主题有哪些?

4. 结合自己的学科背景和兴趣爱好，谈谈国际人才学与其他相关学科和领域的关系（不限于本书所列举）。

【案例及案例分析】

关于国际人才学的研究与发展①

韦智敏：目前国际人才学在世界的发展趋势和现状如何?

王辉耀：目前，随着我国人才学研究的不断深入以及我国国际地位的提升，国际人才学已经成为人才学研究领域一个重要的新兴学科，也越来越受到国际学术界以及相关领域从业者的关注。2013 年年底，欧洲工商管理学院（INSEAD）、新加坡人力资本领导能力研究院（HCLI）和人力资源公司德科集团（Adecco）第一次联合发布《全球人才竞争力指数 2013》，也正式表明人才学开始从中国走向世界，成为国际学术界研究的重要领域。可以预见，随着全球化的不断深入与发展，在未来国际人才学的发展中，无论是在中国还是在世界上都会进入一个快速发展时期，其研究内容将更加深入，其涉及领域会更加广泛。

韦智敏：目前我国在国际人才学的发展和实践中有哪些创新和突破?

王辉耀：中国作为人才学的诞生地，更是国际人才学发展和实践的积极推动者和实践者。在党的十九大报告中，习近平总书记进一步明确指出，要"实行更加积极、更加开放、更加有效的人才政策，……把党内和党外、国内和国外各方面优秀人才集聚到党和人民的伟大奋斗中来"，这既是对我国近年来国际人才学实践的高度概括和总结，又是对未来的明确规划和指导。从近

---

① 节选自韦智敏，王辉耀. 中国人才研究会常务副秘书长韦智敏就国际人才学的研究与发展访谈了中国人才研究会王辉耀副会长［EB/OL］.（2018-01-28）［2018-01-30］. http://wemedia.ifeng.com/46965781/wemedia.shtml.

年来中央积极推进实施的一系列政策和规划，再到地方的各种国际人才政策的探索和突破，都无不表明新时期我国国际人才学理论和实践的创新，特别是最近外国专家局、外交部和公安部联合推出《外国人才签证制度实施办法》，更是把我国国际人才学推向了前所未有的高度。可以说，无论是学术领域还是政策推动和实践，我国国际人才学的研究和发展都走在了世界的前列，其研究领域已经涉及制度、管理、开放、评价、历史、战略等各个方面，实现了内涵和外延的全面深化和创新，对世界范围内国际人才学的发展都有着重要的意义。

韦智敏：近年来国际人才政策有哪些重大突破？

王辉耀：可以说，党的十八大以来的五年是我国国际人才政策制度改革历史上发展最快的五年，其改革力度之大、影响之深远前所未有。从中央来看，2013 年 7 月开始实施的《中华人民共和国出境入境管理法》，增设了“人才签证”类别，用于发给国家需要的外国高层次人才和急需紧缺专门人才。2015 年 9 月，中央全面深化改革领导小组会议审议通过了《关于加强外国人永久居留服务管理的意见》，随后于 2016 年 2 月由中办、国办印发，提出“要实行更加积极有效的外国人永久居留服务管理政策”等措施。2017 年 4 月，公安部印发经中央全面深化改革领导小组第三十二次会议审议通过的《外国人永久居留证件便利化改革方案》，把我国外国人永久居留制度改革全面推向高潮……在地方上，2015 年 7 月，为支持上海科创中心建设，公安部推出 12 项出入境新政，国际人才政策措施正式落地实施。2016 年 3 月，公安部支持北京创新发展的“北京新政二十条”也正式推出。此后，福建、广东等地的“人才新政”也纷纷出台。

从这一时期国际人才政策发展取得的成效来看，其政策受益群体明显扩大，市场化、国际化的特征十分明显，政策的可操作性和实用性得到进一步深化和落实。人才的服务群体拓展到各类企业及社会各类组织机构团体；认定方式扩展到税收、薪资等较为市场化、国际化的模式；外籍华人也作为一个特殊群体被重点“关照”；外籍优秀青年学生也首次成为“潜人才”，成为政策的受益者……可以说，经过这几年国际人才政策的改革，外籍人才来华创新创业、学习交流的渠道更加便捷，中国吸引国际人才的竞争力也会越来越强。

韦智敏：未来国际人才学在研究及实际方面有哪些规划和愿景？

王辉耀：多年的学术研究经历，使我深深感觉到国际人才学领域内涵的丰富，还有更多、更大的空间和领域，需要更多优秀的专家学者去探索和发现。希望未来能和更多专家学者以及国际人才学的关心与支持者一道，不断开拓我国国际人才研究领域的新境界，为我国的国际人才学研究多做贡献，积极推动我国国际人才学世界话语权的建设。

【本章参考书目】

[1] 彼得·J. 道林，马里恩·费斯廷，艾林·D. 恩格尔. 国际人力资源管理［M］. 赵曙明，刘燕，译. 5版. 北京：中国人民大学出版社，2012.

[2] 蔡哲人. 走向人才国际化：上海人才发展研究报告［M］. 上海：上海社会科学院出版社，2002.

[3] 王辉耀. 国际人才竞争战略［M］. 北京：党建读物出版社，2014.

[4] 王辉耀，苗绿. 人才战争2.0［M］. 北京：东方出版社，2018.

[5] 王通讯. 宏观人才学［M］. 北京：中国社会科学出版社，2001.

[6] 叶忠海. 新编人才学通论［M］. 北京：党建读物出版社，2013.

[7] 叶忠海，郑其绪. 新编人才学大辞典［M］. 北京：中央文献出版社，2015.

[8] 赵曙明. 国际企业：人力资源管理［M］. 南京：南京大学出版社，2010.

[9] 吴道槐. 国外高技能人才战略［M］. 北京：党建读物出版社，2014.

第二章 国际人才流动

本章教学目标

了解国际人才流动的含义和促成因素，掌握国际人才流动的主要模式，了解国际人才流动趋势的主要特点和监测指标。

【导入案例】

全球化时代下的人才流动趋势[①]

在全球化时代，人才流动趋势成为近年来备受关注的话题，以人才资源为核心的全球价值链也正在形成。2017 年 11 月福布斯在深圳发布的《2018 全球人才流动和资产配置趋势报告》，揭开“人才环流”这一全球人才流动的新动向，人才回归和全球化协作渐成趋势。这份报告认为，留学就业、技术移民、阶段性流动以及人才回流是目前国际人才流动的四大常见形式，涵盖了国际人才资源生产、流通、发展的全过程。人才的流动促进资本的流动，同时以人才资源为核心的全球价值链也能因此得以形成。

报告中揭开一种新现象：全球经济增长多元化发展驱动形成“人才环流”。2017 年 10 月 25 日，福布斯中国 30 岁以下精英峰会在深圳召开，其中三分之一的创业精英来自斯坦福、麻省理工学院等海外名校。“海外人才在中国经济发展中做出了贡献，他们在中国开展业务的同时，其合伙人在美国硅谷进行着全球的协同合作。”福布斯中国主编康健说。

康健认为，全球人才发展经历了从人才流失到人才溢流再到人才环流三

---

① 方家喜. 福布斯发布 2018 全球人才流动和资产配置趋势报告［EB/OL］.（2017-11-20）［2018-01-16］. http://www.jjckb.cn/2017-11/20/c_136765411.htm? open_source=weibo_search.

个阶段，以前人才从不能承载他们的地方流入能够承载他们的地方。而今天出现的人才环流不是简单的单向流动。例如，华为有超过 10 万名员工在海外工作，他们中有相当一部分是在海外聘请的高管、外籍人才和海归人才，同时还有深圳总部派出的大量人才。

伴随这一趋势出现的是人才流动虚拟化比重加大，人才由地理空间转向虚拟空间，工作模式多变，可以进行全球化协作、工作外包等，人才柔性流动正在加强。

人才流动的速度在不断加快，流动范围也在扩大，很多新兴国家都出现了大量的人才流动。跨国公司在人才流动的过程中占据非常重要的地位，全球 6 万家跨国公司有 50 万个分支机构。此外，全球化的城市是人才流动的枢纽，如纽约、伦敦、上海、香港等地。

第一节　国际人才流动的含义及其促成因素

一、国际人才流动的含义

国际人才流动抑或人才国际流动虽常被提及，但很少有人能明确说明其含义。一些学者对人才流动进行了定义。如戴长征认为，人才流动指人才与一定生产或工作条件的动态配置与组合，其实质是劳动者与生产资料重新组合的过程，是一种工作状态的变化。根据工作状态确定因素的不同，人才流动又可分为许多类型，如职业间流动、产业间流动或地区间流动。① 与之类似，潘运军和赵永乐认为，人才流动既包含人才在空间位置上的迁移，也包含人才在职业地位或状态上的变动。② 与“人才流动”一词相关的术语是“人口流动”。在《人口科学辞典》中，“人口流动是人口在地区之间所作的各种短期的、重复的或周期性的运动”。③ 这一定义与“人才流动”空间位置迁移的理念相吻合。

本书认为，国际人才流动与人才流动一样，既可指国际人才在空间位置

---

① 戴长征. 发达国家人才流动与配置［M］. 北京：党建读物出版社，2014：5.

② 潘运军，赵永乐. 人才市场体系［M］//赵永乐，中国人才研究会. 宏观人才学概论. 北京：党建读物出版社，2013：109.

③ 吴忠观. 人口科学辞典［M］. 成都：西南财经大学出版社，1997.

上的迁移，又可指在产业间、职业间等状态间的流动。不过，当前关于国际人才流动的讨论往往聚焦在空间位置上的流动，特别是国家间的流动。因此，下文中提到的国际人才流动仅指国际人才在国家间、国际或区域间、全球范围内的流动。

二、国际人才流动的促成因素

根据联合国经济社会事务部的数据以及国际移民组织对 45 个国家数据的估计，截至 2019 年，全球约有 2.72 亿人（约占全球人口的 3.5%）在出生国以外的国家生活与工作。[①] 在诸多导致国际人才流动现象的原因中，知识经济、全球化发展、全球人口结构差异与各国人才政策是最重要的因素，国际人才的个体决策也同样不容忽视。

（一）知识经济推动人才成为第一生产力

20 世纪 80 年代，著名未来学家约翰·奈斯比特（John Naisbitt）在其《大趋势——改变我们生活的十个新趋向》（Megatrends：Ten New Directions Transforming Our Lives）中曾预言，人类社会将从工业社会向信息社会转变，从强迫性技术向技术与高情感相平衡转变。[②] 阿尔文·托夫勒（Alvin Toffler）在《第三次浪潮》（The Third Wave）中提出，我们正处于历史性技术飞跃发展时期的边缘。第三次浪潮[③]不仅加快了信息的流动，还深刻改变着人们赖以行动与处事的信息结构。在第三次浪潮下，电子计算机让无生命的环境充满了智慧，扩大了社会记忆，而且将可能催生新的理论、观念、艺术见解、技术进展、新的产业和新的经济等。基于现代科技的发展，托夫勒为未来社会描绘了一幅蓝图，即“第三次浪潮文明”。在这种浪潮的推动下，智慧将无处不在。[④]

---

① United Nations，Department of Economic and Social Affairs. The international migration report 2019［EB/OL］.［2019-10-24］. https://www.un.org/development/desa/population/migration/publications/migrationreport/docs/international/migration2019_Report.pdf.

② NAISBITT J. Megatrends：ten new directions transforming our lives［M］. New York：Warner books，1982.

③ 美国作家阿尔文·托夫勒在他的著作《第三次浪潮》中将人类社会划分为三个阶段：第一次浪潮为农业阶段，从约 1 万年前开始；第二阶段为工业阶段，从 17 世纪末开始；第三阶段为信息化（或者服务业）阶段，从 20 世纪 50 年代后期开始。

④ 阿尔文·托夫勒. 第三次浪潮［M］. 黄明坚，译. 北京：中信出版社，2006.

40年后的今天，知识经济的繁荣，智慧产业的兴起，印证了大师们的预见。物联网、云计算、人工智能等迅速发展，正在让世界变得更小、更扁平、更智能。伴随着知识经济、人工智能产业的兴起，社会的第一生产力已经指向了人的智慧、创意、技能、知识等成分与物质生产资料的完美结合，而作为智慧载体的人才成为各国竞相争夺的第一资源，对人才的竞争则加剧了人才流动。

（二）全球化发展带动国际人才流动

20世纪60年代，加拿大著名传播学家麦克卢汉（Marshal Mcluhan）提出"地球村"（Global Village）的概念，提出在信息技术等新技术的支持下，人们的交往方式以及人的社会和文化形态将发生重大变化。① 三度普利策奖得主、《纽约时报》的专栏作家托马斯·弗里德曼（Thomas L. Friedman）在他的著作《世界是平的——一部二十一世纪简史》中提出全球化的三个阶段：第一阶段始于哥伦布远航开启的世界贸易，从1492年持续到1800年，在这一阶段，商品开始全球化，背后的推动力是国家和政府；第二阶段是从1800年到2000年，在这一阶段，跨国公司成为推动全球化的主要力量；第三阶段从2000年开始，在这一阶段，世界进入了一个全新的时代，知识经济成为推动全球化的主要力量。②

互联网为国际人才流动所需的信息获取、物理距离跨越等提供了前所未有的便利。电子邮件、卫星电视、手机、廉价的国际电话、微信等现代通信手段，使全球的互联互通性进一步增强，"缩短"了世界各地的距离，为国际人才快速迁徙提供了通信条件，人们借此可以及时了解世界各地的发展差距和国外工作机会等信息。此外，现代交通技术的发展拓宽了人才进行国际旅行时选择交通工具的范围，增强了国际旅行的便利性，降低了旅行费用，帮助他们将跨国流动的"渴望和冲动"变为现实。

在全球化进程中，除技术的进步外，经济的推动也不容忽视。经济全球化和全球产业分工拉大了发达国家和欠发达国家之间的经济发展差距，国家

① MCLUHAN M，FIORE B A J. War and peace in the global village [M]. Betascript Publishing，1968.

② FRIEDMAN T L，WYMAN O. The world is flat [updated and expanded]：a brief history of the twenty-first century [M]. Audio Renaissance，2006.

间的生活水平差距也在逐步拉大。这种差距如同磁石，使人们向生活水平更高或者经济增长更快、就业机会更多的国家迁移。①

（三）全球人口结构差异加速国际人才流动

据联合国预计，世界人口总数到2030年可达到85.48亿人，2050年可达到97.35亿人，2100年可达到108.75亿人。其中，西方国家的人口数基本不会改变，人口增长多发生在发展中国家，尤其是欠发达地区。目前虽然亚洲的人口最多，但呈先增后降趋势，2055年将是个拐点；非洲是人口持续上涨且增长较快的地区，到2100年总人口数将接近亚洲；欧洲人口呈小幅稳步下降趋势，到2050年会比现在减少约3 700万人；拉美、北美、大洋洲均呈小幅上涨趋势。就人口结构而言，到2050年，欧洲、美国、日本、中国，都可能出现四个人当中就有一个老人的老龄化状况。但是，印度2030年人口将达15.04亿人，超过中国的14.64亿人；到2050年会比中国多出2.4亿人，到2100年会比中国多出3.8亿人。② 发达国家和发展中国家在人口增长和人口结构上的巨大差异，自然会加速全球人才的流动与竞争。

（四）各国人才政策催化国际人才流动

20世纪90年代后兴起的第四次国际产业转移浪潮推动了产业链的全球化布局，加速了世界产业结构调整，处于不同经济发展阶段的国家都对人才有着大量的需求，从而加速了人才的全球流动以及人才的国际竞争与合作。发展中国家迫切需要补充大量的高层次人才来完成工业化、现代化以及产业结构调整的进程；发达国家因为知识经济规模庞大，同时又面临着生育率降低、人均寿命延长等严峻的社会问题，需要补充人才来保持经济增长势头。因此，世界各国的人才需求，尤其是高端人才需求，都在不断增加。

同时，人才的国际流动给各国带来了不同的效果，加剧了国际人才竞争。对于人才接纳国来说，吸引人才虽然需要付出一些成本，但是，引进的高技能人才和投资者会带来资本、知识和科技方面的积极影响，或创造潜在的就业机会进而使该国公民获益。对于人才输出国来说，长期人才外流会造成经

① International Organization for Migration. The world migration report 2013 ［R］. Geneva：IOM，2014：33.

② United Nations，Department of Economic and Social Affairs. 2019 Revision of world population prospects ［R/OL］. New York：United Nations.

济产出、财政支出方面的损失。如果人才长期移居国外，则会造成人才永久流失，形成无法挽回的财富和技术损失，甚至会导致国家错过发展机遇，阻碍发展进程。

为了应对人才的全球化竞争，提升国家的整体竞争力，世界各国纷纷制定了相应的人才战略，以应对新一轮国际人才争夺。如美国 2010 年通过的“美国竞争力法案”中的“面向 21 世纪的人才竞争力计划”、德国的“洪堡教席奖”、加拿大的“创新伙伴项目”、以色列的“卓越研究中心计划”、日本的“创新 25 战略”等。这些人才政策的颁布进一步加快了国际人才的流动。

（五）国际人才的个体决策

国际人才流动虽然受国际大环境和各国政策影响，但最终还是要落实到个人身上，对个体来说，其行为受工作、经济、文化等因素的影响。工作方面，主要涉及跨国公司的海外派驻和无边界职业生涯发展。海外派驻的员工可以获得丰厚的差旅补贴，有更多的晋升空间和职场锻炼机会。无边界职业生涯发展则是人才寻求自身职业发展的前途，超越单个就业环境边界的一系列就业机会，超越了多种实体的或虚幻的边界，使人才得到更好的发展。这些边界当然也包括国家间的边界。经济方面，发展中国家在全球化的进程中抓住了经济、社会发展的机遇，与发达国家相比，拥有更大的商机和市场，具有国际背景的人才更容易发现这其中的机会，因此他们会自主地做“海鸥”，往来于祖籍国与移居国之间，推动双方间的合作，实现祖籍国、移居国、个人三方共赢。文化方面，经济的全球化在一定程度上消解了文化上的冲突，促进了各国在文化上的融合，特别是语言的学习为沟通架设了桥梁，这就消除了人才在流动过程中遇到的文化、语言方面的障碍。

第二节　国际人才流动模式

从流动方向来看，国际人才在空间位置上的流动可分为三种模式：国际人才流出（流入）、国际人才回流、国际人才环流。除此之外，还有一种流动突破了人本身的空间限制，即人才的才能在国家间的“柔性流动”，本节也对其进行探讨。

一、国际人才流出（流入）

国际人才流出，也称国际人才外流，是从人才输出国角度定义的流动模式，即国际人才从一国迁徙至另一国（见图 2-1，国际人才从 A 国流动至 B 国）。对于人才输入国来说，就是一种国际人才流入现象。不管是人才流出，还是人才流入，都是一种单向的人才流动。

图 2-1 国际人才流出（流入）

在人才流出现象中，特别需要注意的就是人才流失（brain drain）。贾格迪什·巴格沃蒂（Jagdish Bhagwati）发现，大量受过教育的印度人才在他们最能出成果的人生阶段流失到了美国，使印度的经济受到影响，因为印度的大学和学院都受到政府的大量补贴。因此，这些在印度受到教育的人才外流不可避免地给印度带来了负面影响。这种理论从某种意义上说明，发展中国家经济落后的一个重要原因就是人才流出。① 这种理论后来泛指人才输出国相对于人才输入国总会受到一定程度的损失。

本书认为，人才流出与人才流失所表达的意思不完全相同。人才流出是一种暂时的出国学习、深造、交流、工作；而人才流失是以人才取得国外永久或长期居留资格、加入外国国籍为依据。流出的人才很可能是暂时“滞留”在海外学习或者工作，存在回国的可能性，也有可能在国外为祖国的政府、企业等工作。人才流出给一国带来的影响是不确定的，不一定是一种损失性后果。但是，人才流失会给国家带来损失。一般来说，人才流失是指人才离开祖籍国并“归化”（对另一方来说）所在国。从法理上说，“归化”意味着放弃原来国籍并加入新国籍，从国籍上说其实已经变成了外国人才。从广义来看，人才流失是指人才不再为祖籍国做贡献，加入所在国并为这些国家的利益服务。尽管由于双重国籍的存在，许多人加入外国籍并不意味着丧失原

① BHAGWATI J N. The brain drain［J］. International social science journal，1976，28（4）：691-729.

国籍，更难以说明已经“归化”，但大多数情况下，移民入籍依然可以成为人才流失的重要标志之一。

一般来说，流失的人才并不是暂时性地离开祖国，甚至通常是携带全家一起移民。因为大多数接受国会许可其配偶、子女等直系亲属同时移民入籍。因此，这些海外人才大都不但不会把自己大部分收入用于向祖籍国汇款和投资产业，不会视为祖籍国效力为首要选择，更多的情况是把自身掌握的技术、经验，以及在祖籍国获得的财富、产业都带去了海外。接纳国也会要求他们带来一定数额的投资，创造一定量的就业岗位，或者提供某种贡献和技能。因此，人才流失尤其是高端人才流失给祖籍国带来的损失大于收获。

概括地说，人才流出是否会造成人才流失，将因为输出国的特点不同而明显不同（例如国家大小、发展水平），随所涉职业与行业特点（例如祖籍国与所在国的行业发展情况与人才供给情况）、教育筹资的模式以及人才在输入国的居住状态（例如短期、永久、往返循环）等的不同而不同。

二、国际人才回流

如图 2-2 所示，国际人才从 A 国流入 B 国再流回 A 国的过程，即为“国际人才回流”。在人才回流中，由 A 国流出的人才在 B 国学习与工作后，大都掌握了先进的技术知识或管理技能，当他们再回流到 A 国时，那么流出国 A 就可以“搭便车”分享国际前沿的技术知识、人文思想和管理技能。而作为人才流入国的 B 则反过来成了人才流失的一方，这种流失可能比原本不流入造成的损失大。因为回流的人才带走了大量的资本、技术，从一定意义上来说，这种流动属于“零和”博弈。①

移民推拉理论认为，移民在移居国的不良经济状况是造成回流的主要推力，而回国后经济状况将得到大大改善是吸引他们回流的重要拉力，一推一拉就导致了移民的回流。② 但是，我国在 2000 年以后出现了经济继续增长、留学生回归比例反而下降的现象。同样，三星经济研究所 2007 年的一项研究

① 汪怿. 构建全球人才枢纽：原因、内涵与策略［J］. 科学发展，2013（2）：89-99.

② 丁月牙. 全球化时代移民回流研究理论模式评述［J］. 河北大学学报（哲学社会科学版），2012，37（1）：139-142.

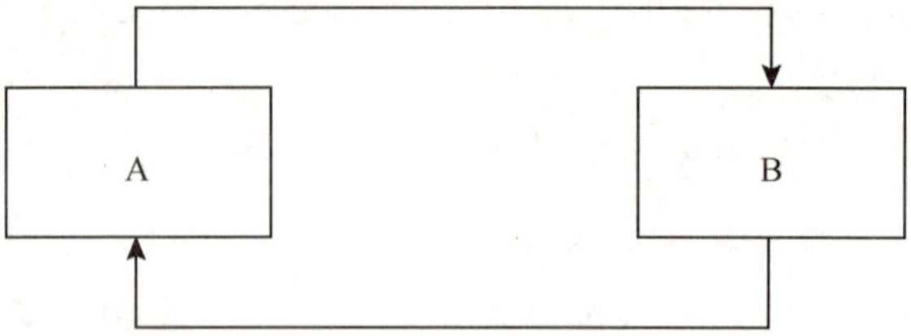

图 2-2 国际人才回流

资料来源：汪怿. 构建全球人才枢纽：原因、内涵与策略 [J]. 科学发展，2013 (2)：89-99.

显示，在美国获得博士学位的韩国人定居在美国的比例在 1992—1995 年为 20.2%，1996—1999 年升为 31.3%，而此后部分企业完成产业升级、经济更为发达的 2000—2003 年，却达到 46.3%。① 因此，不能只把人才回流强调为市场现象，认为留学人才“穷则离开，富则归来”，而忽略国家政策与社会环境的重要性。事实上，滞留在海外的人才，很可能因为本国社会经济环境的初步改善、政府的承诺和决心、显现端倪的市场空白、做出事业的机遇而决定回归。还有许多非市场因素左右着人们的选择，例如对国外经历感到失望，对家乡以及亲人的思念，原籍国出台了双重国籍政策使他们不需要放弃海外的一切等。

其实，一个国家最需要人才以及最有利于人才回归的阶段，往往是经济开始起飞、产业结构需要升级、教育体系又相对滞后的时候（通常与其综合国力、经济实力不匹配），进而形成需要大批高知识技能人才、自身培养体系却又无力供给，同时还无力全面吸引外籍人才的“真空时代”。这一阶段政府空前重视留学人才回归，同时人才回归后的发展机遇也空前之大。就像企业寻找市场空白一样，没有已经开始成型的市场，往往容易成为“先烈”；但市场完全成熟，竞争就会特别激烈。而在两者之间的阶段，发展空间可能很大，市场具备了盈利的基础，竞争对手又不多，而且政府还可能会出台扶植的优惠政策。

① 海外留学高级人才学成后缘何不愿回韩国 [N]. 朝鲜日报，2008-09-27.

【拓展阅读 2—1】

海归时代

近半个多世纪以来，世界格局最大的变化是亚洲崛起。日本、“亚洲四小龙”先后崛起为新兴发达国家或地区，中国和印度又随后崛起为新兴国家。同时，一个并非巧合的现象出现了：这些国家或地区均迎来了“海归时代”，海归成为高新技术领域、新经济产业高端人才的主要来源，并在政治领域也发挥重大的作用。

在日本，自然科学领域的诺贝尔奖得主，从江崎玲於奈（Leo Esaki）到下村修（Osamu Shimomura），约有半数是“美国制造”；在政治领域，日本多位首相是在国外留学过的海归，如小泉纯一郎曾就读于伦敦大学，麻生太郎曾在美国斯坦福大学和英国伦敦大学留学，安倍晋三曾在美国南加利福尼亚大学留学。

在印度，开国总理尼赫鲁（Jawaharlal Nehru）毕业于英国剑桥大学，前总理曼莫汉·辛格（Manmohan Singh）曾赴英国牛津大学留学。印度今天的繁荣主要靠信息产业拉动经济增长，而这归功于海外印度裔带来的外包业务。此外，侨汇也发挥了重要作用。2015—2016 财年，印度引进外资总额约 554.5 亿美元，而收到的侨汇却高达 217 亿美元，居世界第一。因此，有人形容，海外印度裔与海归帮助印度走出一穷二白的处境。

在新加坡，李光耀毕业于伦敦经济学院和剑桥大学，吴作栋在美国威廉斯学院深造并获得硕士学位，李显龙先后在剑桥大学、哈佛大学就读，三任总理全部都是海归。

在中国，周恩来、刘少奇、邓小平等国家领导人都在海外留过学。1997 年教育部国际合作与交流司统计数据显示：中国科学院院士的 81%，工程院院士的 51%，国家重点项目学科带头人的 72%，教育部直属高校校长的 78%，博士生导师的 63%，国家级、省部级教学、研究基地（中心）、重点实验室主任的 72%，都有过留学经历；时至今日，一定超出上述比例。据全球化智库对具有海归背景的第十八届中共中央委员会委员、第十八届中国中央委员会候补委员，现职的国务院部委部长（主任）、副部长（副主任），以及 31 个省、自治区和直辖市（台港澳除外，下同）省委书记、省长（自治区区委书记、区政府主席，直辖市市委书记、市长）等数据信息进行了统计梳理（截至2016年9月），统计结果显示，中共十八届中央委员和候补中央委员当中，拥有留学背景的人员占11.3%，国务院部委正副部长中，海归比例高达17.6%。国侨办统计数据则显示，30多年来，海外侨胞和港澳同胞投资创办的企业约占我国外资企业总数的70%；投入资金约占我国实际利用外资总额的60%；捐赠兴办公益事业和扶贫济困的善款达800多亿元人民币，惠及教育、医疗卫生、交通、文化体育、社会福利等各个领域。① 此外，中国许多在纳斯达克上市的新经济或高科技企业也为海归创办。

引领“海归潮”的留学生毕业于世界级名校，即使在欧美本土发展也一样会成为社会“精英”。他们的回流推动国家与地区崛起，国家崛起又进一步吸引人才回流，继续推动形成波澜壮阔的“海归时代”。

“人才回流”是一种经济学现象。有研究认为，当一国的人均GDP达到4 000美元以上、产业技术资本密集达到60%以上、第三产业贡献率达到64%以上的时候，人才将大幅度回流。② 联合国开发计划署（UNDP）的调查显示，当教育经费占一国GDP的5%以上、研究开发经费占GDP的1.9%以上、科学家工程师人均研究开发经费每年6万美元以上、从事研究开发的科学家每百万人口有1 500人以上，归国的海外人才也会大幅度增加。③

资料来源：王辉耀，苗绿. 人才战争2.0［M］. 北京：东方出版社，2018：113-116.

三、国际人才环流

人才环流顾名思义就是人才在流出国、流入国、第三国之间“循环”流动（见图2-3），人才环流的主体已经脱离了传统的“落叶归根”或“落地生根”的人才流动模式，而是向着“漂移移民”的趋势发展，这部分人也因为漂移循环的流动方式被称为“海鸥”。

① 国务院侨务办公室主任李海峰在2011年“第八届世界华裔杰出青年华夏行”上的发言［EB/OL］. http://www.shandongbusiness.gov.cn/index.php/public/html/news/201106/158390.html.

② 王辉耀. 遵循国际人才流动规律引进人才［N］. 中国组织人事报，2014-06-04.

③ 林琳. 中国智力回流的动机研究［J］. 发展经济学研究，2012（1）：267-285.

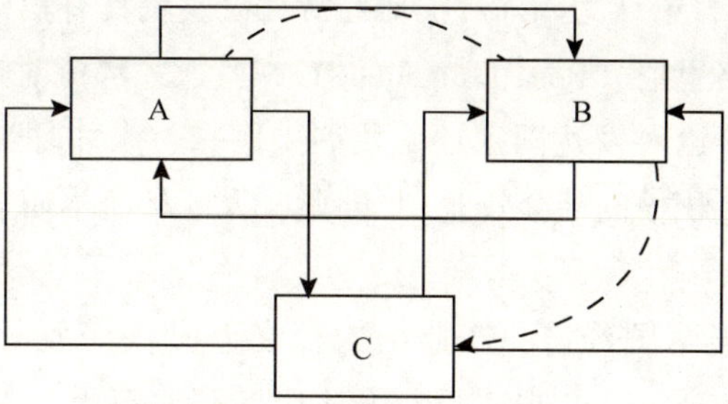

图 2-3 国际人才环流

资料来源：汪怿. 构建全球人才枢纽：原因、内涵与策略［J］. 科学发展，2013（2）：89-99.

如图 2-3 所示，在人才环流的过程中，人才在 A 国、B 国，甚至是 C 国之间循环往返，这使得三者不再是单纯的流出国与流入国的关系，而是互为流出国又互为流入国。这种关系使得它们彼此之间不再是此消彼长的单纯对立关系，而是通过人才的流动实现了资源、资本、技术的互通有无、互惠互利，在很大程度上实现了双赢，促进了彼此经济、社会的发展。

与人才流失和人才回流相比，人才环流在流动空间、流动次数以及流动效用上都有自己的特点。

首先，在空间上，人才环流跨越至少两个国家，且将人才流动的范围拓展到了流出国与流入国之外的第三国。

其次，在流动次数上，人才环流不再是单向或单一循环的永久性人才流动，而是多次循环往返的智力流动，其中既包括长期的投资、贸易活动，也包括短期的科技文化交流、访问演讲等活动。

最后，在流动效用上，人才环流不再是单一的非受益即损失的模式，而是成为双方都能受益的双赢模式。①

人才环流虽然在一定程度上减小了它对人才流出国的不利影响，但也还是有消极方面的影响的，那就是人才的环流可能导致不对称、不平等被强

① 杜红亮，乌云其其格. 让中国成为全球人才环流的重要一极［EB/OL］.（2012-04-27）［2018-06-30］.http://www.stdaily.com/pl/kjjy/201205/t20120503_181666.shtml.

化。[①] 不过，学界普遍认为人才环流对经济社会发展具有积极意义。例如，美国学者拉萨·道格里尼（Rasa Daugeliene）在其人才环流对知识经济发展作用的研究中指出，无论对发达国家还是发展中国家，人才环流都可以促进经济长期增长，并产生积极的社会效益。[②] 因此，人才环流本质上是一种“人才共享”。

一般来说，当两国经济、产业结构存在差异甚至互补的情况下，人才“环流”的“共享效应”会很明显：人才协助互通有无，帮助缺乏资金和技术却拥有劳动力和能源的国家获得产业转移的机会；帮助拥有资金和技术却缺乏劳动力和能源的先进国家进行产业转移，最后自身也获得良好的事业发展。因此，人才环流的“共赢”效应多发生在发达国家与发展中国家、新兴发展中国家与落后发展中国家、能源缺乏国与能源富裕国之间。[③]

【拓展阅读 2—2】

“海鸥”一族

我与美林证券前中国区主席刘二飞认识多年。20 世纪 90 年代初期，我们是最早一批从北美到中国香港工作的大陆留学生。作为投资银行家的刘二飞家在香港，公司业务大多在内地，受雇公司总部在华尔街。他的行程单经常就是一次“环球旅行路演”：从香港出发，到达新加坡、东京，然后飞赴英国伦敦，接下来跨越诺曼底海峡登陆欧洲大陆，法兰克福、日内瓦、苏伊士、米兰、阿姆斯特丹，一路马不停蹄，然后飞越大西洋去美国，洛杉矶、旧金山、丹佛、圣路易斯、纽约、波士顿、费城、华盛顿……然而，刘二飞并没有多少时间真正去“环游世界”，这是工作需要。工作让他一年当中三分之一时间在香港，三分之一时间在北京，还有三分之一是在世界各地“漫游”。

联想收购 IBM 个人电脑业务以后，联想集团 CEO 杨元庆最大的工作变化是要经常出差，每个月至少有两次越洋飞行。由于联想在印度、北京、纽约

---

① MEYER J. 人才外流形式改变的政策含义［EB/OL］.（2015-06-01）［2018-05-30］.http://www.scidev.net/global/policy-brief/zh-131289.html.

② DAUGELIENE R. The position of knowledge workers in knowledge-based economy：migration aspect［J］. European integration studies，2007（1）：103-112.

③ 王辉耀，苗绿. 人才战争 2.0［M］. 北京：东方出版社，2018：128-129.

和罗利都有“总部”，杨元庆也不得不辗转于几个地区总部之间。尽管他还是中国国籍，却已经把家搬到了美国罗利市。过去，杨元庆一说英语就磕磕碰碰，如今，他已经能用英语跟公司的外籍总裁交流，甚至用英语演讲。

他们可谓是“太空人”或“海鸥一族”，正是“人才环流”群体的典型代表。随着国际产业分工协作和跨国公司向“全球公司”的发展，人才流向不同的工作所在地，“人才环流”也成为大规模的趋势。随着人才环流成为国际人才流动的一种新趋势，频繁往来于流出国、流入国或第三国的人才越来越多，他们的企业或合作项目往往跨越两个国家以上，他们的观念也已经从“人回国服务”转变成了“智力为国服务”。

日渐激烈的全球化竞争，也导致越来越多的企业将国际化素质当作雇员素质的重要指标，并越来越重视在全球范围内招聘人才。同时，企业的人才培养也开始习惯将一些骨干雇员派往海外拓展经验，甚至将跨国外派当作晋升高级管理层的必要程序。因此，国际化的背景和视野、精通外语、熟悉国际游戏规则、持有多国护照、具有跨国界和文化操作处理能力，这些通常被看作海鸥或“人才环流”群体的显著特征。世界著名猎头公司海德思哲（Heidrick & Struggles）中国区董事长郭皓声称：“如果一个人没有经历过跨地域的文化，没有在不同的非商业文化里生活和工作过，就不能算真正的国际经理人。”

在留学生、移民群体当中，相当大的比例都在进行这种“循环流动”；海归人才“再归海”后仍与国内保持频繁联系的，亦处于环流状态。

联合国定义的“人才环流”中不包含在海外定居的海外人才短期回国访问。时间比例是个关键词，人才环流的群体必然经常性地往返于两个或多个国家之间，一般拥有多国的国籍、永久居留权、长期签证。因此，简化国籍、绿卡、签证等移民与入境制度，是“人才环流”必不可少的保障。

“人才环流”与人才的“回归”或“归化”相比，区别在于这种人才流入不但不一定是永久性，而且从现状来看就充满了不固定的因素。因此，人才往往会对一个国家的国际地位、政治体制、人文环境、经济发展不那么挑剔，甚至不介意政府腐败、社会动荡、科技落后，而这些往往是人才流失的重要原因。因此，即使最极端贫穷落后的国家，都能通过放宽对国籍、绿卡、签证的限制，而有效地推动“人才环流”的发生。

"人才共享"需要秉持"不求所有，但求所用"的心态。从政府角度来说，发展中国家和新兴国家确实需要一批人才留在最发达或技术最领先的国家，掌握最新技术与经验，将其传递回国内；也需要一批族裔人才滞留在海外，引导原籍国的企业出口、外包以及"走出去"，并推动文化传播。

"对于像我这样的人，留在国外可能起的作用更大。"曾任德国一家大学副校长的丁先春博士说："我在学校主管科研，学校里的100多个科研项目都由我管理，这是一个群体优势。我可以做中德技术交流的桥梁。我所在的这个位置比我单枪匹马回国，再去与国外交流要容易得多，也比我一个人回国做出的贡献大。我在德国可以为中国引入先进的技术，帮助联系交流合作，起到一个窗口和桥梁的作用。"

经常在国内、国外飞来飞去的卢伟博士则表示："电信业是一个飞速发展的产业，在这一行中，一个星期知识就会更新。如果我放弃了在硅谷的工作回国，就等于放弃了信息源。没有更新的知识，很快就会落后、死亡。所以我不能放弃硅谷。但是这也并不等于就不回来创业了，政府现在对高科技产业的支持和重视我们都能感受到，北京的环境也很成熟，现在不少学子都觉得最好的方式就是经常来回，把先进的知识技术带回来，让国内和国际之间密切沟通。这不仅能让我国仍不先进的技术有较快的提高，又能保留自己现有的研究条件不至于落伍。而且这样生活、子女、家庭等一系列问题都能迎刃而解。"

资料来源：王辉耀，苗绿. 人才战争2.0［M］. 北京：东方出版社，2018：125-129.

四、国际人才的柔性流动

人才柔性流动是相对于"刚性流动"而言的，是摆脱传统国籍、户籍、档案、身份等人事制度中的约束，在不改变与其原单位隶属关系（不迁户口、不转关系）的前提下，以智力服务为核心，注重人、知识、创新成果等的有效开发与合理利用的流动方式；是突破工作地、工作单位和工作方式的限制，谋求科技创新和商业化及人才自身价值的最大化，充分体现个人工作与单位用人自主的一种来去自由的人才流动方式。①

例如，在企业中，柔性化的人才流动方式包括（1）引智合作，指企业因技术开发或公关需要，与其他企业或科研单位结成合作伙伴，借脑创新、融智发展；（2）兼职招聘，指通过定期往来、灵活工作时间等方式，聘请国内外技术专家到企业兼职工作；（3）智力咨询，指由科研机构、高校或专门的咨询公司出面组织，邀请有关各方面的专家组成咨询队伍，为企业提供技术和管理服务；（4）交换使用，指企业在不影响其自身业务、不泄露商业秘密的前提下，将闲置人才推荐给别的企业并换回急需人才；（5）人才租赁，指由用人单位与人才流动服务中心签订人才租赁协议。②

当前，中国经济正处于转型的关键时期，创新驱动型发展模式的实现，需要国际高端人才的有效支持。设立海外研发中心便是柔性利用国际人才的典型做法。发达国家企业建立海外研发中心的时间较早，由于企业所在母国的技术储备和研发水平普遍较高，因此海外研发中心的功能通常是优化创新资源配置，辅助母国研发中心技术创新。相较而言，国内企业建立海外研发中心的动机具有显著差别。③ 由于母国在技术储备和创新资源方面不具有明显优势，因此企业迫切需要利用国外创新资源来提升技术创新能力。特别是对国外高端的人才资源而言，部分高精尖人才在跨国流动中受到限制，使得国内企业在人才竞争中处于劣势地位。故而，国内企业海外研发中心的建立具有更强的柔性流动特征，是一种通过跨境机构建设，使境外智力资本为母国创新活动服务的活动。国际人才的柔性流动体现了新常态下，“人”与“才”的进一步分离，相对刚性流动而言，柔性流动以人才的才智服务为核心，有利于突破组织边界和地域边界的限制，充分发挥人才的最大效用。④

① 李福华，赵普光. 人力资本产权视野中的高校人才柔性流动［J］. 高等教育研究，2008（10）：46-51.

② 耿炎，杜宏川. 实现人才柔性流动的理性思考［J］. 继续教育与人事，2002（12）：10-12.

③ 袁晓玲，雷厉，郑华庭. 离岸创新中心：经济新常态下的合作创新模式［J］. 管理学刊，2016（4）：2，38-45.

④ 胡雯. 国际人才柔性流动的学理演进与引申［J］. 上海商学院学报，2016（5）：65-70.

【拓展阅读 2—3】

海外研发中心所引发的人才思考

针对近年来全球范围内海外研发中心的飞速发展，毕业于清华大学电子工程系与工业工程系，并曾在德国留学与工作，在 Intel、西门子等公司积累了丰富的制造业项目经验的冯维博士认为，这一现象对我们有以下启示。

首先，研发全球化是市场资源和人才资源共同作用的结果。以华为欧洲研究所为例，通过将研究机构靠近德国电信、法国电信、沃达丰等运营商客户，可以充分了解其需求并开展联合创新，从而打造真正具有市场竞争力的产品。同时，也可以充分配置当地的人才资源，利用欧洲的研发人才来开展这方面的研究。跨国企业在中国加大本土研发力度也是同样道理，这些公司受到中国巨大市场的吸引，认为有必要研发针对本地市场特点的产品，因此他们逐渐改变了只把中国作为生产基地的观念。我国的市场体量，在一些领域会对整个行业的发展产生决定性的作用。例如，中国本土企业在智能制造方面的升级换代需求很大，以至于许多人断言：真正的工业 4.0 会首先在中国（而不是德国）实现。这势必吸引全世界相关技术厂商在中国这片热土上展开激烈角逐。另外，这些公司也发现中国本土的技术人才（在一定程度上）可以满足其研发团队的要求。在此基础上，进行相关的研发中心建设以及配备“研发产业园”之类的设施，也就成为顺理成章的事情。

其次，我们仍需要从“供给侧”来反省中国的人才培养，不可沾沾自喜。尤其是在基础科学研究方面，我国与传统强国的差距还是相当明显的，且不是短期能够弥补的。例如，在历届菲尔兹奖（数学界的“诺贝尔奖”）获得者中，美国、法国和俄罗斯国籍雄踞前三席，而中国国籍尚未有获奖者。奖项数字的背后，体现的是这些国家在基础研究方面的深厚积累和良好机制。以法国为例，目前有近 4 000 名数学专业研究人员，是世界上数学家密度最高的国家之一，而且还拥有巴黎高等科学研究院、巴黎高等师范学院等一大批顶尖的研究基地，源源不断地产出尖端人才和研究成果。就连美国的优秀数学家，往往都会选修法语来阅读其原始文献。这也是华为等公司在欧洲相关地区设置研究所，和当地科学家展开合作的原因之一。数学、物理等基础科学研究的意义非常重大，是颠覆性技术发展的前提，然而在实践中又往往被人忽视，各种主客观条件导致愿意埋头钻研的人才越来越少。曾有人评价中国的基础研究：我们真正缺乏的并不是科研成果的市场化机制，而是缺乏原创性的科研成果。和那些有着悠久历史底蕴的国家相比，中国本土的教育、科研机构还任重而道远。

最后是要从“需求侧”来思考，各家公司应该如何留住人才？毕竟，优秀研究人才的供给有限，而且供不应求的状况会随着许多国家的人口老龄化趋势更加显现化，导致人才争夺战越来越激烈。各大公司设置跨国研发中心，已然将“战火”燃烧到了其他国家的门口。薪资当然是一个重要的因素。在这方面，中国的新兴企业开始赶上欧美巨头的水准。一些本土公司最新披露的应届生薪酬，已经不输传统的西方巨头，并且以灵活的激励机制和广阔的发展空间来吸引人才。从另外一个角度来讲，许多欧美老牌跨国企业在（应用型）人才的培养方面也有着深厚的积累，其完善的培训流程，能够确保以一种“标准化”的方式把缺乏经验的青年培养成受市场欢迎的“老手”；并且这些公司可以凭借其全球布局的优势，给员工提供丰富的跨国培训、岗位调动、知识分享机会。类似的机遇对于年轻人的意义，有时候不是纯粹的薪酬数字可以代替的。在这方面，有志于国际化的广大中国企业也还有学习进步的空间。

资料来源：冯维. 研发全球化再升级，华为已悄然布局 16 家海外研究所［EB/OL］.（2017-07-03）［2018-10-10］. https://www.sohu.com/a/115788517_466843.

本节中介绍的四种模式是国际人才流动的基本模式。在过去的研究中，还出现了一些其他的说法。例如，安娜丽·萨克希安（AnnaLee Saxenian）提出的人才对流模式，① 事实上是人才流出与人才回流同时存在的一种模式。随着国际人才流动的不断变化，未来可能会出现更多的流动模式，这也将成为国际人才学研究不断深入的知识源泉。

① SAXENIAN A. 人才对流与区域创新：硅谷-新竹-上海三角形［M］//童昕，王缉慈. 创新经济地理. 北京：高等教育出版社，2009：166-186.

第三节 国际人才流动趋势

由于各国对“国际人才”甚至“人才”的定义不同，因此目前针对全世界范围的国际人才流动趋势还没有形成公认的监测标准。不过，通过追踪全球国际移民以及主流人群（如工作型国际移民、留学人员）的流动趋势，可以对全球国际人才流动趋势做出初步判断。同样，中国国际移民及其主流人群的流动趋势，也可以作为中国国际人才流动的参考依据。

一、全球国际移民流动趋势

麦肯锡全球研究院（McKinsey Global Institute）最新调查发现，虽然国际移民人数仅占全球人口总数的 3.4%，但他们贡献的 GDP 却接近全球 GDP 的 10%。2015 年，移民为全球 GDP 贡献了 6.7 万亿美元，而如果他们待在原来的国家，则可能少贡献 3 万亿美元。① 国际移民的卓越贡献及其背后所隐含的才能与国际性，证明将国际移民作为国际人才的主要监测对象并非毫无根据。

从全球范围来看，国际移民数量增加趋势明显。根据联合国经济社会事务部的数据以及国际移民组织对 45 个国家数据的估计，截至 2019 年，全球的国际移民已经达到 2.72 亿人，占全球人口的 3.5%。而在 2000 年、2010 年和 2015 年国际移民的数量分别是 1.75 亿人、2.21 亿人和 2.44 亿人（见图 2-4）。另据普华永道的推测，21 世纪的第一个十年执行国际任务的人数比 20 世纪最后十年增加了 25%，而 21 世纪第二个十年将比第一个十年增加 50%。②

从国际移民流动走向来看（见图 2-5），移民主要目的国多为经济相对发达的国家，以美国最为瞩目；移民主要来自印度、墨西哥等发展中国家，且多为亚洲国家。值得注意的是，俄罗斯、英国均为世界十大移民目的国与来

① WOETZEL J，MADGAVKAR A，RIFAI K，MATTERN F，BUGHIN J，MANYIKA J，ELMASRY T，DI LODOVICO A，HASYAGAR A. Global migration's impact and opportunity ［R/OL］.（2006-11-01）［2018-10-07］. https://www.mckinsey.com/featured-insights/employment-and-growth/global-migrations-impact-and-opportunity.

② PWC. Talent mobility 2020：PWC report investigates the future of international work ［EB/OL］.（2010-04-12）［2017-03-05］. http://pwc.blogs.com/press_room/2010/04/talent-mobility-2020-pwc-report-investigates-the-future-of-international-work.html.

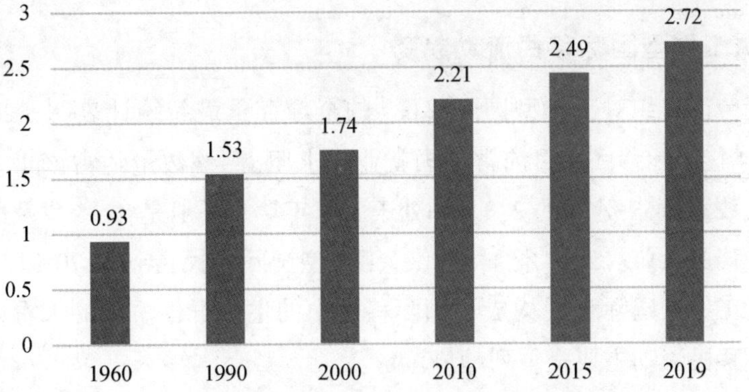

图 2-4　全球生活在出生地之外的人口增长情况（单位：亿人）

资料来源：United Nations，Department of Economic and Social Affairs. Population division（2019）. International migrant stock 2019（United Nations database，POP/DB/MIG/Stock/Rev. 2019）.

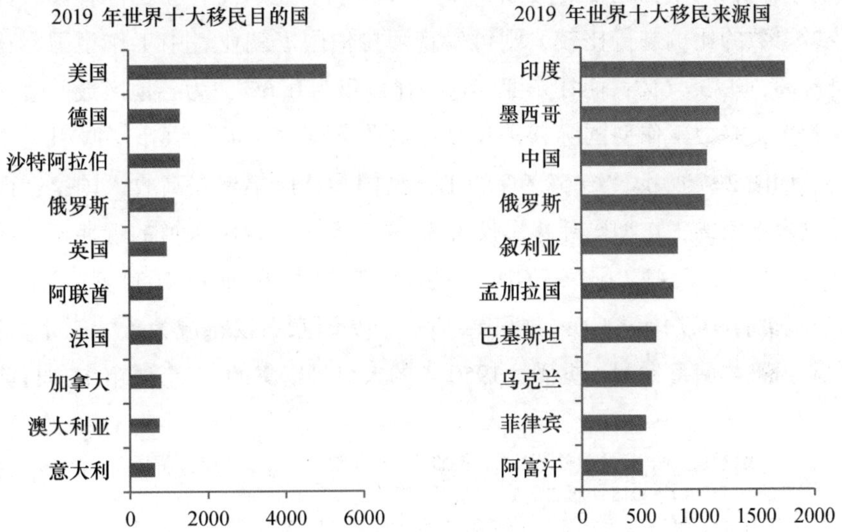

图 2-5　世界十大国际移民目的国与来源国（单位：万人）

资料来源：United Nations，Department of Economic and Social Affairs. Population division（2019）. International migrant stock 2019（United Nations database，POP/DB/MIG/Stock/Rev. 2019）.

源国之一，说明这两个国家人口流动较为频繁。

二、全球工作型国际移民流动趋势

国际劳工组织对工作型国际移民①的全球存量最新统计表明，2017 年大约有 1.64 亿国际移民在目前常住国就业或求职，② 该数量约占该年全球国际移民总人数（2.58 亿）的 2/3。和处于工作年龄（一般是在 15 岁及以上）的全球国际移民人口（2.34 亿）相比，工作型国际移民占到了 70%以上。③ 毫无疑问，工作型国际移民构成了国际移民中的主流群体。总的来看，当前工作型国际移民流动主要呈下列趋势。

首先，工作型国际移民主要分布在欧美和阿拉伯国家。虽然世界各地均有工作型国际移民，但处于北美和北欧、南欧和西欧地区的工作型国际移民约占全球同类型人员总人数的一半。相比之下，仅有 3.6%的工作型国际移民处于中国所在的东亚地区（见图 2-6）。如果将各地区工作型国际移民人数占就业者总数的比例进行比较，则可发现阿拉伯国家就业者中工作型国际移民比例最高，占 35.6%；而在东亚，这一比例仅为 0.6%，为各地区最低值。④

其次，多数工作型国际移民集聚在高收入国家，但新兴市场吸引力不可小觑。如图 2-7 所示，约 67.9%的工作型国际移民集聚在高收入国家，而处于低收入国家的工作型国际移民仅占 3.4%。不过，普华永道的近期调查结果预计：到 2020 年，E7 国家⑤ GDP 将超过 G7 国家⑥；而在 2030 年，E7 国家 GDP 总和将比 G7 国家 GDP 总和高 30%。E7 国家不仅将成为人才需求大国，也会成为人才储备大国。据悉，1950 年的人口最密集的 30 个城市中，目前已

① 工作型国际移民，即跨国务工人员，指的是在目前常住国已就业或正在寻求就业机会的国际移民，详见国际劳工组织 2018 年报告的第 27 页。

② 虽然存在更早的对全球工作型国际移民数量的估算（1995 年为 3 600 万 ~ 4 200 万人，2000 年为 8 620 万人，2010 年为 1.055 亿人），国际劳工组织认为由于在定义、方法和数据源上的差异，这些数据不能用来和 2013 年的数据相比。

③ ILO global estimates on migrant workers：results and methodology ［R］. International Labour Organization，2018.

④ PWC. Talent mobility 2020：PWC report investigates the future of international work ［EB/OL］.（2010-04-12）. http：//pwc.blogs.com/press_room/2010/04/talent-mobility-2020-pwc-report-investigates-the-future-of-international-work.html.

⑤ E7 国家，即七大新兴市场国家，包括中国、巴西、印度、印度尼西亚、墨西哥、俄罗斯和土耳其。

⑥ G7 国家，即七个最发达的工业化国家，包括美国、日本、德国、英国、法国、意大利和加拿大。

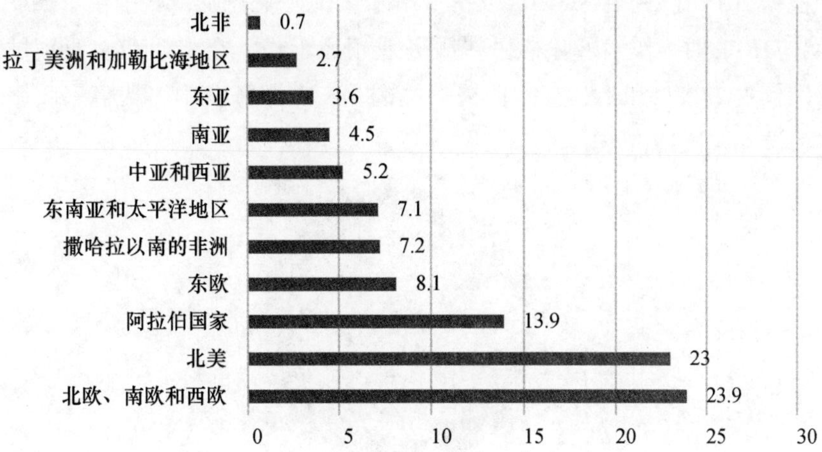

图 2-6 工作型国际移民分布百分比

资料来源：ILO global estimates on international migrant workers：results and methodology [R]. International Labor Organization，2018.

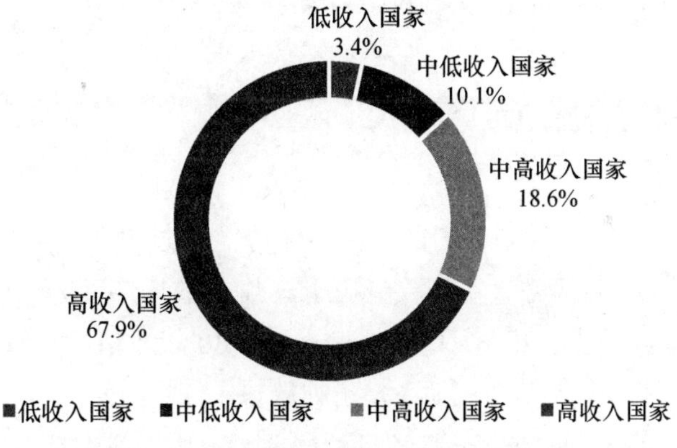

图 2-7 工作型国际移民所在国家类型

资料来源：ILO global estimates on international migrant workers：results and methodology [R]. International Labor Organization，2018.

有 11 个城市从名单中消失，而拉合尔、深圳和金奈成为新上榜城市。到 2025 年，伦敦和利马也将从名单中消失。①

① PWC. Talent mobility 2020：PWC report investigates the future of international work [EB/OL]. (2010-04-12). http://pwc.blogs.com/press_room/2010/04/talent-mobility-2020-pwc-report-investigates-the-future-of-international-work.html.

根据2015年数据，大多数工作型国际移民在服务业领域工作。如图2-8所示，71.1%的工作型国际移民在服务业领域工作，在工业和农业领域工作的分别仅占17.8%和11.1%。值得一提的是，在服务业中，从事家政服务的工作型国际移民约占10.8%。

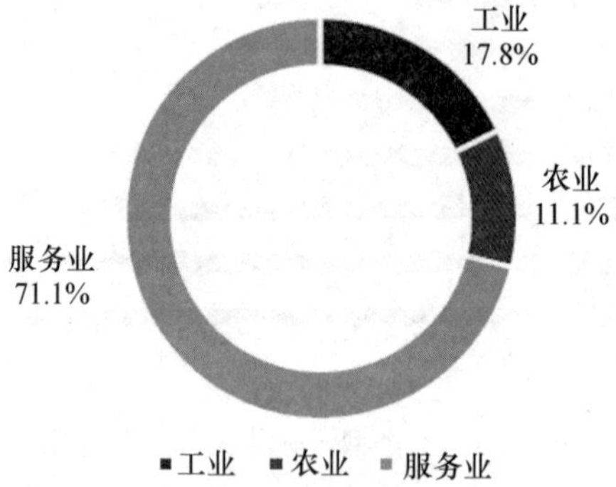

图2-8　工作型国际移民所在行业分布

资料来源：ILO global estimates on migrant workers: results and methodology, special focus on migrant domestic workers [R]. International Labour Organization, 2015.

三、全球留学人员流动趋势

在国际移民中，留学人员数量虽远不及工作型国际移民数量，但却常被作为“准国际人才”，受到各国的关注与争夺。在过去40年中，全球高等教育项目中注册的外国留学生①人数经历了爆炸式增长——从1998年的200万人增长至2017年的530万人，增长速度直到2010年才稍显平稳（见图2-9）。除此之外，全球留学人员的流动还呈下列趋势。

首先，英美两国长期位于留学目的国前列，中国排名明显提升。由国际教育学会（IIE）2017年发布的统计报告可见，英美两国在2001年和2017年均占据排行榜前两位，美国更是遥遥领先（见图2-10）。但值得注意的是，2017年，原本在2001年榜上有名的日本、西班牙和比利时落榜，而中国、加拿大和俄罗斯进入前八，在中国留学的外国人数量更是直逼英国，位于排行榜第三名（见图2-10）。不过，虽然美国容纳了全球1/5的留学生，其外国留学生数量仅占本国高等教育机构中学生总数的5.2%；而在中国，外国留学

① “外国留学生”定义请见第一章第一节“常见的研究对象”中的详细解释。

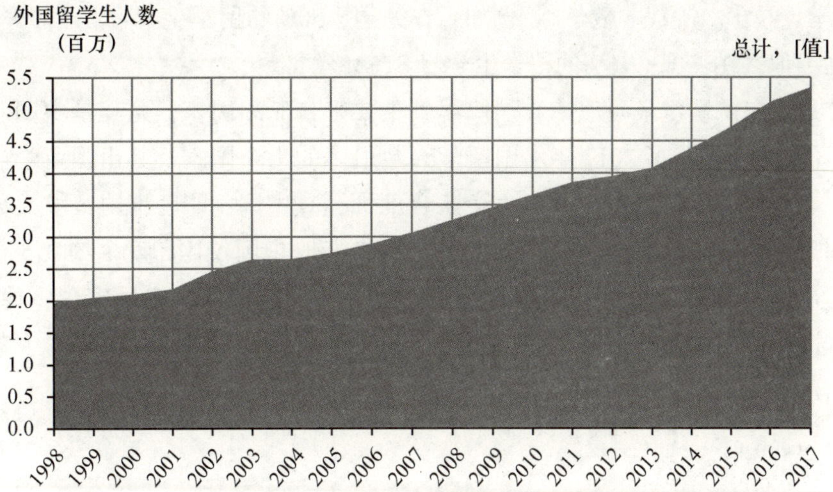

图 2-9　全球高等教育项目中注册的外国留学生人数变化（1998—2017）

资料来源：Education at a glance 2019：OECD indicators［R］. OECD，2019.

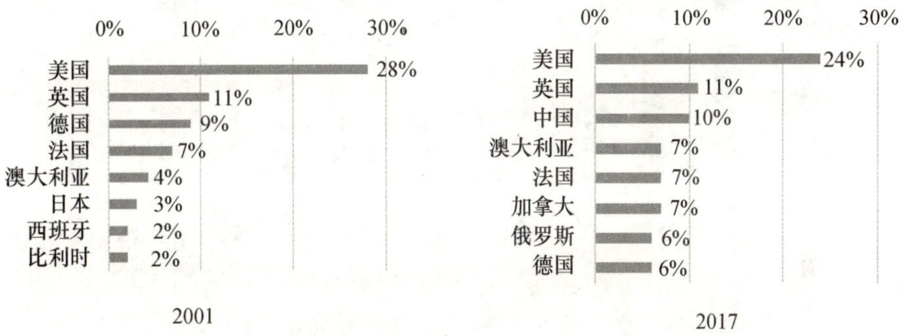

图 2-10　留学目的国外国留学生数量占全球外国留学生总数百分比排名

资料来源：A World on the move：trends in global student motility［R］. Institute of International Education，2018.

生仅占高校学生总数的 0.9%。

其次，主要留学目的国中外国留学生的学习阶段和专业也存在差异。例如，在新西兰、俄罗斯和澳大利亚留学的学生多攻读研究生以下学位，比例分别为 75%、54%和 50%；而大部分（53%）在德国留学的学生攻读的是研究生学位；在美国和英国，攻读研究生以下学位和研究生学位的留学生比例相对持平。另外，在主要留学目的国中，接近一半学生都在学习 STEM 学科

(科学、技术、工程、数学)。例如，在德国，50%的留学生学习 STEM 学科；与之类似，在美国，46%的留学生学习 STEM 学科。①

最后，从留学来源地来看，留学生主要来自亚洲国家，尤其是中国和印度。图 2-11 列举了 2017 年出国留学人数最多的十个国家及其出国留学生人数。在排名前十的国家中，有六个来自亚洲，且中国、印度出国留学人数明显超过其他国家。值得一提的是，虽然 2017 年时中国仅比印度多约 0.5 亿人口，出国留学人数却将近印度的 3 倍。此外，在欧美的众多国家中，德国、法国和美国出国留学人数最多，而尼日利亚则成为唯一进入出国留学人数前十名的非洲国家。

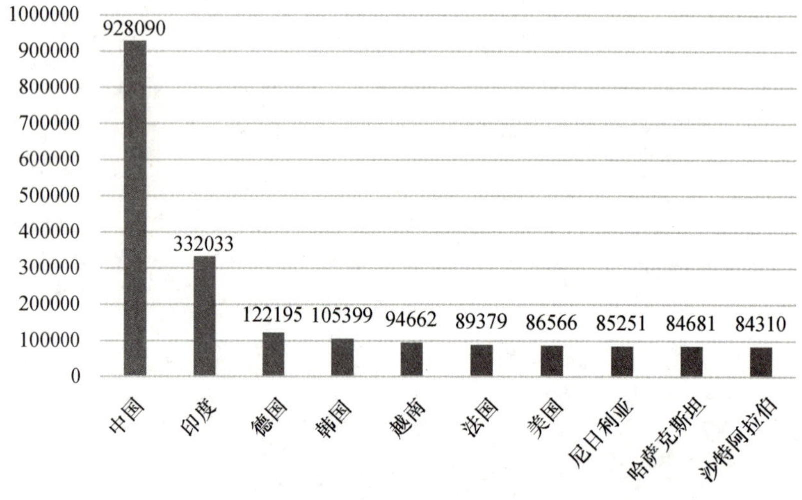

图 2-11　2017 年十大留学生来源国出国留学人数

资料来源：UNESCO Institute for Statistics (UIS). International student mobility in tertiary education [EB/OL]. http://data.uis.unesco.org/Index.aspx.

尽管留学人数一直在增加，增长速度一直在加快，英国文化教育协会(British Council) 2018 年 2 月最新发布的报告却预计全球留学人数增速可能会减缓。该报告估计，到 2027 年，留学生人数将从 2000 年到 2015 年每年平均 5.7%的增长率降低到 1.7%。中国、印度、巴基斯坦、尼日利亚和孟加拉国

① A World on the move: trends in global student motility [R]. Institute of International Education, 2018.

可能成为出国留学人数增长的主要国家，而韩国、马来西亚、委内瑞拉、新加坡和中国香港可能会成为出国留学人数降低最快的国家或地区。①

四、中国国际人才流动趋势

国际移民是我国国际人才研究的重要群体之一，也是我国国际人才的重要组成部分。1978 年以来，中国前后出现了三次出国移民潮：第一次发生在改革开放之初，很多有海外关系的人纷纷出国与亲人团聚或移民；第二次发生在 20 世纪 80 年代末到 90 年代末，许多发达国家开始吸收中国技术移民；第三次是在 21 世纪初，主要是包括大量的投资移民和技术移民在内的精英移民，也包括出国的留学生被发达国家吸收转化为移民。截至 2019 年，不包括香港、澳门居民在内，世界各地有来自中国内地（大陆）的移民 1 073.23 万人，中国成为全球排名第三的移民输出国。另外，根据联合国 2019 年 9 月的估计，即使包括了出生于香港、澳门和台湾地区但在内地（大陆）生活的人的数量，在中国内地（大陆）也只有 103.09 万境外迁入移民，迁入内地（大陆）的境外出生人口（包括港澳台居民在内）仅占中国总人口的 0.07%。剔除港澳台出生人口，中国大陆的外国出生人口约占总人口的 0.05%。该数据虽然并未包括生活在广东的非洲籍短期居住者，但仍然表明，中国的国际移民占比甚至低于越南、古巴、马达加斯加、印度尼西亚，以及缅甸和朝鲜，成为全球国际移民占比最低的国家。② 国际移民流出与流入的显著差距说明，我国存在巨大的国际人才逆差。具体来看，中国国际移民的流出与流入呈下列趋势。

（一）国际移民流出："一带一路"沿线国家渐成重要目的地

作为中国国际移民目的地区域，亚洲有 498.23 万中国迁出移民，人数最多；北美洲有 358.86 万人；欧洲有 120.50 万人；大洋洲有 74.54 万人；拉丁美洲与加勒比海地区有 14.25 万人；非洲有 6.83 万人。中国移民居住在世界发达地区的有 631.52 万人，发展中国家和地区的有 441.71 万人，前往发达地

① British Council. International student mobility to grow more slowly to 2027 [EB/OL]. (2018-02-01) [2018-03-02]. https://www.britishcouncil.org/organisation/press/international-student-mobility-grow-more-slowly-2027.

② 王耀辉，苗绿，杨靖旼. 中国国际移民报告（2018）［M］. 北京：社会科学文献出版社，2018.

区的移民人数增长较快（见图 2-12）。

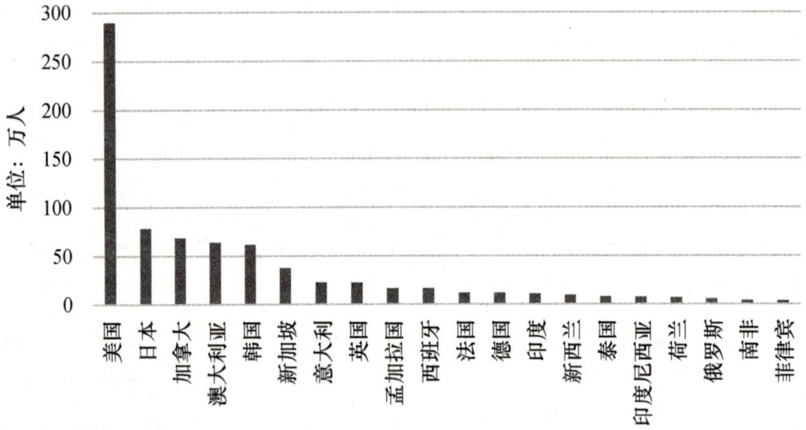

图 2-12　2019 年中国移民的前 20 大目的国家（单位：万人）

资料来源：United Nations，Department of Economic and Social Affairs. Population division（2019）. International migrant stock 2019（United Nations database，POP/DB/MIG/Stock/Rev. 2019）.

如图 2-12 所示，美国、日本、加拿大、澳大利亚、韩国是中国移民的五大目的国，分别有中国移民 289.93 万人、78.48 万人、69.15 万人、64.16 万人、62.03 万人。同时，中国移民的前 20 大目的国中有 6 个为“一带一路”沿线国家：新加坡（38.01 万人）、孟加拉国（16.49 万人）、泰国（7.76 万人）、印度尼西亚（7.55 万人）、俄罗斯（5.62 万人）、菲律宾（3.71 万人）。

（二）国际移民流入：以来自亚洲国家的移民为主

根据联合国经济社会事务部的数据，2019 年，来华国际移民大多数来自亚洲国家。其中，韩国是最主要的来源国，有 19.69 万韩国人生活在中国。第二大来源国是巴西（7.83 万人），第三大来源国是菲律宾（7.7 万人），随后是印度尼西亚（4.19 万人）、越南（2.96 万人）。美国是第六大来源国，有 2.82 万美国人居住在中国。其他来源图如图 2-13 所示。①

① 香港特别行政区与澳门特别行政区数据已经剔除中国内地在港澳人数。

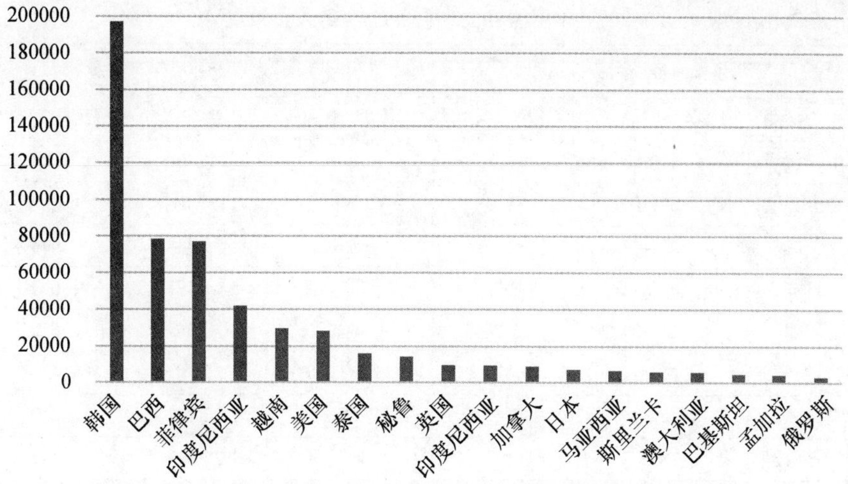

图 2-13 2019 年中国国际移民的 18 个来源国家（单位：人）

资料来源：United Nations，Department of Economic and Social Affairs. Population division（2019）. International migrant stock 2019（United Nations database，POP/DB/MIG/Stock/Rev. 2019）.

注：由于数据库关于来源国的数据有限，此排名仅根据数据库提供的 18 个来源国家整理排列。

（三）工作型国际移民流出：以“一带一路”沿线国家为主要目的地

在以习近平同志为核心的党中央领导下，现阶段的中国外交取得了巨大进展，政府的外派机构和人员也随之增加。同时，随着中国在全球化进程中扮演的角色越来越重要，中国走出去的企业与其他相关机构也在迅速增加。中国对外承包工程商会的数据显示，2017 年中国派驻海外的劳务移民 52.2 万人，90%集中在亚洲和非洲国家，其中绝大部分是“一带一路”沿线国家（见表 2-1）。到 2016 年年末，中国有 26 万人在欧盟 28 国务工，其中 70%在意大利，23%在法国、德国、荷兰、西班牙和英国。[①] 2017 年上半年，投资超过 10 亿元的海外项目有 33 个，其中 85%集中在上述国家或地区。[②] 从 2013 年起，仅安保企业德威就培训了总数达 9 万人次的海外派驻人员，绝大部分客户来自央企，其次是外派教师与公派留学生。[③]

① PIOTR P，MARKO S. Labour migration from China to Europe：scope and potential［J］. International labour organization and international organization for migration，2017.

② 文月. 2016 年中国对外劳务合作发展述评［J］. 国际工程与劳务，2017（3）：39-44.

③ 郝洲. “海外中国” 的隐秘侍卫［J］. 财经，2017-07-24.

表 2-1　　2017 年中国各类项目派出劳务人员数量

2017 年派出各类劳务人员			12 月末在外各类劳务人员		
国家/地区	人数（人）	比重（%）	国家/地区	人数（人）	比重（%）
中国澳门	61 657	11.8	日本	143 894	14.7
中国香港	57 670	11.0	中国澳门	128 647	13.1
新加坡	42 409	8.1	新加坡	95 488	9.8
日本	38 672	7.4	阿尔及利亚	61 491	6.3
巴拿马	27 589	5.3	中国香港	58 642	6.0
阿尔及利亚	21 151	4.0	沙特阿拉伯	29 507	3.0
马来西亚	18 339	3.5	巴拿马	28 732	2.9
沙特阿拉伯	18 065	3.5	马来西亚	27 919	2.9
巴基斯坦	17 693	3.4	安哥拉	25 567	2.6
老挝	16 728	3.2	巴基斯坦	21 278	2.2

资料来源：文月. 2017 年中国对外劳务合作发展评述［J］. 国际工程与劳务，2018（3）：38-43.

（四）工作型国际移民流入：中国成为工作型国际移民主要目的国之一

汇丰发布的 2019 年《移居国外工作者全球报告》（Expat Explorer：Report 2019）显示，中国作为世界经济强国，目前在汇丰全球职业发展排名中位居世界第三，外国人移居到中国可以获得各类职业与收入上的优势。世界银行 2019 年的最新数据（不完全）显示，中国 2018 年已经成为世界第六大侨汇汇出国（见图 2-14）之一，说明中国不再只是国际移民的来源国以及侨汇的汇入国，而正在成为国际移民的目的国。侨汇的汇出金额也能反映出外籍人士在中国的工作与发展情况。

（五）出国留学：中国仍为留学人员主要来源地，多前往发达国家和地区求学，赴“一带一路”沿线求学人数增长迅速

留学生是我国国际人才的主要组成部分。2001 年，中国加入 WTO，对国际人才也更为重视。1992 年中共中央提出了“支持留学，鼓励出国，来去自由”的政策，留学生数量快速增长。同时，也在提高公费留学回国比例方面进行了规范。2017 年，我国出国留学人数首次突破 60 万人大关，达到 60.84 万人，同比增长 11.74%；2018 年达到 66.21 万人，持续保持世界最大留学生来源国地位（见图 2-15）。我国出国留学人员目的地仍相对集中，多数前往欧美发达国家和地区求学，“一带一路”国家成为新的增长点。当年赴“一带

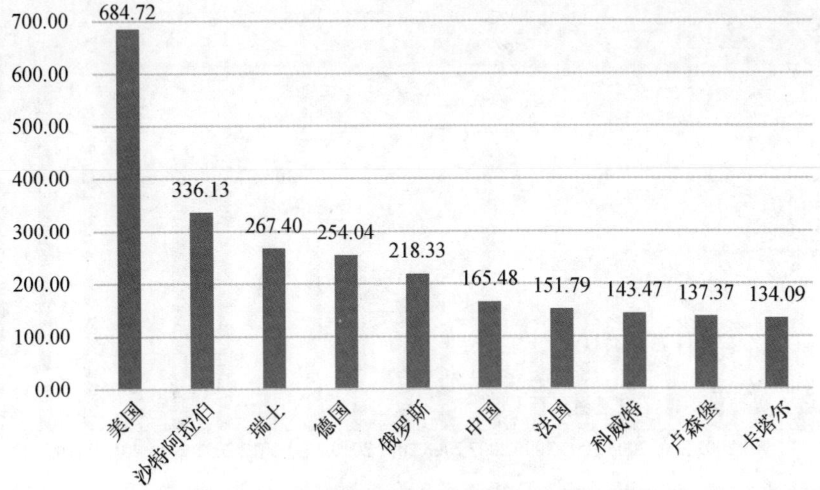

图 2-14 2019 年世界十大侨汇汇出国（单位：亿美元）

资料来源：The World Bank. Migration and remittances data. [EB/OL]. [2019-10-15]. https://www.worldbank.org/en/topic/labormarkets/brief/migration-and-remittances.

一路”沿线国家留学人数为 6.61 万人，比上年增长 15.7%，超过整体出国留学人员增速。其中国家公派 3 679 人，涉及 37 个“一带一路”沿线国家。①

（六）来华留学：跃居主要留学目的国

随着中国教育水平的提高以及中国教育部 2010 年出台的“留学中国计划”，来华留学外籍学生数量也不断增加。2018 年，共有 49.22 万名外国留学生在我国高等院校学习（见图 2-16），较 2017 年增长 0.62%，其中学历生 25.81 万人，占总数的 52.44%，同比增幅 6.86%。② 目前，中国已跃居世界第三大留学目的国，同时也是亚洲最大的留学目的国。

（七）留学人员回流：留学回国人数逐渐攀升，高层次人才回流趋势明显

在 1978 年到 2018 年年底，我国各类出国留学人员中，有共计 365.14 万名留学生在完成学业后选择回国发展，占已完成学业留学生人数的 84.46%。党的十八大以来，随着留学回国人数的不断攀升，已有 283.3 万人学成归国，

① 邹硕. 教育部：2017 年出国留学人数首次突破 60 万，同比增长 11.74% [N]. 中国日报，2018-03-30.

② 教育部. 2018 年度我国来华留学人员情况统计 [EB/OL]. [2019-04-12]. https://www.eol.cn/news/yaowen/201904/t20190412_1654312.shtml.

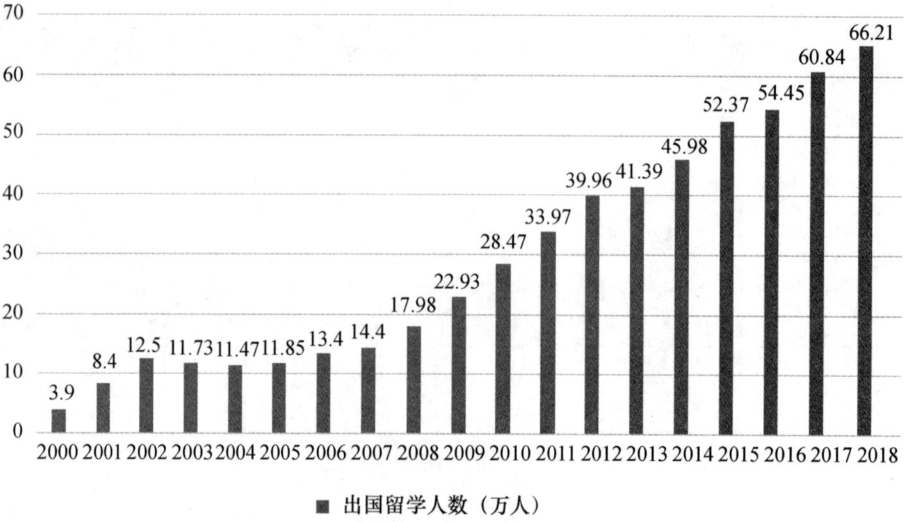

图 2-15　中国出国留学人数变化

资料来源：王辉耀，苗绿，郑金连，等. 全球化与“一带一路”倡议背景下，中国留学发展的挑战与新机遇［M］//王辉耀，苗绿. 中国留学发展报告（2017）. 北京：社会科学文献出版社，2017；教育部. 2018 年度我国出国留学人员情况统计［EB/OL］.［2019-03-27］. http://www.moe.gov.cn/jyb_xwfb/gzdt/s5987/201903/t20190327_375704.html.

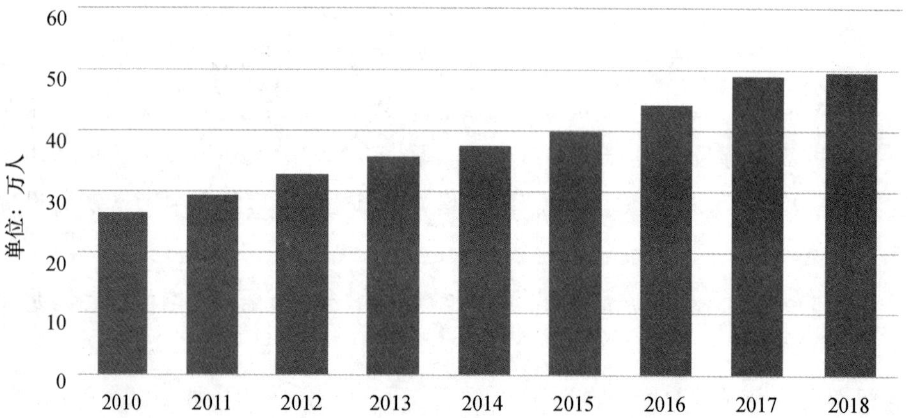

图 2-16　来华留学人数变化（单位：万人）

资料来源：根据 2010—2018 年中国教育部来华留学生公开统计数据整理。

占改革开放以来回国总人数的 77. 59%。2018 年，留学人员回国人数较上一年增长 8.01%，达到 51.94 万人（见图 2-17）。①

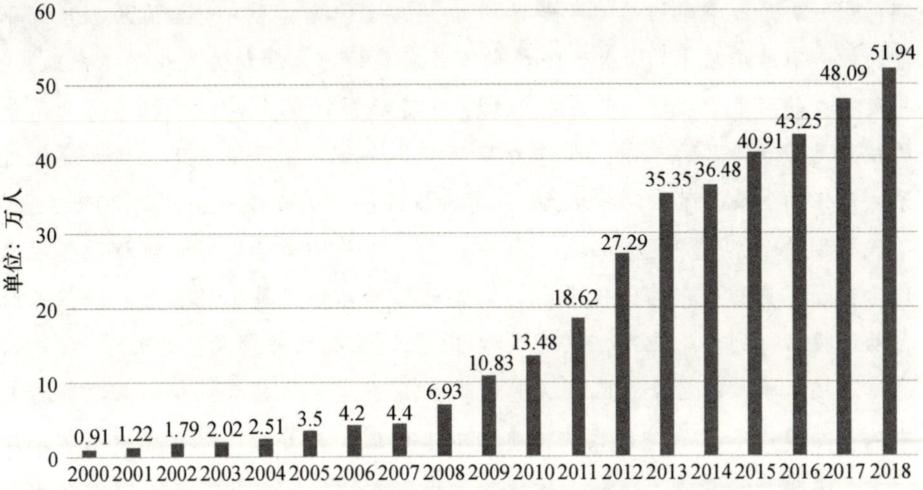

图 2-17　留学人员回流数量变化（单位：万人）

资料来源：根据《中国统计年鉴 2010》和 2010—2018 年中国教育部出国留学人员情况统计数据。

【本章复习思考题】

1. 国际人才流动和国内人才流动有什么不同？
2. 国际人才流动的形式有哪些？各有什么特点？
3. 国际人才环流对我国国际人才引进和开放有什么启示？
4. 国际人才流动常见的群体有哪些？各有什么特点和趋势？
5. 你认为未来人才流动是什么趋势？

【案例及案例分析】

当今人才流动实质是知识的流动②

考察近 20 多年来世界社会经济发展历史，可以分为从手工业到机器工

① 教育部. 2018 年度我国出国留学人员情况统计［EB/OL］.［2019-3-27］. http://www.moe.gov.cn/jyb_xwfb/gzdt/s5987/201903/t20190327_375704.html；2017 年出国留学、回国服务规模双增长［EB/OL］.［2018-3-30］. http://www.moe.gov.cn/jyb_xwfb/gzdt_gzdt/s5987/201803/t20180329_331771.html.

② 刘洪. 从人才流动看世界经济体的发展［J］. 当代世界，2007（11）：49-51.

业、机器工业到电子工业、电子工业到信息技术三次产业革命和后续发展时期，每一次产业革命的核心都是不同的，但信息技术革命却与前两次产业革命的核心有着本质上的差异，使社会经济发展的源泉和动力发生了根本改变，导致相关的经济管理理论的发展与革命。起始于19世纪中叶的机器工业革命的核心是劳动工具的革命，人作为劳动工具逐渐被机器所替代，极大地促进了生产力的发展，带来了将近50年的世界经济繁荣与发展，直到20世纪20年代初期的世界经济危机出现；50年代电子工业的革命进一步解放了劳动者作为劳动工具的生产力，传感器、集成电路开始替代员工的五官判断，工业自动化技术得到广泛应用，促进了近30年的世界经济繁荣；开始于90年代的信息技术革命的对象，已经从劳动工具转变为劳动对象，即越来越多的人所从事的工作不再是对自然界物质的加工处理，而是对诸如数据、信息、知识等人工物质的创造、存储、转移和应用，并将此作为创造财富的手段和生活的方式。所以，如果说历史上人才流动是技术动因的话，那么，当今人才流动的实质则是知识的流动，并具体体现在以下几点。

第一，人才追逐资本与资本追逐人才并存的趋势进一步加强。就中国而言，一方面，中国的经济快速发展，吸引了国际资本向中国的积聚，在“人才追逐资本”的影响下，使世界性人才向中国集聚；另一方面，中国人才丰富，在“资本追逐人才”的影响下，越来越多的制造企业、研发机构到中国安家落户，从而强化了资本在中国的积聚。在资本积聚与人才集聚的相互作用下，经济发展和人才流动实现了良性循环，使人才流动上的“马太效应”十分明显，进而加剧了人才流动的非均衡性和世界各国经济社会发展的不平衡。

第二，知识员工的比例越来越大。在就业人口中，从事管理工作、专业技术工作、研究发展工作、教育咨询工作的人员比例极大提高。在美国等先进发达的市场经济国家，知识员工的比例已经达到了近70%，而像中国这样的发展中国家的比例也仅在30%左右，因此，提高劳动力素质、能力和知识水平，造就和培养一大批掌握现代科学技术和管理知识的人才，还需要一个漫长的过程。特别是中国各地区发展极不平衡，许多大城市已经形成了所谓“人才高地”，而绝大多数的中小城市，知识员工的比例还不高，因此，未来对人才的需要空间还很大。

第三，以知识为基础的经济比例越来越大。随着经济全球化进程加快，生产要素全球配置的效率将得到提高，国家或地区之间的经济贸易比较优势将逐渐消失，取而代之的将是“核心优势”，即技术创新能力和适应能力。就中国而言，随着人民生活水平提高、独生子女进入工作阶段、国家倡导和谐社会，相应的劳动法律、法规的不断完善，企业的劳动力成本将进一步提高。所以，依靠“低工资”的劳动密集型企业将越来越难以生存，通过技术创新获取“超额利润”才是广大企业在全球竞争中取胜的根本。

第四，知识员工朝着更适合他们生活的地方，而不是朝着工作的场所流动。现在很多地方都建立了各种各样的经济技术开发区，并制定了各种优惠政策来吸引企业投资建厂，也认识到人才的重要性，相应制定了各种人才政策。但大都是从人的“工作”出发，而不是从人的“生活”出发。在吸引人才方面，应该更多地考虑是把他们吸引到有利于他们生活的地方，营造有利于他们生活的场所，将他们的工作看成是他们生活的一部分，并相应地改进政府管理、园区管理和企业组织管理。

【本章参考书目】

[1] 阿尔文·托夫勒. 第三次浪潮 [M]. 黄明坚，译. 北京：中信出版社，2006.

[2] 童昕，王缉慈. 创新经济地理 [M]. 北京：高等教育出版社，2009.

[3] 戴长征. 发达国家人才流动与配置 [M]. 北京：党建读物出版社，2014.

[4] 王辉耀. 人才战争 [M]. 北京：中信出版社，2009.

[5] 王辉耀，苗绿，杨靖旼. 中国国际移民报告（2018） [M]. 北京：社会科学文献出版社，2018.

[6] 王辉耀，苗绿. 中国留学发展报告（2017） [M]. 北京：社会科学文献出版社，2017.

[7] 王辉耀，苗绿. 人才战争 2.0 [M]. 北京：东方出版社，2018.

[8] 吴忠观. 人口科学辞典 [M]. 成都：西南财经大学出版社，1997.

[9] 赵永乐，中国人才研究会. 宏观人才学概论 [M]. 北京：党建读物出版社，2013.

第三章　国际人才开发和实践

本章教学目标

了解国际人才开发的含义、主要特征、方式，了解目前国际人才开发实践的主要特点和发展趋势。

【导入案例】

为什么春秋战国时期，人才能得到空前的重视

在中国历史上，春秋战国是思想和文化最为辉煌灿烂的时代之一。这一时期出现了诸子百家相互争鸣的盛况，在中国思想发展史上占有重要的地位。这一时期成为中国历史上诸子百家政治学术思想大融合的重要时期。这个时期，人才辈出，他们纵横在中国版图的大江南北。

纵观中国几千年历史，这种现象都是极不多见的。当时整个社会对人才的重视和争夺都达到了前所未有的地步，有才能的人到处都能展现自己的才能。

那么，春秋战国时期，这种选贤任能的社会风气和人才流动的机制是怎么形成的呢?

除政治、经济、教育等客观原因之外，其中最主要的原因是人才需求端“充分的市场竞争”，春秋战国时期诸侯林立，各国的兴衰成败与人才密切相关。

春秋时代已经开始“养士”，而战国时期更为盛行。各诸侯或大夫除了在政治、经济、军事等方面加强自己的实力外，为了逐鹿中原，统一中国，十分需要借重士的力量，因此纷纷“养士”，形成了一种社会风气。

此外，当时诸侯各国致力于富国强兵，对学术研究采取宽松的政策。特

别是战国时期，各诸侯国对“士”往往都采取宽容的政策，允许学术自由。这就为“士”著书立说、发表个人意见创造了良好的条件，从而大大促进了战国时期的思想解放。

春秋战国时期，人才流动的一个显著特点就是双向选择。在人才流动过程中，不光是国家选择贤能之士，而且一些贤能之士也选择国家、选择君主。他们往往根据情况择木而栖、择主而事；合之则留，不合则去。

春秋战国时期是奴隶社会向封建社会过渡的时期，腐朽没落的世袭制度不仅保护平庸，压制人才，而且窒息了国家生机，阻碍了国家的发展，最终使国家走向灭亡。这是人才机制改革的历史条件。

（选自云卷古今. 为什么春秋战国时期，人才能得到空前的重视［EB/OL］.［2018-07-02］http://baijiahao.baidu.com/s?id=1605678536609085318&wfr=spider&for=pc.）

第一节 国际人才开发的内涵与方式

一、国际人才开发的内涵

中国人才研究会组织编著的人才学理论研究丛书《宏观人才学》《微观人才学》《人才学通论》从宏观和微观的角度界定人才开发。从宏观角度来看，人才开发是从“生产和投资、流通和配置以及消费和产出”角度理解人才开发①；而从微观角度看人才开发，是从组织内部人才成才过程进行分析和认识的。因此，宏观的人才开发更多的是国家和地区的宏观政策，而微观的人才开发更多的是组织内的管理实践。

根据《国外人才培养与开发》② 一书，“培养”是指按照一定的目的长期地教育和训练；“开发”是指开拓、发现或发掘。“人才培养”是对人才进行教育、培训的过程，而“人才开发”是将人的智慧、知识、才干作为一种资源加以发掘，以促进人才本身素质的提高。根据《新编人才学大辞典》中“人才开发”的定义③和国际人才的特点，可以将“国际人才开发”理解为，

① 赵永乐，中国人才研究会. 宏观人才学概论［M］. 北京：党建读物出版社，2013：8.
② 刘宝存，钟祖荣，刘强. 国外人才培养与开发［M］. 北京：党建读物出版社，2016：17.
③ 叶忠海，郑其绪. 新编人才学大辞典［M］. 北京：中央文献出版社，2015：115.

在全球化与人才国际化的背景下，通过国际层次的人才体系、国家层面的人才开发管理体系，科学而有效地充分挖掘和发挥国际人才的潜能，服务于国际、国家、社会相关领域的发展，从而在纵向上，使人力资源转化为人才资源、低层次人才资源转化为高层次人才资源；横向上，一方面，使特定国家或区域型人才资源转化为国际人才资源，另一方面，使国际人才在国家充分发挥作用，在国际身份与国别身份的互换中最大限度发挥潜能。

国际人才开发是一项复杂的人才系统工程。参照《新编人才学大辞典》的说法，国际人才开发也可按照开发的主体划分为三类：（1）国家开发，主要是规划开发、政策开发、制度开发、体制开发和资金扶持开发；（2）组织开发，例如学校教育开发、用人单位开发（岗位使用开发和培训开发）；（3）个人自主开发，例如家庭教育和投入、自我学习和实践等。①

从广义上讲，国际人才开发所从事的工作与国内人才开发类似，但相对于国内人才开发来说，国际人才开发要面临两个方面的问题：一是国际人才的国内化；二是国内人才的国际化。从目前世界各国来看，国内人才的国际化，如开展国际合作办学，引进外籍教师，推动本国学生和优秀人才提升国际化水平。国际人才的国内化，如推进移民制度改革、加大对海外留学生的招聘、拓宽外籍人才来本国交流合作的渠道，这些工作必然推进国际人才尤其是外籍人才对本国的了解，从而为本国更好地开发国际人才创造各种便利条件。

同时，国际人才开发还面临着“多元性”，最重要的特点就是“跨国性”，而跨国性除了理念、文化、习惯等不同外，还涉及政治、国家主权等相关因素。可以说，从这方面来看，国际人才开发比国内人才开发更复杂。国内人才开发更多地集中在人才的技术层面上，将人的智慧、知识、才干等作为一种资源加以发掘，以促进人才自身素质的提高。在国际人才开发方面，不仅要注重技术层面，还要构建政治、文化理念等方面的开发机制，要考虑国际人才的跨国属性和人才的国家属性。

在人才开发过程中，还会经常涉及企业人才的开发。在企业中，人才开发主要是指根据现代企业人力资源理念，来调配企业的人力资源。每个员工

① 叶忠海，郑其绪. 新编人才学大辞典［M］. 北京，中央文献出版社，2015：115.

的长处和才干都可以分成若干种，有的比较擅长组织协调，有的适合技术分析等，企业人才开发应使其工作岗位与自身特点相适应。如果不能充分发挥每个人的才能，那就是人才开发的失误。日常企业的人才开发还包括人才的培养、培训等相关工作。同样，随着全球化的不断深入和发展，企业的跨国属性也越来越明显，企业人才的开发，也自然从原有的企业内部的开发发展到国内人才的开发，进而上升到国际人才的开发。企业国际人才的开发也与一个国家的国际人才开发的整体战略结合起来了。

【拓展阅读 3—1】

跨国人才开发

“如果你不能在自己的国家找到合适的人才来完成项目，就只能把项目带到有人才的国家去。”一位跨国公司主管称，政府千万不要认为跨国公司的人才竞争与己无关，竞争造成的输家不只是各家公司，也还有各自的祖国。外国跨国公司即使没有政府背景，也会与当地政府和企业争夺高端人才。这种人才战争甚至激烈到对优秀的人才苗子展开“预订权”的争夺，有媒体甚至夸张地说：“要从幼儿园去寻找科学家与工程师。”

全球最大的互联网解决方案供应商思科每年都在并购，最多时一年能并购十几家企业。并购不只是为了获得中小型企业的技术，更重要的是获得那些创造技术专利的人才。思科前任掌门人钱伯斯就曾经表示：“我们衡量一次并购是否成功的标准，首先是被收购公司的员工续留率，其次是新产品开发，最后才是投资的回报率。事实上，并购时真正购进的是人才，一些公司在并购后就会解雇一大批员工，而我们则不遗余力地挽留人才，甚至安排重要的人才在关键岗位上，与其说是在并购企业，不如说我们在并购人才。”①

许多国家常常扶持本土企业，成立海外研发中心来挖掘人才。韩国政府鼓励本土跨国企业在海外设立研究中心，使之成为韩国吸聚人才的中心，其中仅三星电子公司就雇用多名在美国获得博士学位的韩裔科学家。印度政府则通过双重国籍等办法，促使英特尔、甲骨文、微软等跨国公司都倾向于从

① 曾庆云. 在华跨国公司的人才本土化战略与对策［J］. 国际人才交流，2009（2）.

海外招聘印度裔人才，再派往印度工作。因此，跨国公司反而帮助印度用外国资金培养本国科学家。在跨国公司人才本土化的同时，也有许多国家通过跨国公司来获得先进的技术、经验、理念。新加坡特别注重吸引跨国企业到新加坡投资，使本土人员有机会接受专业训练，从而成为国际化人才。韩国也成立“国际共同研发基金”，承诺外国跨国企业单独开发知识产权100%归外企所有。在签订技术转让协议或合资经营的同时，韩国派出大批本土科技人员进行学习或接受培训。

资料来源：易丽丽. 经济发达国家如何吸引人才［J］. 决策，2016（10）.

《国家中长期人才发展规划纲要（2010—2020年）》提到的海外人才的开发主要涉及两个方面。在重大工程方面，提到了实施海外高层次人才引进计划，指出要重点围绕国家发展战略目标，在中央、国家有关部门、地方分层次、有计划地引进一批能够突破关键技术、发展高新技术产业、带动新兴学科的战略科学家和创新创业领军人才。其中，中央层面实施人才计划，建设一批海外高层次人才创新创业基地，用5~10年时间引进2 000名左右海外高层次人才回国（来华）创新创业。在“重大人才政策”方面，提到了实施更加开放的人才政策，大力吸引海外高层次人才回国（来华）创新创业，制定完善出入境和长期居留、税收、保险、住房、子女入学、配偶安置、担任领导职务、承担重大科技项目、参与国家标准制定、参加院士评选和政府奖励等方面的特殊政策措施。建立海外高层次人才特聘专家制度。鼓励海外留学人员回国工作、创业或以多种方式为国服务。加强留学人员创业园区建设，提供创业资助和融资服务。建立统一的海外高层次人才信息库和人才需求信息发布平台。完善外国人永久居留权制度，吸引外籍高层次人才来华工作。扩大国家公派出国留学和来华留学规模。开发国（境）外优质教育培训资源，完善出国（境）培训管理制度和措施。支持高等学校、科研院所与海外高水平教育、科研机构建立联合研发基地，推动我国企业设立海外研发机构。积极支持和推荐优秀人才到国际组织任职。推进专业技术人才职业资格国际、地区间互认。发展国际人才市场，培育一批国际人才中介服务机构。制定维护国家重要人才安全的政策措施。从这里可以看出，我国目前对国际人才开发已经相当重视，从顶层制度设计到政策的落实，从中央到地方，从国家到企事业单位都处于最好的历史发展时期。对外籍人才的智力开发战略也越来越多样化，如广泛运用资金支持、项目支持、借脑工程、回归计划等各种方式，其中创办高新区、留创园、侨梦苑等方式，被我国和世界各国利用。在发展中国家，柔性引进政策兴起，兼职、短期流动、合作共享等方式越来越受到人们的欢迎。

二、国际人才开发的相关理论

国外对人才开发管理进行学术性讨论比我国要晚。一般认为，国外人才管理的概念起源于20世纪后期，是在经济全球化和信息技术、网络经济发展的情况下，在企业组织面临着更多的外部不确定性和人才竞争越来越激烈的情形下发展而来的。① 麦肯锡公司1997年关于“人才战争”的研究以及后来的研究发表后，才使得实业界开始关注人才管理。② 在人才开发管理领域，国外的学术研究要落后于企业界的实践。③ 虽然企业界已经对人才开发管理进行了大量的讨论，但是在同行评阅的相关学术期刊上面，人才开发管理的研究还比较少见。目前的研究多为概念讨论和理解，科学性、实证性研究相对较少。④ 当然，随着人才的重要性日益凸显，针对人才开发管理的讨论也得以在一些学术性期刊进行讨论，如 *Human Resource Management Review* 等。可以说，人才开发管理在国际学术界仍处于萌芽时期，目前还没有形成成熟的理论体系。国际人才开发的理论，从目前来看，更多地处于探索过程中。

（一）需求层次理论

需求层次理论是美国心理学家马斯洛（Abraham Maslow）提出的个人成长发展内在动力的理论。需求层次理论把需求由较低层次到较高层次分成生理需求、安全需求、社会需求、尊重需求和自我实现需求五类（见图3-1），

① 刘昕. 人力资源管理［M］. 北京：中国人民大学出版社，2012.

② MICHAELS E，HANDFIELD-JONES H，AXELROD B. The war for talent［M］. Harvard Business Press，2001.

③ LEWIS R E，HECKMAN R J. Talent management：a critical review［J］. Human resource management review，2006，16（2）：139-154.

④ ILES P，PREECE D，CHUAI X. Talent management as a management fashion in HRD：towards a research agenda［J］. Human resource development international，2010，13（2）：125-145.

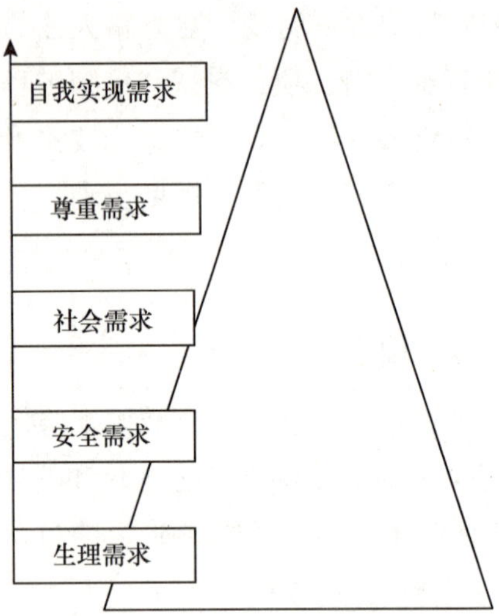

图 3-1 “人才”的需求层次理论

当某一级需求得到满足后，该需求便失去激励作用。[①] 国际人才，作为“人”的一个特殊群体，首先符合“人”的一般特性和需求，即要满足一般性“人”的基本需求特征。

（二）人才流动理论与人才开发理论

国际人才的一个重要特征，就是“国际性”，此特征决定了国际人才的跨国流动与国际人才的开发。而跨国流动自然要追溯到早期的跨国移民流动理论范畴和目前比较流行的人力资本流动理论。从移民流动理论来看，常见的理论是人口经济学家李埃弗里特（Everett S. Lee）在拉文斯坦（Ernst Georg Ravenstein）和博格（Burge）的基础上，在其《迁移理论》[②] 一文中系统总结了推力—拉力理论的迁移定律，认为人的迁移主要是为了改善自己的经济状况。随后迁移理论进一步发展，认为移民现象的出现是因为不同地区劳动力供给不平衡，因此使人才从劳动力供给充足、工资水平较低的国家（或地区）流向劳动力供给不足，工资水平较高的国家。从人力资本流动理论来看，随着全球化发展，人力资本出现了迁移流动现象，且这一流动呈现出全球化特

① MASLOW A H. A theory of human motivation [J]. Psychological review, 1943, 50 (4): 370-396.

② LEE E S. A theroy of migration [J]. Demography, 1996, 3 (1): 47-57.

征，人力资本跨国流动，其工作岗位和工作地域也发生了变动。

约翰·W. 布德罗认为，人才开发的目标，是要获取适当数量和质量的人才。人才流动始于潜在的劳动力资源库，通过招聘、选拔被筛减至接到工作邀请的一组人，再经进一步筛选，一些人接受工作邀请并最后属于该组织。建设和规划作为第一个流程，影响着有可能潜在地成为合格的职位候选者的个体的数量和质量。它包括预测劳动力趋势和人才需求，以及增大具有满足未来人才需要资格的群体而进行的直接干预。作为第二个流程，招聘是使得劳动力资源库中的个体，向组织提出求职申请。包括招聘广告、招聘会、网上工作职位发布，并越来越多地围绕着不那么直接的活动展开。筛查流程决定哪些求职者应被立即拒绝或聘用。通常，筛查被看作是将不合格者淘汰的过程。但是，当劳动力供应短缺时，筛查能识别可以绕过选拔流程而得到直接工作邀请的高质量职位候选者。作为下一个流程，选拔需要确定的是，哪些预选筛查过的求职者将获得工作邀请。“发盘”和“收盘”这一流程界定并发出工作邀请。最后一个流程上岗，是将新聘人员安顿在他们的职务位置上并予以保留，整个流程见图 3-2。

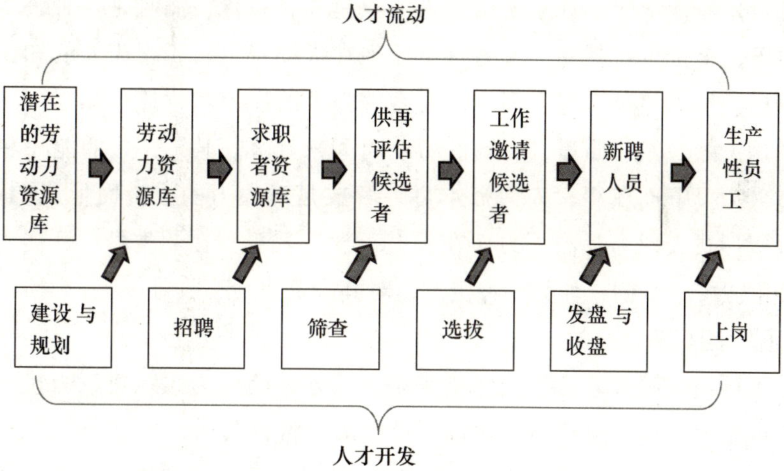

图 3-2 人力资源中人才开发过程与人才流动过程

资料来源：约翰·W. 布德罗，彼得·M. 拉姆斯特德. 超越人力资源管理作为人力资本新科学的人才学［M］. 于慈江，译. 北京：商务印书馆，2012：185-189.

（三）比较优势理论

在经济学中，大卫·李嘉图在《政治经济学及赋税原理》中提出了比较成本贸易理论（后人称为“比较优势贸易理论”）。该理论认为，国际贸易的基础是生产技术的相对差别（而非绝对差别），以及由此产生的相对成本的差别。比较优势贸易理论在更普遍的基础上解释了贸易产生的基础和贸易利得，大大发展了绝对优势贸易理论。在社会学中，美国社会心理学家利昂·费斯汀格（Leon Festinger）在1954年提出每个个体在主观情况下，将他人作为比较的尺度，来进行自我评价。从比较理论来看，人才会进行社会比较，和他人比较，或进行历史比较，和自己的过去比较。国际人才会将现有的待遇与自己在另外一个国家的待遇比较，这里的比较既包括报酬待遇，也包括创新创业环境和生活社会环境等的综合比较。通过比较，国际人才认为自己当前的选择是相对公平、合理或者更优越时才会满意，进而起到激励的作用。

（四）人力资本理论

人力资本理论代表人物是美国经济学家西奥多·W. 舒尔茨（Theodore W. Schultz），他创立了以“人力资本”为核心的理论体系，并因此于1979年获得诺贝尔经济学奖。舒尔茨认为人不仅是一种资源，而且是一种资本，主要有以下四个论点：其一，人力资本体现在人的身上，表现为人的知识、技能、资历、经验和熟练程度等，主要表现为人的能力和素质。其二，人力资本通常用人的数量、质量、有效的劳动时间来计算。其三，人的能力和素质是通过人力投资而获得，人力资本可理解成是对人力的投资而形成的资本，具体投资形式表现为提高人力而在保健、学校教育和在职教育、迁徙、信息等方面的投资。其四，作为一种资本，对其投资将会有收益。①

（五）组织资源开发

从不同组织间人才竞争的角度来讲，人才是能够为组织贡献力量，具有稀缺性的资源。这种组织间人才竞争理念由麦肯锡公司“人才战争”理念发展而来。其含义是指，不同组织、行业、国家之间进行人才资源的竞争，是影响组织成败的一个重要因素。② 从这个角度看，人才变成了对组织发展具有

① SCHULTZ T W. Investment in human capital [J]. The American economic review, 1961: 1-17.

② SOMAYA D, WILLIAMSON I O. Rethinking the “war for talent” [J]. MIT sloan management review, 2008, 49 (4): 29-34.

重要意义的稀缺性资源。这种人才竞争具有两层含义，一种是从现在正处于人才市场中的，正在寻找工作的人才当中猎取人才并吸纳到组织当中；另一种是从竞争对手或者其他相关组织中，直接挖人才的做法。这种从外部人才市场进行人才聘请或者从竞争对手进行人才挖掘，是从组织外部开发人才，而不是从组织内进行开发。人才竞争中的人才，被看成了具有特殊意义的某种组织资源，组织所考虑的是人才开发的成本和效益关系等问题。①

（六）国际人才竞争战略理论

人才竞争是世界各国经济与综合国力的体现，经济全球化和人才全球化势必会对人才竞争战略提出新的挑战和机遇。随着全球市场经济体系的迅速扩大，国际人才竞争战略将日益成为一国融入全球化的关键。特别是在当今复杂的国际形势背景下，国家人才战略理论将为各国国际人才的战略选择提供较好的实践基础。从目前的战略实践来看，主要的战略集中在移民归化战略、吸引海外留学生战略、科技国际合作等，同时还有鼓励本国学生出国、向国际组织输送本国人才等②。

三、国际人才开发的特征和常见方式

（一）国际人才开发的主要特征

衡量一个国家（或地区）国际人才开发程度的常见标准，主要体现在文化的包容性、出入的便利性、国内外人才比例的平衡性等方面。

文化的包容性。文化的多元性，是吸引国际人才的重要特征。在全球化不断深入的今天，人才管理的包容性在人才开发中的作用也越来越引起人们的重视，只有把世界各个文化圈的文化都看作自己的文化，学会和接受世界不同的文化，才能笼络更多的国际人才资源，达到“揽天下英才而用之”的目标。

出入境的便利性。国际人才的开发，特别是对国外人才的开发，程序和流程相对较复杂，牵涉各国的政治、经济、社会的因素，尤其是该国出入境的便利性对开发国际人才至关重要。

---

① CAPPELLI P. Talent on demand：managing talent in an age of uncertainty［M］. Harvard Business Press Boston，MA，2008.

② 王辉耀. 国际人才竞争战略［M］. 北京：党建读物出版社，2014.

国内外人才比例的平衡性。国际人才的发展对一个国家（或地区）、企业或社会组织的作用是巨大的。但是，国际人才开发的底线是什么？这个要兼顾国际人才和国内人才岗位的均衡性和平衡性，合理的国际人才岗位和职位的配备比例，可以促进双方的和谐共生，形成共同学习效应，从而更好地促进人才效率的提升。

（二）国际人才开发的常见方式

越来越多的国家（或地区）、企业和社会组织将人才作为其核心竞争力的关键和竞争优势的源泉，引进和培养人才是用人单位建立人力资源储备的重要方式之一。对国际人才的开发而言，吸引与培养也是重要方式。一个重要的发展趋势是，越来越多的国家（或地区）、企业和社会组织通过各种措施开发国际人才，如改革移民制度以吸引越来越多的外籍人才来本国服务，开展国际合作办学等，企业在国内外建立自己的“大学”或“学校”，注重吸引国际留学生这种特殊的人才队伍等，这一系列的措施和办法，对于国际人才的开发来说都是十分有效的。

目前参与国际人才开发的主体，主要有三种，分别为国家（或地区）、企业和社会组织、个人。这三类主体开发国际人才的模式是不同的。从国家来说，更多的是从出入境、国籍、居留和社会服务等方面为国际人才的开发提供顶层设计，采用多方式培育国际人才，如设立留学派遣贷款制度，加大硕士、博士的海外派遣，举办人才智力、科技成果交流会和人才科技周活动，围绕聚集人才和吸纳科技成果这一主题，建立企事业单位和高校、科研机构等各类人才之间联系沟通的桥梁与纽带，实现优势互补、资源共享。同时也可以通过吸引海外人才的方式来解决国家急需的关键技术问题，鼓励海外各类高层次人才采取讲学、科研合作、技术入股、投资兴办企业等方式来本国服务等。在加大硕士、博士的海外派遣力度的同时，可以设立留学贷款，对学业有成的归国博士、博士后等予以免息贷款等优惠政策。从企业层面来说，主要是通过培训，如文化意识、语言能力、国际领导力等方面的培训。从个人层面来说，目前国内越来越多的学子出国留学，同时还有许多人到海外游学，这些都是人才自我国际化培养与开发的主要方式。

在这些措施中，积极推进教育的国际化，应该是目前最有效的措施之一。1966 年，美国提出了教育国际化，并制定了《国际教育法》，其目的就是让学生都能达到世界级标准。随后，日本、德国、英国、法国、韩国等也纷纷开展了各式各样的国际教育，提出了培养国际化人才的目标。例如，日本政府从 2008 年开始，3 年内使世界各地的政府直营日语学校从 10 所增加到 300 所。澳大利亚不但支持合作办学，还出台政策认可境外一些著名大学毕业的、符合澳大利亚紧缺技术需求的大学生，让其可以同本土的外国留学生一样直接获得澳大利亚 18 个月的临时签证，在澳大利亚境内工作、学习或者旅游不受限。新加坡实施的全球校园中心计划（global school house project）最有代表性，其目的正是促进大学和科研机构的国际化，将新加坡建成一个世界级的教育中心。政府吸引外国著名大学来新加坡建立分校，新加坡国土资源局与经济发展委员会联手为分校安排土地。截至 2010 年，许多世界级大学已经来新加坡建立分校或研究中心，如欧洲工商管理学院、芝加哥大学研究生院、宾夕法尼亚大学沃顿商学院、麻省理工学院、荷兰埃因霍芬理工大学、德国慕尼黑大学、美国乔治亚理工学院、约翰霍普金斯大学。我国香港特别行政区非常重视国际教育合作，与 180 多所著名的海内外学府开展了学生交换计划，不分种族、信仰、文化，面向世界招聘优秀教师。我国台湾地区将国际化指标列入大学校务评鉴指标，鼓励各校推动相关提升大学国际竞争力的发展计划。

扩大国际学生规模，留住外国优秀留学生，成为各国人才开发的一个主要举措。这一措施被称为吸引国际人才“一本万利”的做法。① 因为外国留学生比直接引进的外籍人才更熟悉国情，而相比本土人才又节省了义务教育阶段的培养成本。即便不是本国需要的人才，也能带来教育创汇，并且签证到期时也会离开。因此，许多国家都把招收留学生当作补充人才资源的重要手段，有条件地提供奖学金或助学金，在签证和移民上提供便利。目前，美国、欧盟、日本、韩国、澳大利亚等国（区域）都在加大对留学生的吸引力度，以抢夺人才、储备资源。设立奖学金是各国普遍采用的方法，以美国为例，长久以来，美国一直是全世界外国留学生最多的国家。美国高等教育投入占全球高等教育投入的 40%，美国国家科学基金会（NSF）设立了各类奖励来吸引国际学生，如“总统青年科学家奖”“工程创造奖”“国家技术奖”

① Commission on strategic development [R]. Report of the task group on attracting talent, 2008.

等。在美国，留学生毕业后大约有1年的时间找工作，针对所有在美国大学获得硕士或以上学位的科学、技术、工程、数学教育的外国学生，即使6.5万个H-1B签证申请名额已满，每年还特批2万个名额给优秀毕业生。另外，杰出的外国留学生可以直接申请绿卡，通过“杰出人才”或“国家利益豁免”类别成为永久居民。

加拿大政府为吸引海外学生到本国留学，设立了众多奖学金项目来资助国际留学生，其中影响力较大的有联邦奖学金项目（Canadian Commonwealth Scholarship Program）、美洲领袖项目（Emerging Leaders in the Americas Program）和教学领导试点项目（Faculty Leadership Pilot Program）。加拿大的高校也设立了各种奖学金项目来资助本校的国际学生。加拿大英属哥伦比亚大学于2007年专门为来自贫困和战争频发国家和地区的优秀留学生设立了国际学生人道主义奖学金（International Student Humanitarian Award），此奖学金可以支付其在留学期间的学费和生活费，从而为留学生创设了良好的学习环境。2011年，加拿大语言协会与加拿大外交和国际贸易部合作设立了日本青年希望之光项目（Hope for Youth），使受日本大地震影响的150名日本学生到加拿大留学。2014年，加拿大联邦政府发布了《加拿大国际教育策略：用知识的优势去推动创新和发展》，目标是将2012年的留学生人数翻一倍，在2022年达到45万人。

1998年，法国开始实施“法国教育”计划（Edu. France），增加了500项奖学金；2012年，法国成为世界第四大留学生接收国，总留学人数为28.93万人；2013年，共29.51万名国际学生在法国留学，占法国在校大学生的12%。[①] 法国的“法国校园”机构也为留学生设立了多种奖学金项目。2017年马克龙上任总统后，提出一系列改革措施，包括为国际留学生读书和工作提供额外支持的国家学生生活计划（Plan National de Vie Etudiante，PNVE）计划等。

新加坡政府也提供了高额且丰富的奖学金，吸引海外留学生赴新留学。目前新加坡政府针对外籍学生的奖学金主要有新加坡奖学金（Singapore Scholarship）、东盟国家奖学金（ASEAN Scholarship）、A* STAR印度青年奖学金

① Project atlas：trends and global data 2014［R］. Institute of International Education，2014.

(A* STAR India Youth Scholarship)、中国香港奖学金（Hong Kong Scholarship)、SM（Senior Middle School）奖学金等。①

在我国，1977年7月23日，邓小平与中共长沙工学院临时委员会正副书记张文峰、高勇谈话时说，你们可以花钱把外国技术资料买来，编到教材中去，也可以派留学生去学，还可以请外国技术专家来教②。1983年10月1日为北京景山学校题词的三个面向中，邓小平也明确提出了教育要“面向世界”，即我们在这里所说的面向国际开发人才。在《2002—2005年全国人才队伍建设规划纲要》中，特别提出要培养造就一批职业化、现代化、国际化的具有世界前沿水平的学科带头人。可以说，我国自改革开放以来，对国内人才的国际化培养一刻也没有停止过。

第二节 国际人才开发与国际猎头

一、国际猎头与国际人才吸引③

猎头的英文是headhunting，来源于拉丁文，意为物色人才的人，帮助优秀的企业寻找需要的人才，这个词另外的说法是高级人才寻访。“头”指智慧、才能集中之所在，“猎头”也可指猎夺人才，即发现、追踪、评价、甄选和提供人才。

猎取人才出现在第二次世界大战以后。欧美一些国家在战争胜利之后，从德国等国家寻找自己需要的科学家，它们像丛林狩猎一样，到处派专业公司物色优秀的人。这个词后来被借用为猎寻人才，传到我国被称为猎头。猎头与一般的企业招聘、人才推荐和职业介绍服务有着很大的不同，猎头追逐的目标始终是高学历、高职位、高价位三位一体的人才，搜寻的是那些受教育程度高、实践经验丰富、业绩表现出色的专业人才和管理人才。

① 新加坡奖学金、东盟国家奖学金是定向提供给东盟成员国的学生，A* STAR印度青年奖学金面向印度学子，中国香港奖学金面向香港学子，SM奖学金面向中国大陆学生。

② 追溯中国留学大潮源头：37年前的那些人和事［EB/OL］.［2015-07-26］. https://www.sohu.com/a/24385205_105067.

③ 本小节部分内容参考王辉耀，苗绿. 国际猎头与人才战争［M］. 北京：机械工业出版社，2015.

（一）国际猎头的服务形式

目前，国际猎头为企业服务的模式主要包括两种，一种是传统的 RS（reactive search）模式，另一种是新兴的 PS（proactive specialization）模式。

RS 模式是猎头行业的传统模式，流行于欧美地区，一直是顶级猎头公司的主流服务模式。这种模式主要是根据客户的职位需求，提供针对性的搜寻服务。

PS 模式是预判式搜寻，猎头顾问先预判客户潜在的职位需求，根据预判结果进行相应的候选人积累，当客户出现具体职位后，利用已积累的候选人资源对客户进行快速反应。米高蒲志、华德士等国际猎头是此种模式的开创者。相较于 RS 模式的被动猎头，PS 模式更积极主动，猎头公司会根据企业潜在职位需求，长期跟踪某一行业并进行相应的积累，这种模式对企业的长远发展更有利。

此外，根据费用收取的不同阶段，国际猎头为企业服务主要有两类模式：按过程收费的预付费搜寻模式及按结果收费的招聘中介服务模式。

按过程收费的国际猎头公司代表主要包括国际猎头顾问协会（AESC）的会员。以猎头界“五大”为代表，除亿康先达收取固定费用外[①]，其他猎头公司的做法是收取候选人上岗后第一年总收入的 1/3 左右。具体操作如下：首先，猎头公司会根据猎头职位预估出一个聘用费。其次，在合同签订后、接近完成招募工作期限的 30 天左右、招聘工作完成的 60 天内各收取一次费用。最后根据候选人的实际薪酬结清尾款。

以米高蒲志、华德士、任仕达、万宝盛华为代表的国际猎头主要以按结果收费为主，兼做预付费项目，候选人成功上岗后收取人选第一年年薪的 20%~30%作为服务费。

（二）国际猎头市场定位

国际猎头公司按照其寻访的人才的职位级别大致分为三类。

第一类：以光辉国际、史宾沙为代表的顶级国际猎头公司目标岗位一般锁定为董事、高管级别，职位年薪一般在 25 万美元以上。2013 年，来自史宾沙的中国企业董事总经理在接受《中国经济周刊》采访时曾透露，世界五大

---

① 亿康先达采用固定收费模式，约为 10 万美元。

顶级猎头在中国招聘的职位，薪资大多数在 100 万~500 万元，或者更高，而 100 万元则是底线。

第二类：以翰德、米高蒲志、华德士为代表的国际猎头，以高级技术人员、总监等职位为目标岗位，职位年薪主要集中在 50 万~100 万元。

第三类：以万宝盛华为代表的国际猎头，以基层技术与中基层经理级别为目标岗位。

具体到我国，三类国际猎头公司对我国人才市场实质上形成了“上下通吃”之势（见图 3-3）。

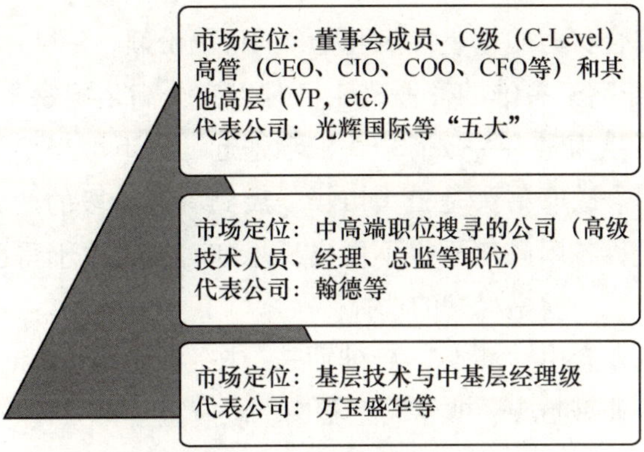

图 3-3　国际猎头公司在京市场定位（职位级别）

资料来源：根据调研资料整理。

在中国，本土猎头公司大都定位于年薪 50 万元人民币及以下的中低端职位[①]，比如技术类、部门经理等职位。年薪定位在 100 万元人民币及以上的本土猎头公司占比大约为 31.78%（见图 3-4）。

从市场格局的发展趋势分析，一方面，未来很长一段时间内，跨国中高端猎头公司仍将继续占据中国人才高端市场，在首席执行官等高级人才的访寻顾问服务中仍将处于寡头垄断地位。在中低端市场，国际猎头公司将与国内猎头公司形成竞争。另一方面，中国本土中高端猎头公司将不断创新、快速增长，同时将继续稳居市场中上游。随着中高端人才访寻行业拥有新技术，或进行产业链的整合，新的商业模式和综合招聘解决方案供应商逐渐涌现，

① 引自中国人才交流协会高级人才寻访专业委员会 2013 年调研报告。

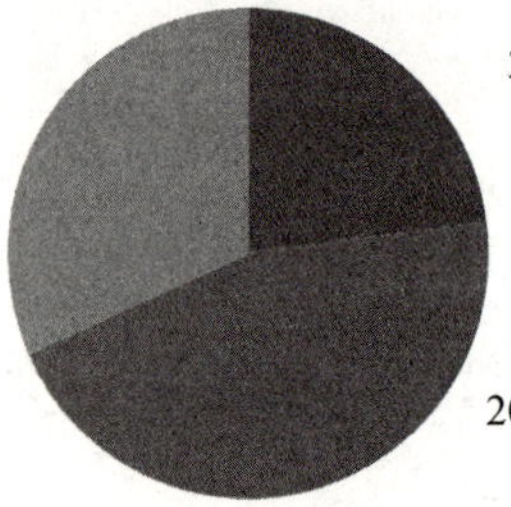

图 3-4　本土猎头服务的职位年薪情况

资料来源：中国人才交流协会高级人才寻访专业委员会 2013 年调研报告。

拥有新技术和综合实力的企业将获得更大的市场份额。

进入 21 世纪后，单纯的商业猎头已难以完全满足国家争夺人才的需求，猎头市场中的新生力量——政府猎头浪潮迭起、势不可当，并成为高端猎头市场的活力因素。政府猎头是猎头市场发展到一定阶段的产物，高端管理人才的流失使得世界各国政府不得不做出反思和对策，迫不得已要寻求新的招募机制，而政府猎头就是最好的选择。

政府猎头的概念由“猎头”延伸而来。按照猎头主体和性质的不同，可将猎头划分成企业型猎头、非营利型猎头、政府型猎头三类[①]（见表 3-1）。

表 3-1　猎头机构按照主体分类

分类	主体	备注
企业型猎头	猎头企业	也称商业猎头，分成跨国和本土两类，是猎头行业最重要、最活跃的组成部分
非营利性猎头	非营利性政府组织、民间团体	如猎头研究会、猎头联盟等，一些公益性、学术型团体和机构也从属此类
政府型猎头	政府或政府直属的大型企业和集团	指政府部门、执政党组织系统及其直属、特设和监管的企事业单位

资料来源：根据公开资料整理。

① 宋斌. 一般意义上的猎头、猎头公司和猎头行业［J］. 中南财经政法大学研究生学报，2009（5）：73-75.

国内对政府猎头概念比较系统的研究从宋斌（2009）[①] 开始。为了区别非营利与公司性质的猎头，宋斌将“政府猎头”称为“政府型猎头”，即“以政府为主体，依照国家人才战略的部署和要求，搜寻、甄别和吸纳高级人才的实践过程”，其主体是政府或政府直属的大型企业；目标为在全球贯彻和落实国家的人才战略、抢占国际高级人才市场，满足国家发展所需的高等人才；对象是全球范围内的科学家、专家、学者、工程技术人员以及企业领袖等人才。

此后，与政府猎头相关的学术文献[②]均以此概念为准，仅在细节上有所修正。如王晓丽[③]（2012）指出“政府猎头是猎头服务的类型之一，主要是指以政府为主体、依照国家或区域人才战略的部署和要求，委托各类猎头公司搜寻、甄别和吸纳高级人才的实践过程”。同时指出，代表国家实施全球猎头行动的，被称为“国家猎头”。

国内学界对“政府猎头”的界定基于中国国情、具有中国色彩，笔者认为现有的概念已不适应国内外政府猎头实践的基本需求，对现有概念的内涵、外延进行调整非常有必要。

首先，扩展概念内涵与外延。原有政府猎头概念主体是政府或政府直属的大型企业和集团，具体为政府部门、执政党组织系统及其直属、特设和监管的企事业单位政府大型国企。[④]但时至今日，许多政府猎头项目的人才使用对象并非政府。如无锡市政府聘请猎头公司进行猎聘、无偿为企业招聘急需人才，其用人主体为企业而非政府。因此，政府猎头的对象是否为政府不是概念界定的必要因素，是否体现国家意志与政府利益才是重要标准。同时，这也是政府猎头区别于一般商业猎头的重要标准。无论接受猎头任务的主体是谁，贯彻国家意志与政府利益是根本。当然，如何体现国家意志和政府利益的渠道和方式是多元的，如美国是通过美国猎头顾问协会策划，日本是通过订立严格的产业规制控制猎头企业为国家利益服务的。

---

①④ 宋斌. 一般意义上的猎头、猎头公司和猎头行业［J］. 中南财经政法大学研究生学报，2009（5）：73-75.

② 截至2015年，在中国学术期刊网络出版总库、中国博士学位论文全文数据库、中国优秀硕士学位论文全文数据库三大库的查询显示，全文提及“政府猎头”的文献有23篇，其中由宋斌发表的文章有13篇，其余文献均以宋斌概念为准。

③ 王晓莉. 试论猎头公司在区域人才竞争中的作用［J］. 中国集体经济，2012（19）.

其次，实践的渠道方式应更多元。原有政府猎头概念提到“政府猎头是委托猎头公司的搜寻、甄别和吸纳高级人才的实践过程”。将“委托猎头公司”作为政府猎头的重要特征与现实不符。在国外，虽然体现国家意志或政府利益的猎头行动大多通过猎头公司、猎头协会进行，但也不排除有政府“赤膊上阵”的情况，仍有许多政府猎头行为直接由政府直接发动和操作的。如“联系新加坡”的猎头项目直接由新加坡人力部和经济发展局执行。因此，是否委托猎头公司执行不应作为界定政府猎头的主要因素。

最后，与人才工作有所区别。政府猎头并不是人才工作在国外的延伸，而是以特殊的方式、对特殊的对象展开的专业性的工作。政府猎头是人才工作的一部分，但并非所有的人才工作都能够纳入政府猎头的范围之内。两者在工作目标、对象、方式、机制等方面有所不同，见表3-2。例如两者工作范畴与目标有所不同。人才工作包罗万象，从广义来讲，所有与人才相关的工作都可以称之为人才工作。政府猎头是在大量高级人才流失现实需求背景下的产物。当时各国政府机构保守的用人观念、僵化的体制使得大量高级

表3-2　　政府猎头与人才工作的区别与联系

	人才工作	政府猎头
目标	贯彻和落实国家人才战略、争夺人才市场，满足综合国力发展所需的各类优秀人才	(1) 防止人才外流 (2) 促进人才回流 (3) 挖掘潜在人才
对象	根据各地区人才需求，各层次、各领域的人才都有所涉猎，如高端人才、技能人才、紧缺型人才	“三高”人才，即“高学历、高职位、高价位”三位一体的人才，如教育程度高、实践经验丰富、业绩表现出色的专业人才和管理人才
方式	被动招揽	主动出击
机制	人才引进与开发机制 人才留用与服务机制 人才培养与激励机制 人才评价与选拔机制 人才发展与保障机制	基本流程（三步法） 高管寻访（七步法） 企业领袖搜寻（九步法）

资料来源：根据文献资料整理。

主管人才被挖猎，这使得政府迫不得已寻求新的招募机制，而选择政府猎头这种方式。结合各国实践，政府猎头的主要工作目标体现在三个方面：防止人才外流、促进人才回流与挖掘潜在人才。例如，韩国在美国、欧洲、日本、加拿大、中国、俄罗斯等国组建“韩国科学家和工程师专业协会”目的是促进韩裔高端人才回流。瑞士在哈佛大学与麻省理工学院周边设立联络站组织活动，力图与两校高才生保持联系，为挖掘潜在人才做准备。

二、国际猎头参与国际人才开发的实践

（一）美国硅谷

硅谷是世界高科技的引擎，是全球科技园的典范，硅谷快速发展的关键因素是持续吸引集聚着来自世界各地的优秀人才。以在硅谷从事计算机与数学类工作、年龄在25~44岁的人才为例，有近74%的人才来自海外。而海外人才的集聚，与猎头公司的广泛参与分不开。

在硅谷，猎头公司的服务对象不仅包括成熟的大企业，还包括高技术创业型公司。猎头公司打造的高效人力资源网络为硅谷的企业与个人及时提供信息，加速了人才的流动，推动了硅谷企业的快速成长。

首先，猎头公司为硅谷领军企业的董事会与管理层甄选顶级人才。20世纪50年代，硅谷里的高科技企业刚刚起步之时，猎头公司就开始帮助企业引进人才。随着企业对管理人才需求的快速增加，80年代中期，猎头行业的主要参与者如海德思哲、史宾沙、亿康先达和罗盛咨询等都已在硅谷设立了办事处。截至2015年，国际猎头顾问协会（AESC）会员中包括海德思哲、罗盛咨询、史宾沙等在内的共9家猎头公司在硅谷地区设立了办事机构，为硅谷领军企业集聚顶尖人才（见表3-3）。以罗盛咨询为例，2005年，在这家猎头公司的推荐下，马克·赫德（Mark Hurd）成为惠普CEO。在马克·赫德的领导下，惠普在2006年超越IBM，成为当时全球最大的IT企业。过去20多年来，包括罗盛咨询、史宾沙、亿康先达等在内的国际顶尖猎头公司一直在为硅谷企业的管理层和董事会甄选顶级人才，成为惠普、英特尔、甲骨文等硅谷众多领军企业背后的功臣。这些国际猎头公司对硅谷的意义并非只是提供猎头服务，它也促进了人才流动和信息传播，从而打造一个充满活力的人

表 3-3　国际猎头顾问协会会员在硅谷的分布情况
（截至 2015 年年底）

猎头公司	硅谷地址
Coleman Lew & Associates/ Penrhyn International	2440 Sand Hill Road，Suite 302，Menlo Park，CA 94025
Crowe-Innes & Associates/ TRANSEARCH	5201 Great America Parkway，Suite 320，Santa Clara，CA 95054
斐珂咨询（Fitco Consulting Pte Ltd.）	800 West ElCamino Real，Suite 180，Mountain View，CA 94040
海德思哲（Heidrick & Struggles）	2440 Sand Hill Road，Suite 201，Menlo Park CA 94025
罗盛咨询（Russell Reynolds Associates，Inc.）	260 Homer Avenue，Suite 202，Palo Alto，CA 94301-2777
史宾沙（Spencer Stuart）	2988 Campus Drive，3rd Floor，San Mateo，CA 94403
斯坦顿大通国际（Stanton Chase International）	530 Lytton Avenue，2nd Floor，94301 Palo Alto，California
Taylor Winfield/ Penrhyn International	2420 Sand Hill Road，Suite #203，Menlo Park，CA 94025
The Ferneborg Group/ Panorama Search	1700 S. ElCamino Real，Suite 410 San Mateo，CA 94402

资料来源：根据各大猎头公司网站资料整理。

才市场。①

作为世界上现代猎头产业的发端国家②，在经历了第二次世界大战时期“阿尔索斯”计划的辉煌后，美国政府充分认识到猎头在国际人才开发中的重要作用，因此，政府采取了一系列措施发展猎头产业，其主要支持措施有以下三个。

第一，通过加大政府采购、研发投入等为硅谷企业使用猎头服务提供经

① 黛博拉·佩里·皮肖内. 这里改变世界：硅谷成功创新之谜［M］. 北京：中信出版社，2013.

② 美国猎头公司发源于 20 世纪 20 年代。1926 年，世界上第一家真正为工商企业服务的猎头公司迪克·迪兰人才搜索公司就诞生了。

济支撑。美国政府对硅谷的大学、实验室和私人企业进行了大量的研发投入，对硅谷的集成电路、计算机等产业进行了大量的政府采购，这些政策支持成为硅谷企业利用猎头从全世界吸纳人才的重要支撑。

第二，政府通过减免税等优惠政策鼓励猎头产业发展。在美国硅谷，企业所得税税率为 8.84%，猎头公司的税收负担相对较轻，预付费型（Retainer-based Search）猎头公司，只需缴纳 4%的税金甚至豁免税金[①]。

第三，借助协会的力量推动猎头产业的规范发展。国际猎头顾问协会（AESC）成立于 1959 年[②]，经过 60 多年的发展，已经从一个小规模行业协会发展成为一个拥有 200 多家会员的全球性行业协会。AESC 制定的包括《职业道德公约》与《规范化执业指南》等在内的行业标准规范，被奉为猎头行业的“圣经”，这些行业标准对会员的执业行为进行了详细的规定，比如一家猎头公司在为客户完成招募工作两年之内，不能再为其他新客户挖自己给前一位客户所招募的人员。这些行业标准规范在提升猎头行业标准、增进公众了解、维护会员利益等方面发挥着巨大作用。

此外，美国还有人力资源管理协会（Society for Human Resourse Management）、国际人力资源管理协会（International Public Management Association for Human Resources）等行业协会，它们共同引导整个猎头产业及人才服务业的发展。

除全国性的行业协会外，硅谷地区还有很多专门为猎头提供服务的非营利性组织，比如硅谷招聘者协会（Silicon Valley Recruiters Association），协会通过收集人脉网络、教育信息，分享行业实践为猎头提供服务，提高它们的招聘能力，增强专业知识，提高猎头为企业甄别、吸引和招聘人才方面的能力。

美国政府支持猎头产业发展的模式如图 3-5 所示。

---

① 宋斌. 中国猎头何去何从［J］. 国际人才交流，2012（11）：46-47.

② 第二次世界大战后，随着经济的复苏，企业用人需求的增加，猎头公司数量激增，当时仅在北美地区，活跃的猎头公司就有 1 500 家之多。大小猎头相互厮杀，为取得订单，手段无所不用其极，使得新兴的猎头行业面临严重的信誉危机。为谋求一个良好的市场秩序，保护新兴行业的健康成长，国际猎头顾问协会应运而生。

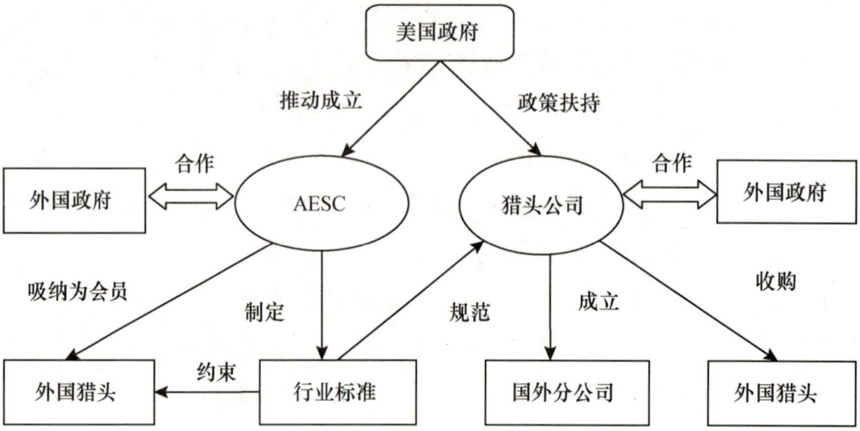

图 3-5　美国政府支持猎头产业发展的模式

资料来源：王辉耀，苗绿．国际猎头与人才战争［M］．北京：机械工业出版社，2015：132.

（二）新加坡①

新加坡是国际上通过政府引导，发挥市场作用，利用猎头机构为新加坡企业引进人才服务的经典案例。综合来看，新加坡主要通过主导设立国家猎头公司"联系新加坡"、吸引国际猎头公司服务新加坡企业以及打造产业平台等方式利用猎头服务企业。

第一，主导设立国家猎头公司"联系新加坡"。"联系新加坡"是新加坡经济发展局和人力资源部于 2008 年 8 月共同成立的，属于新加坡政府吸引经济领域人才的主要政府机构。其中，人力资源部根据新加坡经济发展的需要，每年都制定和更新关键技能列表，拥有关键技能的外国人在申请就业准证时将被优先考虑。经济发展局根据本部门制定的国家战略性产业和发展方向，为人力资源部的计划制订提供策略性的指导。

"联系新加坡"设有工业劳动力部门、新加坡迎接中心、市场传播部和全球运营中心四个下属部门（见图 3-6）。其中，全球运营中心又由北美分部、悉尼分部等 6 个分部 12 个办事处组成。通过这些机构，"联系新加坡"为有意到新加坡发展的全球精英（包括新加坡侨民）以及到新加坡投资或开拓全

① 本部分内容选摘自刘宏，王辉耀．新加坡人才战略与实践［M］．北京：党建读物出版社，2015：136-140.

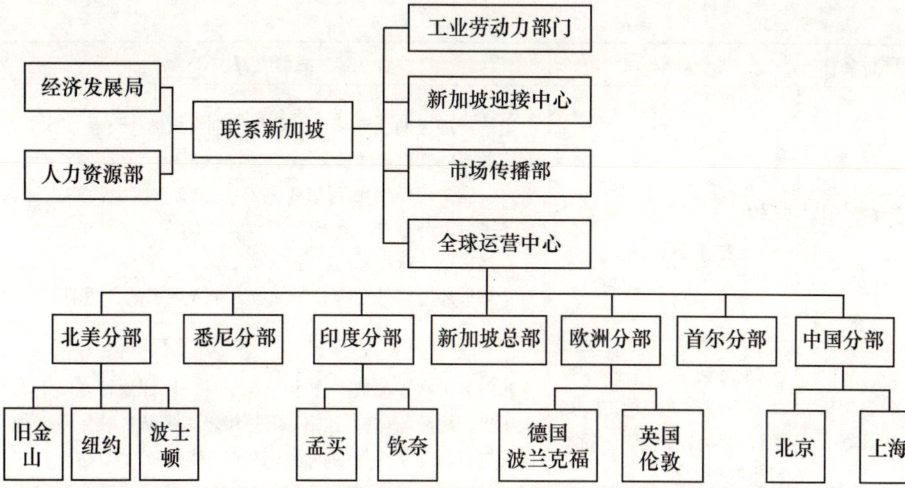

图 3-6 “联系新加坡”的组织架构

资料来源：刘宏，王辉耀. 新加坡人才战略与实践［M］. 北京：党建读物出版社，2015：137.

新商业活动的个人和企业家提供一站式服务。

“联系新加坡”通过开展体验新加坡、就业新加坡等项目，对新加坡起到了良好的宣传作用，为国际人才提供了亲身体验新加坡、了解新加坡的机会，为海外新加坡人以及外国人才与新加坡雇主之间提供了交流机会，搭建了对接平台（见表 3-4）。通过“联系新加坡”这一专门的政府人才引进机构，在全球范围内搭建了为海外新加坡人和国际人才服务的网络，建立了世界范围内的潜在人才数据库。在中美贸易摩擦升级和单边主义抬头的形势下，“联系新加坡”的相关工作已经转入不公开状态。

表 3-4 “联系新加坡”开展的主要活动项目

项目名称	对象	活动内容
就业新加坡	亚太、欧洲和北美等地区的新加坡雇主和有志于到新加坡工作的专业人士和毕业生	提供信息交流的平台；就业者可通过参加就业新加坡活动获得到新加坡工作与学习的相关资讯，并有机会与新加坡雇主进行互动交流；新加坡雇主亦可通过参与该活动获得需要的人才 新加坡还专门针对海外新加坡人举办就职故乡活动
体验新加坡	全球一流大学的优秀本科生和研究生	项目为期 4~5 天，让学生们全面体验新加坡的工作和生活环境，吸引他们赴新加坡工作、生活。参与活动的学生可以参观主要政府机构和重点建设项目以及新加坡的休闲娱乐场所，并有机会与行业领导见面沟通 新加坡还专门针对海外新加坡人举办体验故乡活动

续表

项目名称	对象	活动内容
透视新加坡	国外人才	邀请新加坡的领导和专家参与特别组织的研讨会，分享、交流各自的知识与经验。该活动提供了一个互动与参与的平台，雇主可以接触到想要到新加坡工作或生活的人才。在该平台上与全球人才分享产业升级的雇主，有机会与人才直接接触，或者通过问答形成互动 新加坡还专门针对海外新加坡人举办透视故乡活动
假日工作计划	澳大利亚、法国、德国、中国香港等地 17~30 岁即将毕业和已毕业的本科生与研究生	参与者可在新加坡工作生活 6 个月。该计划旨在吸引热衷于出国旅游与体验异国文化的年轻人来新加坡，帮助他们发掘在新加坡工作的机遇，让他们体验新加坡文化
新加坡就职宣讲会	全球人才和新加坡海外人才	“就业新加坡”宣讲会旨在为全球各地有意到新加坡就职的人才提供关于在新加坡工作与生活的各项资讯。“联系新加坡”与各产业合作伙伴联手打造了专属求职信息平台，将各个行业的职位空缺信息及时公布在平台上，并进行面向全球的公开招聘（职位类型涵盖技术类、金融类等），海外求职者可通过该平台提交个人简历

资料来源：刘宏，王辉耀．新加坡人才战略与实践［M］．北京：党建读物出版社，2015：138-139.

虽然目前并没有权威数据对“联系新加坡”进行效果衡量，不过，根据海德思哲与经济学人联合发布的《全球人才指数报告：展望 2015》，新加坡吸引与留住人才的能力居亚洲之首、全球第五。这个数据从侧面显示了包括“联系新加坡”在内的新加坡人才引进的效果。

政府猎头机构的成立，有利于调节和缓解因外来猎头企业的入驻对新加坡保留自身人才库造成的压力，避免市场机制下单独依靠猎头企业的优胜劣汰来满足新加坡日益增长的人才需求。

第二，吸引国际猎头公司服务新加坡。跨国猎头企业是活跃于全球、主导世界人力资源服务市场的重要力量。基于新加坡独特的国际环境和人才环境，新加坡政府积极吸引了大量国际猎头公司，通过市场化机制配置人才资源，帮助新加坡引入高端国际人才。据“联系新加坡”网站资料显示，新加坡目前总共有 1 100 多家职业中介机构、国际猎头和本地猎头。其中主要的

39 家猎头公司中有 27 家为国际性机构，在世界排名前 10 的国际猎头公司中有 5 家在新加坡设立了区域总部（regional headquarters）或办事处。

在新加坡专业猎头公司中，入驻或成立于新加坡的公司主要集中在 20 世纪 90 年代，亦有成立年代较久的大型国际公司，这些大型国际公司在 80 年代便已进入新加坡市场，如安立国际（Amrop Hever）与美国罗盛咨询公司（Russell Reynolds），而 2000 年后成立的公司则以小型企业（雇员人数少于 200 人）居多。在新加坡主要的猎头公司中，不乏年总收入过亿的大型国际猎头公司，如罗致恒福（Robert Half International），科尔尼咨询公司（A. T. Kearney）以及世界著名的猎头公司，如亿康先达国际咨询公司（Egon Zehnder）、海德思哲国际咨询公司（Heidrick& Struggles）、光辉国际咨询顾问公司（Korn/Ferry International）等。

第三，打造产业平台，利用猎头公司集聚人才。纬壹科技城是新加坡政府为猎取的国际高端人才提供施展才华平台的重要案例。该科技城是由新加坡政府投资 150 亿新币，于 2000 年开始建设，计划在 2015—2020 年分四期完成，最终建设成发展知识型经济的、汇集研发、创新和实验平台于一体的综合产业平台，集合了多个重要的公私机构研究中心、生物医学中心以及设备齐全的数字媒体中心。新加坡政府以纬壹科技城启奥园为产业平台，利用商业和政府猎头等形式从 50 多个国家引进了超过 3 000 名科研人员，其中就包括 Neal Copeland 教授、Philippe Kourilsky 教授、Edward W. Holmes 教授、Judith L. Swain 教授、Edison Liu（刘德斌）教授、Alan Colman 博士等世界级的科学家（见表 3-5）。

表 3-5　　纬壹科技城启奥园引进的部分国际顶尖人才

姓名	成就
Neal Copeland 教授	顶尖癌症遗传学家，分子与细胞生物学研究所执行总监，他曾找到一种途径来加速确认老鼠的致癌基因，并因这项先驱性的研究而备受尊崇
Philippe Kourilsky 教授	分子免疫学和肿瘤免疫领域的知名专家，曾任法国巴斯德研究所所长，任新加坡免疫学联网主席，同时担任法国国家学术学院分子免疫学系主任
Edward W Holmes 教授与 Judith L Swain 教授	美国一流医生兼科学家，协助推动新加坡的医药转化研究

续表

姓名	成就
Edison Liu (刘德斌) 教授	曾任美国国家癌症研究所临床科学部主任，是新加坡基因组研究所首任执行总监
Alan Colman 博士	著名干细胞专家，多莉克隆绵羊幕后功臣之一，任新加坡干细胞合作联盟执行总监兼医学生物学研究所首席研究员
Sydney Brenner	美国的诺贝尔医学奖获得者、遗传学家
David Lane	英国癌症研究领域的带头人
Yoshiaki Ito 教授	日本胃癌研究专家

资料来源：根据公开资料整理。

人才的集聚进一步带来了行业的聚集，目前全球已有 30 多家知名生物制药公司将新加坡作为主要研发基地，来发展各自在东南亚乃至亚洲地区的业务，知名企业的聚集又将继续促成国际顶尖人才的集聚，进而形成一个良性循环系统。

三、中国探索国际猎头服务的相关实践

我国引入国际猎头服务相关工作正式始于 21 世纪初期。2001 年 9 月 11 日，由人事部、国家工商行政管理总局联合发布的《人才市场管理规定》，对利用外资做了如下规定：“开展人才中介或者相关业务的外国公司、企业和其他经济组织在中国境内从事人才中介服务活动的，必须与中国的人才中介服务机构合资经营。”至此，中国人才市场正式向外资敞开了大门，国际猎头公司结束了长期以来以代表处身份存在的形式，纷纷采用中外合资形式，只是那时外资控股比例还不能超过 49%。2006 年，人事部在上海浦东开展中外合资人才中介机构试点改革。外资在浦东新区设立中外合资人才中介机构，可实现绝对控股，但最高不得超过 70%，从而突破了《中外合资人才中介机构管理暂行规定》中外资控股比例不得超过 49%的政策上限。2007 年，政策进一步放开，《中外合资人才中介机构管理暂行规定》补充规定，允许香港和澳门服务提供者在内地设立独资人才中介机构。

中国人才中介市场政策突破历程如图 3-7 所示。

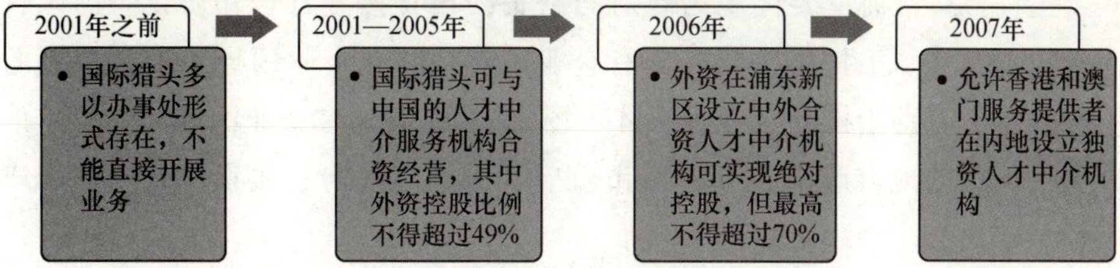

图 3-7 中国人才中介市场政策突破历程

为集聚高端人才，服务地方经济，各级地方政府都非常注重发挥社会中介力量在人才引进中的作用，特别是注重加强与国内外知名猎头企业的联系与合作，从硬配套、软环境等方面构建社会化、专业化的引才网络。

（一）政府主导设立猎头公司

北京、珠海、无锡、成都等地政府牵头设立猎头公司，用市场化手段为企业提供高端人才（见表 3-6）。地方政府牵头设立的猎头公司主要有三方面特点。

第一，服务对象和内容与专业商业猎头公司类似，定位于高端岗位及高端人才。

第二，作为政府区域发展与人才战略实施的执行者，专注服务于政府机构、重点产业、重点企业的猎头需求。

第三，费用方面因有政府的参与而体现出更多公益性的特点。

表 3-6　　各地政府主导设立的公益性猎头公司情况

人力资源机构	主办单位	猎头模式
乐相国际人力资源（北京）有限公司	北京双高人才发展中心和北京海外学人中心	为包括北京国有企业在内的各类企业寻访高端人才
三江人力资源综合服务中心	在珠海政府推动下，由珠海市两家大型国有企业出资成立	为跨国公司、政府机构和中国企业寻访总裁级高管职位及总监、高级工程师级技术人才
高杰人才咨询服务公司	无锡新区管委会与人才服务中心	由政府“买单”，用于高层次人才引进及高端培训，并免费将人才输送给企业

资料来源：根据调研资料整理。

（二）政府与猎头公司签订合作协议

这种方式目前主要体现为政府与猎头公司直接签订合作协议，为国有企业招聘高管。委托猎头招聘国有企业高管是国有企业领导人产生机制的一大改革，有助于推动"经理人才市场化"，提高国有企业的活力。目前采取这种方式的地方政府包括上海市政府、深圳市政府、北京市政府、天津市政府等。

（三）以现金资助等方式鼓励企业使用猎头

很多地方政府以现金资助猎头公司等人力资源机构或现金补助用人企业的方式，鼓励企业使用猎头服务。

1. 现金资助人力资源机构

现金资助人力资源机构猎聘的方式以武汉市、宁波市、天津滨海新区、重庆市为代表。在这种模式下，政府按照人力资源机构引才的数量和质量对其进行现金鼓励（见表3-7）。

表3-7　　部分以现金资助人力资源机构的地方政府

地方政府	引才标准	奖励对象	奖励标准	颁布时间
武汉东湖新技术开发区	高端人才、急需紧缺人才	与武汉东湖新技术开发区人才与创业办公室签订了引才激励协议的猎头公司	如果推荐的人才入选了"3551光谷人才计划"，按优秀人才项目、重点人才项目、领军人才项目，分别奖励人民币1万元/人、2万元/人、3万元/人	
宁波市	顶尖人才、特优人才、领军人才	猎头公司等人力资源服务机构	分别给予10万元、8万元、5万元引才资助，每家机构每年奖励最多不超过30万元	2016年
天津滨海新区	高端人才、急需紧缺人才	猎头公司等人力资源服务机构	给予2万~20万元资金支持	2016年
重庆市	高端人才	猎头公司等人力资源服务机构	1∶1的配套支持，补贴上限为20万元	2016年

资料来源：根据调研资料整理。

2. 现金资助用人单位

现金资助用人单位猎聘的做法主要以宁波市、苏州市、贵阳市为代表。在这种模式下，企业引进的高层次人才符合政府规定的引才标准的，会得到政府现金资助（见表 3-8）。

表 3-8 部分以现金资助用人单位的地方政府及产业园区

地方政府	引才标准	奖励对象	奖励标准	颁布时间
宁波市江东区	年薪 50 万元以上的高端领军人才	宁波市江东区企事业单位	给予用人单位中介费 50%的补助，每名补助金额最高不超过 10 万元	2010 年
苏州工业园区	用人单位通过猎头招聘年收入在 20 万元以上且担任中层以上技术和管理岗位的高端人才	各级领军人才创办企业、苏州地区总部及以上层级金融机构和经认定的股权投资管理机构、园区双百科技企业、独立研发企业和预上市企业	用人单位可申请高端人才招聘补贴，补贴金额为猎头服务费用的 50%，上限为 6 万元/职位，每个企业每年获补贴上限为 20 万元	2013 年
贵阳市	年收入在 30 万元以上的核心技术技能或中层以上经营管理岗位，且符合贵阳市引进高层次产业人才条件	贵阳市辖区范围内进行工商登记注册的非公有制企业、市或区所属国有及国有控股企业	猎头服务费用按照企业与猎头服务供应商签订的合同为准，补贴金额为猎头服务费用的 50%，上限为每个岗位 20 万元，每个企业每年获得补贴的岗位原则上不超过 1 个	2013 年

资料来源：根据调研资料整理。

（四）打造软环境吸引猎头服务企业

重庆与成都两大国家级人力资源产业园通过一系列政策吸引了大批国内外猎头公司，比如重庆人力资源产业园与中智、FESCO、Engma 等 46 家人力资源服务机构签约，成都人力资源产业园聚集了中智、ALLEGIS、智通美瀚、锐仕方达等 600 余家人力资源服务机构。这些猎头公司为两地集聚国际人才做出了重要贡献。从园区经验看，除硬配套外，两地都更加注重打造软环境（见表 3-9）。

表 3-9　　重庆与成都人力资源产业园吸引猎头服务企业经验

	建立人才资源信息库	配套制定入驻企业及其引进人才优惠政策	搭建便捷化、全链条式的人才服务平台	构建专业化、多元化的管理运营团队
重庆人力资源产业园	收集人才信息、资质证书等信息，同时收集企业的人才需求信息，利用大数据打造人力资源信息服务平台	从市、区、园区三个层面为园区猎头及人力资源服务企业提供包括税收减免、租金补贴、引进人才奖励等 10 项优惠政策	拓展公共服务政府采购渠道，积极引进人才猎头、人力资源服务、人才培训、职业技能鉴定等专业机构，打造多元化的人才引进服务平台 针对园区人才建成社会公共服务平台，为企业提供一站式公共服务	成立了国有人力资源公司，负责市重点产业人力资源的开发、培训、储备和组织输送工作
成都人力资源产业园	委托专业机构建立全球目标人才搜索数据库，精准搜索、定位人才分布并使人才与企业需求匹配	从房屋补贴、装修补贴、融资扶持、引才奖励等方面配套入驻企业及其引进人才相关优惠政策	整合园区企业和人力资源服务机构的供求资源，将人力资源服务的各个方面以集中化、流程化的方式在线转化为产品，建立线上网络运营平台。同时，配合线上平台建立线下呼叫咨询平台，线下对接人力资源服务的外包产品，形成园区人力资源服务产业的信息和产品的集散中心	与央企合作，共同建立公司，负责整合市场资源，开展与高端人才搜索、评鉴、培养、管理等园区人才相关的管理运营工作

资料来源：根据调研资料整理。

第三节　国际人才的评价与激励

一、国际人才的认定标准和机制

相对于国内人才的认定，国际人才的评价标准目前还没有形成。以我国为例，教师有教师证、医生有执业医师资格证、律师有法律职业资格证等，通过这些标准，我们可以很容易辨认一个人才的职业身份和从业资格。而从国际上来看，目前还没有一个证书能认定一个行业的国际人才，对于大多数行业来说，从业人员在其他国家开展职业活动，都必须取得相关国家规定的资格证书。

二、国际人才评价标准的实践

《新编人才学大辞典》[1] 将“人才评价”界定为从质与量上对人才素质和业绩进行评估并得出结论的过程，是对人才价值在一定时空下的定格。素质测评、人才评定、绩效考核、人才考核等，都是出于不同目的从不同侧面、采用不同方式对人才进行的评估，都属于人才评估的范畴。

王通讯认为，对人才的业务评价，主要评价其才能的“三态”，即持有态（掌握系统知识的状况、技能的熟练程度和创造性的高低，也就是潜在的劳动能力，评价的是“能”）、发挥态（已有潜在劳动能力的基础上发挥的状况，评价的是“勤”）、转化态（人才劳动转化为成果的状况，评价的是“绩”）。[2] 王振等认为，人才评价是通过特定形式对人才的素质、能力、业绩和贡献进行尽可能公正的价值衡量的过程。人才评价具有定位、预测、诊断、导向、激励等功能。人才评价体系需要解决“为什么评、何时评、谁来评、评估谁、评什么、怎么评”等问题[3]，即包括人才评价标准体系、方法体系、组织体系、制度等内容。刘永等认为，人才评价是运用先进的科学技术和手段，对社会各类人才的知识水平、能力及其倾向、工作技能还有发展潜力实施测量和评价的人事管理活动。人才评价由人才素质测评、人才业绩测评和人才价值测评三大部分组成。素质是业绩的前提和保证，业绩是素质的反映和体现，把素质测评和业绩测评相对分开，然后再将二者有机结合起来进行测试，从而达到客观、公正地评价人才的目的。[4]

目前世界上没有公认的国际人才的认定标准，为适应国际人才在本国发展，各国都因地制宜地制定了国际人才评价相关标准。如在顶尖国际人才评价方面，美国移民政策对“杰出人才”实行不同于其他职业移民的优待——免劳工证、无配额限制的移民制度（Alien of Extraordinary Ability，EB-1A）。“杰出人才”指在商业、科学、艺术、教育或体育五大领域中具有特殊才能，取得很大成就，并享有国家级或国际性声誉，而且其成果和贡献在该领域得

---

① 叶忠海，郑其绪. 新编人才学大辞典［M］. 北京：中央文献出版社，2015.

② 王通讯. 宏观人才学［M］. 天津：天津人民出版社，1985：223-226.

③ 王振，高子平. 高层次创新创业人才评价工作研究［M］. 上海：上海社会科学出版社，2015.

④ 刘永，王继娜，周惠来. 科研人才评价研究综述［J］. 河南图书馆学刊，2007.

到广泛认可的杰出专业人才。加拿大设立“首席研究员”计划①（Canada Research Chair Program，CRCP），吸引全球优秀的高校科研人才，对“全球优秀的高校科研人才”从职称（资格）、单位提名、综合评审几方面进行界定。德国设立“洪堡教席奖”（Alexander von Humboldt Professorship，全称“亚历山大·冯·洪堡教席国际研究奖”），吸引世界顶尖科学家，对“世界顶尖科学家”从资质、成果、单位提名、综合评审几方面进行界定。② 新加坡则通过规定薪酬额度对来自国外的优秀人才进行市场化评价。

在我国，如“顶尖人才与创新团队”项目，将“顶尖人才”界定为自然科学或工程技术领域的诺贝尔奖、图灵奖、菲尔兹奖等国际大奖的获得者，美国、英国、加拿大、澳大利亚等发达国家科学院院士或工程院院士，在世界一流大学、科研机构任职的国际著名学者，国家急需紧缺的其他顶尖人才。北京市“海聚工程”的“战略科学家”项目是“海聚工程”高层次人才中的顶尖部分，将“战略科学家”界定为诺贝尔奖等国际知名奖项获得者，世界各国国家级学术机构院士，世界一流大学、科研机构的著名学者或终身教授等。

由此可见，对国际人才的评价，目前全世界还在实践和探索阶段，并没有形成统一的理论和标准。对国际人才的具体界定主要从素质、成果价值、行业地位等方面着手。其中素质指人才拥有高水平的知识、技术、能力等；成果价值指在实践活动中取得较大价值的劳动成果，在某一领域中层次较高、社会贡献较为突出、影响范围较广；行业地位指人才在相关领域的核心地位，对其他层次的人才具有引领作用、示范作用和带头作用（见图 3-8）。

从对国际人才的评价实践来看，其与对国内人才的评价有很多类似之处，都注重从质与量等方面对人才的素质、能力、业绩、贡献等进行价值衡量，

---

① 首席研究员计划，由自然科学和工程研究基金会（NSERC）、社会和人文科学研究基金会（SSHRC）、健康卫生研究基金会（CIHR）、创新基金会（CFI）四大国家级基金会每年投入 3 亿加元吸引 2 000 名首席研究员。对于任期 7 年的教授级首席研究员，任期内给予每年 20 万加元的科研经费；对于任期 5 年的潜在教授级首席研究员，任期内给予每年 10 万加元的科研经费。

② 洪堡教席奖，由洪堡基金会（Alexander von Humboldt-stifurg）操作，计划每年引进 10 位科学家，为获奖者提供 5 年 350 万欧元（理论科学）至 500 万欧元（实验学科）的经费资助，用于在研究团队和实验设备的组建。

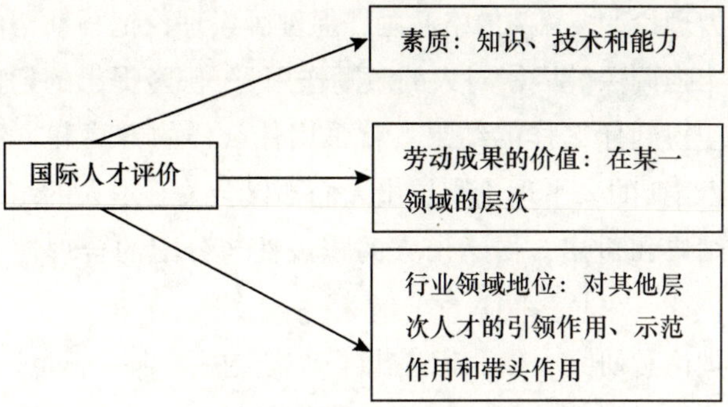

图 3-8　国际人才界定要素

但相关实践均没有突出人才的国际性特点。

三、国际人才的激励

国际人才的激励符合一般激励的基本特性。从激励的动机来说，就是激发人才的动机，使人才有一股内在的动力，朝着所期望的目标前进的心理活动过程。组织行为学的观点认为，激励就是激发、引导、保持、归化组织成员的行为，使其努力实现组织目标的过程，而组织成员的努力是以能够满足个体的某些需要为前提条件的。激励的目的是调动组织成员工作的积极性，激发其工作的主动性和创造性。传统的激励体系从根本上说是以企业（雇主）为导向，企业激励体系缺乏与员工的沟通。而现代企业激励体系越来越以员工为中心来设计，重视员工激励的核心（满足员工的需要），强调激励的本质（双赢），主张员工激励的范围是某一个特定群体（人才），而不是企业中的每一个人。也就是说，当激励的主体（企业管理者）和激励对象（员工）能达到这样一种状态，这种激励才是最有效的。待企业中的所有人都能发挥出自己的潜能时，企业将会进入高速发展阶段。

按照马斯洛的需求理论，要激励人才，需要了解其处于何种需要层次，从而满足该层次或更高层次的需要。在谈及激励时，还有斯金纳的强化理论，他认为当一个人认为一件事的结果对自己比较有利时，就会反复去做，反之较弱。① 这样说来，设立目标管理是非常必要的。麦戈雷格 X、Y 理论还提出

① 陈琪，刘儒德. 教育心理学［M］. 北京：高等教育出版社，2011.

了领导者的魅力理论。[①] 赫兹伯格激励、保健因素理论把马斯洛的需求层次理论进行了量化，强调保健因素对人的激励作用。[②] 佛隆提出的期望理论即告诉管理者，你期望得到什么样的结果，就采用什么样的方式和方法去实现你的预期结果。[③] 亚当斯的公平理论则提出人们不仅会关心本人的结果和支出，还会关心别人的结果和付出，揭示出人的积极性与分配的合理性、公平性是相关的。[④]

上述相关理论和研究，给我们提出了“需要—要求—满足”的连锁反应。我们可以看出，激励过程实际上存在一个连锁反应。首先是人才有需要，由此产生“要求”或要达到的目标，然后造成紧张感，最终得到满足。

这里的需要不仅包括基本的吃穿住行等方面的需求，还有环境需求，如比较融洽的生活服务环境，身边同事直接的晋升和服务追求。库尔特·卢因的力场理论也提出：

$B = \{P \quad E\}$

B 指人的行为，P 指个人，E 指环境，这里可以看出，一个人才的行为，是个人和环境共同作用的结果。[⑤] 就环境来说，又包括人才生活、工作的环境和社会环境。

同时我们注意到，国际人才往往需要从一个国家（或地区）转移到另外一个国家（或地区）。其激励的手段和方式，除满足其个体的需求外，同时，家庭、社会、国际的视野和国际的平台等也是他们所看重的。人才的激励方式和手段，从微观向宏观转向相对比较明显。从国际人才跨国的特性来说，国际人才的行为，主要是对国家的选择，一方面考虑这个国家能给自己带来的直接的物质和精神利益，另一方面考虑这个国家的综合环境能不能让自己获得相对收益。

---

① MACGREGOR D. The human side of enterprise [M]. New York: McGraw-Hill, 1960.

② 周三多. 管理学 [M]. 北京：高等教育出版社，2012.

③ VROOM V, PORTER L, LAWLER E. Expectancy theories [J]. Organizational behavior, 2005, 1 (1): 94-113.

④ 张效功. 薪酬公开 VS 薪酬保密——基于亚当斯公平理论的比较 [J]. 东方企业文化，2007 (7): 69-70.

⑤ 库尔特·卢因. 个性动力论 [M]. 北京：中国传媒大学出版社，2013.

【本章复习思考题】

1. 国际人才开发的主要内涵是什么？
2. 国际人才开发的主要方式？
3. 如何激励国际人才？

【案例及案例分析】

人才开发创新探索：前海改革试验区

在全球人才竞争的大背景下，为实现经济转型，调整产业结构，加强自主创新，广东省加快了人才发展体制机制改革和政策创新，开创性地设立了前海、南沙和横琴人才合作示范区，力图将这一人才合作示范区打造成国际高层次人才和现代服务业人才集聚区、人才引领广东产业转型升级示范区、粤港澳人才紧密合作先导区。2012 年 7 月，国务院正式批复前海“先行先试 22 条”，前海因此成为“特区中的特区”。前海在人才工作方面的目标是创新人才工作体制机制，积极推进中国人才制度改革，将前海打造成世界各民族精英的汇聚地。

一、推进深港跨境职业资格准入和互认机制

为了方便香港专业人士到前海提供高端服务，前海简化了香港专业人才在深圳取得执业资格的流程。前海管理局联合 20 多个国家部委驻前海办事处，对来前海工作的香港专业人才进行直接培训，取消考试的流程，有执业资格的香港专业人才通过集中培训后，直接颁发执业资格证书。前海还将引进香港及国际资质认证和考试机构，鼓励内地人才取得国际专业资质。按照先行先试的要求，前海将分类推进具有香港执业资格的专业人才在前海直接提供专业服务，逐步推进深港跨境专业资格互认。

二、借助区位优势促进深港合作常态化，推动国际人才基地建设

前海与香港展开长期紧密合作，通过香港这一渠道集聚国际人才。在人才引进方面，前海立足国家需求，以“举特区旗、打香港牌”的战略方式引进国外高层次人才。在这方面的具体措施有，设立“前海深港人才论坛”，鼓励前海企业与香港高校、科研机构等签署合作协议，制订人才合作计划；在前海以构建专业化国际人才市场为突破口，逐步建立深港现代服务业人才共同市场，推动形成开放度高、竞争力强的国际人才资源配置中心；支持在前海的企业通过项目合作、联合攻关、挂职锻炼、定向培养等方式，与香港高校、科研机构合作培养人才等。

三、人才认定主体由政府为主导转向市场为主导

积极探索人才认定由政府主导向市场主导转型。通过将行业协会之类的社会团体列入人才认定评价主体范畴，前海将争取逐步实现人才认定的市场化。

四、实施前海人才特殊支持政策

在税收优惠方面，前海对符合条件的企业实行税收减免，按照15%的税率征收企业所得税；经由前海管理局认定的境外高端和紧缺人才享受15%的个人所得税优惠，认定名额原则上不设上限。同时，支持前海国有及国有控股企业开展股权激励、分红权奖励、技术入股等中长期激励试点，建立和完善能充分体现人才价值的薪酬、分配制度和激励机制。

五、推进法治建设与国际接轨

在法治建设方面，前海组建前海法庭，研究制定管理办法，在前海探索完善深港两地律师事务所联营方式。前海也支持香港仲裁机构在前海设立分支机构，并适度提高深圳国际仲裁院香港籍仲裁员的选聘比例。另外，前海还探索引用查明机制，独立的第三方机构可以在前海法院将查明机制引入整个商事法律案件审判中。

【本章参考书目】

[1] MACGREGOR D. The human side of enterprise [M]. New York: McGraw-Hill, 1960.

[2] MICHAELS E, HANDFIELD-JONES H, AXELROD B. The war for talent [M]. Harvard Business Press, 2001.

[3] 陈琪，刘儒德. 教育心理学 [M]. 北京：高等教育出版社，2011.

[4] 黛博拉·佩里·皮肖内. 这里改变世界：硅谷成功创新之谜 [M]. 北京：中信出版社，2013.

[5] 库尔特·卢因. 个性动力论 [M]. 北京：中国传媒大学出版社，

2013.

[6] 刘保存，钟祖荣，刘强. 国外人才培养与开发［M］. 北京：党建读物出版社，2016.

[7] 刘宏，王辉耀. 新加坡人才战略与实践［M］. 北京：党建读物出版社，2015.

[8] 刘昕. 人力资源管理［M］. 北京：中国人民大学出版社，2012.

[9] 王辉耀. 国际人才竞争战略［M］. 北京：党建读物出版社，2014.

[10] 王辉耀. 人才竞争：海外看中国的人才战略［M］. 北京：东方出版社，2011.

[11] 王辉耀，苗绿. 国际猎头与人才战争［M］. 北京：机械工业出版社，2015.

[12] 王辉耀. 移民潮［M］. 北京：中信出版社，2013.

[13] 王通讯. 宏观人才学［M］. 天津：天津人民出版社，1985.

[14] 王振，高子平. 高层次创新创业人才评价工作研究［M］. 上海：上海社会科学出版社，2015.

[15] 叶忠海. 人才资源优化策略［M］. 上海：上海人民出版社，2002.

[16] 叶忠海，郑其绪. 新编人才学大辞典［M］. 北京：中央文献出版社，2015.

[17] 俞可平. 治理与善治［M］. 北京：社会科学文献出版社，2000.

[18] 约翰·W. 布德罗，彼得·M. 拉姆斯特德. 超越人力资源管理：作为人力资本新科学的人才学［M］. 于慈江，译. 北京：商务印书馆，2012.

[19] 赵永乐，中国人才研究会. 宏观人才学概论［M］. 北京：党建读物出版社，2013.

[20] 郑其绪，中国人才研究会. 微观人才学概论［M］. 北京：党建读物出版社，2013.

[21] 周三多. 管理学［M］. 北京：高等教育出版社，2012.

第四章　国际人才竞争战略·国际篇①

本章教学目标

了解国际人才战略的主要特点和主要国家的国际人才竞争策略。

【导入案例】

如果拥有2.8亿人口的美国需要吸收外国人才，那么只有300万人口的新加坡更需要这么做……为了吸引外来人才，包括优秀的运动员、艺术家、画家、舞蹈家、音乐家，我们必须让他们感受到他们是新加坡的一分子。

——新加坡前总理李光耀（Lee Kuan Yew）

新加坡是一个城市小岛国，经济发展一直与移民紧密相关，1965年独立后，新加坡对流入国内的人口进行严格控制；1970—1980年，出口导向型工业发展较快，制造业和建筑业对劳动力的需求激增，吸引了人口流入；20世纪80年代至90年代，经济转型以服务业为主，发展金融、技术和知识密集型产业，而国内人才无法满足需求，急需高学历、高技术移民。于是，从20世纪80年代后期开始，新加坡积极引入高素质的外来人才。

吴作栋亲自"打广告"道："新加坡是个小国，所以我们需要从海外吸引艺术、体育或金融业等领域的人才。如果你是专业人员，就可以为新加坡效劳。如果你的收入比新加坡人收入的中位数还高，那你也可以成为永久居民，日后还可能申请成为公民。"2002年，他又发起了"再造新加坡"计划，因为"在未来十年，如果我们不从国外引进人才充实我们的人才库，许多我们现在从事的高价值工作将会被转移到中国或其他地方"。他还说："吸引外国人才，关系到新加坡的生死存亡。"

① 本章基于2014年王辉耀在党建读物出版社出版的《国际人才竞争战略》一书选编而得。

（节选自王辉耀，苗绿. 人才战争 2.0［M］. 北京：东方出版社，2018：92.）

第一节　国际人才竞争战略的主要特点

随着经济全球化从货物流动、资本流动进入人才流动的历史发展新阶段，人才全球化趋势将不可逆转，国际人才竞争将更加激烈。从根本上讲，国际人才竞争是培养、发现和使用国际人才的机制和制度的竞争，亦即国际人才战略的竞争。从目前态势来看，国际人才竞争战略主要有以下几个特点。

一、国际人才竞争战略因国情而异

经济全球化发展加剧了全球范围内人才资源的短缺，国际人才的短缺使得国际人才竞争日益激烈，美国等西方发达国家纷纷出台人才竞争战略，加大高层次人才争夺力度，以抢占未来科技和产业发展的制高点。在这场“人才大战”中，以“金砖五国”为代表的新型国家及其他发展中国家也不甘落后，纷纷制定战略，以谋求在新一轮世界人才竞争中走在世界的前列。

由于各国发展阶段、发展水平不一致，采取的国际人才竞争战略也不尽相同。例如，美国本身产业环境及创新环境就比较完善，主要通过移民制度的调整来吸引外来优秀人才，并通过持续加大本国教育力度来培养和储备人才。而新加坡、以色列等亚洲发达国家，由于第二次世界大战后国内创新创业环境相对传统发达国家相差甚远，人才流失较为严重，20 世纪 90 年代以来，主要是通过制订人才计划、提升国内创新创业环境等战略来吸引人才回流，提升留住人才的环境与能力。本章第二节将对不同类型国家所采取的战略进行分析。但是，不管是采取哪种战略，核心都是把人才发展作为推动经济、社会发展的根本。

近些年来，人才在联系紧密的区域经济体内“环流”的现象也逐渐增多。在人才短缺和人才竞争激烈的压力下，人才共享也逐渐成为各国国际人才竞争的重要战略手段。

二、影响战略制定的因素多元化

总的来说，经济实力、基础设施、政策法规、制度环境、人文环境、政治因素等都可能影响国际人才竞争战略。大多数情况下，优秀的人才总是涌向那些高收入、高福利、高科技、经济发达的国家。根据世界银行公布的数据，美国在全世界经济实力排名第一，高薪和较充分的个人发展空间的确对各国人才产生了巨大的诱惑力。然而，尽管美国是世界上经济最为发达、科研投入最多的国家，仍有约 20% 的美国移民在十年内离开，就其一生而言，则有 1/3 的移民会最终离开美国。因此，吸引人才不能仅靠优越的待遇，也要考虑其他因素。

首先，吸引国际人才、留住国际人才要看能否提供国际人才发挥才能的基础设施。特别是对科研人员来说，科研实力、科研条件在很大程度上会影响科研成果的诞生和转化。科研条件以及完善的工业园、产业园、高新技术园区、金融商圈等产业条件的硬件设施是提升国际人才竞争战略的基本保障。

其次，成功吸引国际人才并使国际人才做出杰出的贡献，还需要政策及法律法规方面的保障。政策法规反映了一个国家对引进国际人才的基本姿态，同时也影响了实际吸引国际人才的方向。政策法规涵盖了移民法、国籍法、人才引进政策、人才战略、留学政策、出入境规定、科研政策、评估机制、使用机制、经费保障机制、社会保障法，以及一系列影响科研成果转化、人才权益保障的配套制度等。在许多新兴国家，国家经济规模可观且经济快速增长、社会稳定，科技发展迅速，也能提供相当丰厚的收入和待遇，但由于缺乏法律保障及配套政策，例如国家用人制度盛行排斥人才的“潜规则”，或者人才引进后安家落户政策、户籍制度、子女教育等无法落实，导致人才不愿意回国发展或回国后又离开。

再次，影响并决定国际人才流向的还有开放宽容的制度环境。这种制度环境绝非靠简单的经济发展、建设投入以及法令法规就能实现的，而是需要整个社会共同构建。要成为全世界的人才集聚地，要跨越国界吸引和使用全世界的人才，需要为人才提供一个尊重、包容、开放、多元化、文化相融、生活习俗多样、思想开放、宗教自由、充满人文关怀的人文环境，包括教育、科技、文艺、道德、宗教、价值观念、风俗习惯等方面。许多国家也因为缺乏这种“大国视野”，把人才的国籍、种族、血统、资历，看得比才华及其所能做出的贡献还要重要，因此也把国际人才都拒之门外。

此外，政治因素通常也是影响国际人才流动的客观因素之一，包括政治制度及政治状况，如政局稳定情况、公民参政状况、法治建设情况、决策透明度、言论自由度、媒体受控度等。一般来说，政治局势动荡会影响人身安全，引发重大政治活动以及外交政策的变化，会使国际人才被迫离开或者无法流入。

最后，自然条件、气候、地理位置、自然资源、生活居住环境、配偶子女家人、语言等因素也会影响国际人才竞争及相关战略。随着国际人才竞争日趋激烈，各国争夺国际人才的手段多元化，为避免国际人才流失并尽量满足国内所需的国际人才，综合分析考虑各方面的条件，根据自身国情及需求状况制定出相应的国际人才竞争战略，迎接这场没有硝烟的国际人才争夺大战。

三、政府主导与市场力量相结合

不管是市场机制良好的国家，还是市场机制相对不完善的国家，在国际人才竞争战略的制定和实施过程中，政府均处于主导地位。诸如美国的移民制度改革、以色列的“回到祖国战略”等战略和策略，均由政府牵头制定，政府在这些战略的制定过程中始终处于主导地位。与此同时，政府需要充分调动企业和各种社团、组织机构的积极性，通过本国的跨国公司、海外科研机构等市场力量来吸引海外人才为本国服务。市场力量在吸引人才方面形式灵活多样，更符合人才市场的真实需求。随着市场机制的不断完善，企业作为国际人才竞争的主体作用越来越明显。例如美国充分发挥跨国公司和智库的作用，积极吸引和储备国内外人才；巴西通过“巴西科学家协会”等社团联系海外高层次人才回国发展；2003 年德国在美国成立的“德国学者协会”等社团组织，为优秀人才回国工作牵线搭桥；韩国本土跨国企业在海外设立的研究中心，成为韩国吸聚国际人才的中心等。

第二节　国际人才竞争的实施策略

前文提到，国际人才竞争战略因国情而不同。根据经济发展特色和人才竞争战略特色，可将世界各国大致分为四类：北美及大洋洲发达国家，如美国、加拿大、澳大利亚，多为第一次世界大战后兴起的发达国家；欧洲发达国家，如英国、法国、德国、爱尔兰，均为欧洲老牌发达国家；亚洲发达国家，如日本、韩国、以色列、新加坡，为20世纪70年代以后亚洲迅速崛起的发达国家；以俄罗斯、印度、巴西、南非、中国为代表的发展中国家。由于篇幅限制，本节仅以四类国家中的典型代表为例，分析其国际人才战略特点。具体而言，对每类国家的国际人才战略的分析，主要分析这些国家的国际人才竞争战略背景，在此基础上梳理其实施人才战略的措施。其中战略背景主要从经济发展状况、科技环境和人才竞争现状进行分析。经济发展状态是一国对科研投入和福利待遇的保障，也是培养和吸收人才的重要因素，主要从国内生产总值（GDP）、人均GDP等数据进行分析。科技环境反映了一个国家对创新的支持情况和创新的活力，是科技人才选择一个国家时要考虑的职业发展条件，主要从科研投入、科研产出等指标进行分析。人才竞争现状主要从该国的人口结构、人才流动现状、人才流失、人才竞争力等指标进行分析。其中人才流失的概况通过瑞士洛桑学院的世界竞争力指数进行分析，该指数对世界上59个发达和发展中国家的人才流失对国家竞争力的影响程度进行了打分和排名，分数越高说明人才流失对国家竞争力的影响越小，排名越靠前；人才竞争力主要根据《全球人才指数报告》的相关排名进行分析。国际人才竞争战略的主要实施策略，则从上文提及的通过人才计划吸引人才，通过调整移民政策吸引人才，通过择优录用优秀留学生，通过专业的平台、跨国公司、社团、科技合作等多渠道引才，提升人才发展的创新创业环境，通过双重国籍等相关法律手段留住人才，加强人才素质培养，提升软实力打造国际品牌形象吸引人才等方面阐述。

一、巩固型国际人才竞争战略：以美国为例

（一）国际人才竞争战略背景

美国一流的经济实力为人才发展提供了良好的环境，使其在人才竞争中一直处于优势地位。2018年，美国GDP总量位居全球第一，约20.49万亿美

元。[①] 人均 GDP 达 6.26 万美元，位列全球第 7 位。[②] 在经历了 2008 年全球经济危机以后，美国的经济增长一直比较缓慢，2017 年美国的经济增长速度只有 2.86%。[③] 虽然总体经济情况比一些欧洲国家好，但为了刺激经济的增长、降低失业率，美国积极调整人才战略，创造人才发展环境，增加新的经济增长点，保持其竞争力。

美国的科研投入全球领先，且有高效的市场运行机制。例如，2011 年，美国国内研发支出达 3 982 亿美元，支出额占 GDP 的 2.77%，位列全球第一。其中，企业研发支出达 2 891 亿美元，占研发总支出的 72.6%，企业研发环境良好。[④] 在大量科研投入的支持下，美国的科研水平也位居世界前茅。2009—2010 年，美国的专利申请数量和科技论文数量都排名世界第一，专利申请数量为 456 106 个，科技论文数量为 568 808 篇。[⑤]根据瑞士洛桑国际管理学院《2011 年世界竞争力年鉴》对世界各国科研环境的调查，美国在科研法规对创新的鼓励程度、产学知识转移程度、企业创新能力和对科研人员的吸引力四个方面均居全球首位；世界知识产权组织等机构发布的《2020 年全球创新指数报告》显示，美国创新指数排名第 3 位，这些都成为全球高层次人才大量移民美国的最佳诠释。

美国的人口基数小，人口增长较慢，老龄化比较严重，出现劳动年龄人口数量不足的现象，为此，美国加大了吸引人才移民的力度。2010 年美国统计局数据显示，美国 65 岁以上老年人总数为 4 030 万人，占美国总人口的 13%。随着第一批“婴儿潮”一代开始进入 65 岁，美国的老龄化趋势在今后几年还会加剧。[⑥] 为了应对老龄化对人口结构的冲击，美国加大技术移民和投资移民的力度，以减小老龄化的消极影响。截至 2015 年，美国的移民总数达

---

①⑤ The World Bank. Data catalog [EB/OL]. [2019-11-25]. http://databank.worldbank.org/data/download/GDP.pdf.

② The World Bank. GDP per capita (current US $) [EB/OL]. [2011-11-25]. https://data.worldbank.org/indicator/NY.GDP.PCAP.CD? year_high_desc=true.

③ 中国、美国历年 GDP 年度增长率比较 [EB/OL]. [2019-11-25]. http://www.kuaiyilicai.com/stats/global/yearly_per_country/g_gdp_growth/chn-usa.html.

④ World competitiveness yearbook 2011 [R]. 瑞士洛桑管理学院，2011.

⑥ 美国统计局 [EB/OL]. http://2010.census.gov/news/pdf/20111130_slides.pdf.

0.46 亿人，占总人口的 1/6[①]，移民中接受高等教育的比例为 27.3%[②]且主要以技术移民和投资移民为主，移民素质普遍较高。在 2011 年的全球人才指数榜单中，美国凭借其雄厚的经济实力和领先的科研实力位居人才指数榜的榜首。[③] 不过，据瑞士洛桑国际管理学院《2020 年世界竞争力报告》分析，美国对人才的吸引及就业和劳动市场的吸引力下降，导致美国竞争力排名下跌至第 10 位。这说明，美国虽然保持着人才强国的地位，但是在人才吸引力方面受到了威胁。

在工作机制上，美国政府将吸引和管理国际人才的工作嵌入移民相关部门，各部门各司其职，分工明确。国土安全部负责外国人的准入、准居留事务和出入境事务，其下级主要负责部门包括美国公民与移民服务局（USCIS）、移民与海关执法局（ICE）和美国海关与边境保护局（CBP）。司法部负责移民法院体系和移民法解释事务，根据不同个案同国土安全部共同负责外国人入籍、移民法执法、移民案件裁决和外国人遣返事务。劳动部负责外籍人员就业劳动市场审查和劳工保护事务。外交部负责签发签证、难民项目、签证护照安全和国际人口政策事务。健康与社会服务部负责公共卫生安全、难民安置和易受伤害群体保护事务。各部门综合协调，共同发挥作用，从而保证美国移民工作顺利开展。[④]

（二）国际人才竞争措施

1. 只欢迎人才的移民制度

在美国两百多年的历史中，美国政府总是根据自己的国家利益和需要来制定和调整其移民政策。其移民体系既包括设置临时工作签证应对短期人才需要和人才环流，又包括设置劳工证要求移民与本土人才互补，避免“临时居民”转为永久居民进而给美国带来负担。而对于各个领域世界顶尖的“杰出人才”以及能够为美国“国家利益”做出贡献的人才，则可以不受任何限

① 美国国民经济研究局资料数据［EB/OL］. http://econ.worldbank.org/WBSITE/EXTERNAL/EXTDEC/EXTDECPROSPECTS/0,contentMDK:21352016~pagePK:64165401~piPK:64165026~theSitePK:476883,00.html.

② World migration report 2011［R］. 国际移民组织，2011.

③ The global talent index report: the outlook to 2015［R］. 经济学人智库，2011.

④ 美国卫生及公共服务部［EB/OL］. http://www.globalhealth.gov/global-health-topics/refugee-health/.

制，直接拿到绿卡。美国所谓的自由、开放、多元的移民风格，却暗含着“只欢迎人才”的目的，并且根据人才的层次设有不同的待遇，这是典型的为人才竞争服务的移民制度。

作为最早重视绿卡制度与人才战略结合的国家之一，第二次世界大战结束之后，美国就出台了第一部强调技术移民的《1952 年移民法》，该法规定全部移民限额中的50%用于引进美国急需的、受过高等教育的、有突出才能的各类人才。《1965 年移民法》《1990 年移民法》又先后进行了补充。这三部移民法规定了美国急需、受过高等教育并且有突出才能的各类技术人才的移民限额，而且对所有移民划定了优先等级，保证了移民素质、有针对性地满足了市场客观需求。为了满足美国对高科技人才的需求，美国众议院于 2011 年 11 月通过了一项吸引高学历移民的法案，该法案在 2015 年完全取消职业移民的国家配额上限，此举可以使美国吸收大量的来自中国和印度的高技术人才。①

美国虽然不实施积分评估制，但每一类别都有细化的认定标准。对于一般的职业移民，美国虽然没有建立职业移民清单和雇主担保制度，却设置了由政府审批的劳工证制度。美国的职业移民分为五类，即杰出人才、优秀人才、专业人才、特殊人士、投资者。除“杰出人才”“国家利益豁免”“特殊人士”“投资移民”类别外，其他类别移民必须先获得劳工证。美国劳工证的审批规定：申请人必须在美国找到合法的雇主，且为全职、永久性的工作；雇主必须向劳工部证明有经济能力提供不低于该州同类工作职位平均工资95%的工资；申请者必须满足该工作职位所要求的教育及工作经验的要求；最后，还要求没有美国公民或永久居民愿意应聘这个工作职位，或者是愿意却无法胜任这份工作。② 严格的职业移民审批制度能保证其引进的是“杰出人才”、能创造就业机会的人才以及对美国国家利益有帮助的人才，或者至少是能够与美国本土人才形成互补的人才，即不是来抢本土人才的饭碗的，这样他们才能申请成为美国的永久居民以及最终入籍。这对于美国本土公民来说，

---

① Howard Muson. Clearing paths for critical foreign talent to work in the United States [EB/OL]. http://www.visanow.com/portals/resources/The_Conference_Board_report.pdf, 2009.

② 美国移民局 [EB/OL]. http://www.uscis.gov/portal/site/uscis/menuitem.eb1d4c2a3e5b9ac89243c6a7543f6d1a/?vgnextoid=73566811264a3210VgnVCM100000b92ca60aRCRD&vgnextchannel=73566811264a3210VgnVCM100000b92ca60aRCRD.

也是让他们欢迎与接纳移民的保障。

美国默认双重国籍，不承认公民的外国国籍，但也不会因为公民同时拥有的外国国籍以及担任外国公职而剥夺其本土公民身份。美国公民取得其他国家国籍或者宣誓为其他政府任职不会自动失去美国国籍。同时，美国对那些居住在海外包括为其他政府工作的高收入公民征收个人所得税，是世界上少数几个这样做的国家之一。如果那些在海外的美国高层次人才要“自愿”放弃美国国籍，美国政府不但保留不批准的权力，而且会根据人才所涉及的专业领域采取相应的措施，这在一定程度上增加了人才外流的难度。

此外，美国还设立了高效的高层次专业人才临时工作签证（H-1B）。H-1B签证于1965年在《移民与国籍法》（Immigration and Nationality Act of 1965）中设立，主要面向具有本科以上学历的高技能人才或专业人士；1990年，美国总统乔治·赫伯特·沃克·布什在《移民法》（Immigration Act of 1990）中对H-1B政策进行了修改，允许该工作签证持有者有移民倾向，从而将人才引进与市场需要更加紧密地结合在一起。H-1B签证要求必须由美国雇主为外国公民申请，至少有相当于4年的工作经历（通常3年相当于研究生职位的工作经历也符合要求）。美国认可的学历起码为本科以上，律师、医生、会计师等专业人才必须持相关行业许可证，才能在将要工作的州内从事职业活动。如果非大学生能通过12年或更多工作经验证明自己等同于本科学历，也可通过雇主获得H-1B签证。该签证第一次最多批准3年，可以延期，但一般来说总期限为6年，可以更换雇主，但需要提交新的申请。[①] 21世纪以来，美国政府为了应对日益增长的短期人才短缺，不断增加临时性职业工作签证（H-1B）的发放数量，2001—2003年从11万张增加到20万张，2005—2008年从407 418张提高到461 730张。目前，持有H-1B签证的非美国员工已经约占美国总员工的8%，来源国覆盖全球80%的国家，主要来源国是印度和中国，并且这些持有H-1B签证的人75%毕业于美国本土大学。另外，除了H-1B签证，美国还针对不同的职业发放不同的临时工作签证，如针对专业护士的H-1A，从事季节性的短期工作的农艺工人的H-2A和从事短期服务的技术和非技术工人的H-2B。

① 美国移民局［EB/OL］. http://www.uscis.gov/portal/site/uscis/menuitem.eb1d4c2a3e5b9ac89243c6a7543f6d1a/? vgnextoid=73566811264a3210VgnVCM100000b92ca60aRCRD&vgnextchannel=73566811264a3210VgnVCM100000b92ca60aRCRD.

2017年4月18日，唐纳德·特朗普签署了行政命令，拟要求联邦部门紧缩H-1B签证："通过这项行政命令，我们向全世界发出了一个强有力的信号：我们将捍卫我们的工人，保护我们的工作，最终把美国放在第一位。目前H-1办签证是以完全随机的抽奖方式发放的，这是错误的。相反，它应该给予最有技术和最高薪水的申请人，永远不应该被用来替代美国人（的工作）。"特朗普这一招是为了确保只有外国高级专业人才才能获得H-1B签证在美国工作，在挡住非法移民和中低端人才的同时，他并不想阻断优秀的高级人才入美的通道。8月2日，特朗普再出重拳，宣布了旨在未来十年内大幅度降低合法移民数字的移民改革议案《改革美移民强化就业法案》草案，特朗普将此议案称为是美国半个世纪以来最大的移民改革。虽然该法案还停留在提案阶段，却深刻反映出美国决策者对移民尤其是非技术、低技术移民的风向趋紧，而更加专注地吸引美国需要的高精尖人才。2019年7月美国众议院以压倒性多数（365票赞成、65票反对）通过《2019年高技能移民公平法案》（Fairness for High-Skilled Immigrants Act of 2019），虽然该法案尚有待参议院通过，但其旨在取消原有的职业移民国别配额限制，废止"每年减少1 000个中国职业移民配额"的规定①，无疑有利于美国信息科技企业从中国与印度大量吸纳人才，以及加速持有临时性职业工作签证（H-1B）的国际人才获得永久居民身份的进程。

2. 开放世界一流大学吸引全球顶尖学生

美国高等教育投入占全球高等教育投入的40%，其世界一流大学的数量和整体高等教育质量位居世界第一。近些年，美国基础教育质量在不断下滑，奥巴马政府提出了相应的计划来补充美国在科学技术方面的中学教师资源，同时也积极吸收国际优质学生补充高等教育生源，加强人才储备。这种差距使美国对世界人才更是如饥似渴。据《美国博士学位调查》统计，美国工程领域的博士学位大约有57%给了外国留学生，55%的数学及计算机科学博士学位授予了国际学生。

长久以来，美国一直是全世界外国留学生最多的国家。美国国家科学基金会（NSF）设立了各类奖励吸引国际学生，如"总统青年科学家奖""工程创造奖""国家技术奖"等。各个学校也设置了相应的奖学金帮助奖学金获得

---

① ZOE LOFGREN. H R. 1044 - 116th Congress (2019-2020): fairness for high-skilled immigrants act of 2019. [EB/OL]. https://www.congress.gov/bill/116th-congress/house-bill/1044.

者专心于学习和科研。比如攻读博士学位的外国留学生一般会以“研究助理”身份获得大学的全额奖学金，这些奖学金足以支付留学生学习和生活的基本费用。通过多种奖励，使各类人才名利双收，在学业上有所建树，经济上有所保障，进而能够安心地学习、做研究。①

2007 年，针对国内理工科人才短缺的情况，美国建立了理工科博士的奖学金制度，并从全世界严格选拔了第一批约 30 名留学生。他们是“天才中的天才”，他们的奖学金是 5 年共 80 万美元，学成后将被留在美国工作。日本 2008 年的《选择》月刊就将这一新政策形象地概括为“这是美国为维护它的知识超级大国地位而实施的一项新战略”。

外国留学生在为美国高校注入新鲜血液的同时，也给美国带来了巨大的经济收益。根据美国国际教育协会的统计，2018—2019 学年度，国际学生及其家庭对美国经济做出的贡献约达 450 亿美元②，比 2017—2018 学年度的 424 亿美元③增加了 6.13%，同时创造了 45.83 万个就业岗位④。过去 10 年间，来自世界各国的留学生为美国带来的学费和生活费的直接收益从 2008 年的不足 180 亿美元增长至 2018 年超过 400 亿美元，增长超过 100%；加利福尼亚、纽约等 9 个州与留学相关产业的产值突破 10 亿美元⑤。教育已经成为美国服务业出口的重要产业，也是许多地方的支柱产业。

在吸引全球学子赴美留学的同时，美国政府也采取了一系列旨在将最优秀的留学人才留在美国的签证政策。持有 F-1 签证的留学生可以在毕业前 90 天到毕业后 60 天之间申请为期 12 个月的专业实习（OPT，其中 STEM 专业学生还可申请实习延长期），并且有机会通过申请将 F-1 学生签证转为 H-1B 工作签证。每年在 H-1B 签证抽签过程中，在美高校获得硕士或以上学位的留学生除与本科生竞争 6.5 万个常规名额（regular cap）外，还有机会通过竞争 2 万个“高学历专属名额”（advanced degree exemption）取得 H-1B 签证。另

① 美国科学基金会［EB/OL］. http://www.nsf.gov/awards/about.jsp.

② Institute of International Education. Economic impact of international students ［EB/OL］. https://www.iie.org/Research-and-Insights/Open-Doors/Data/Economic-Impact-of-International-Students.

③ Institute of International Education. Number of international students in the United States reaches new high of 1.09 Million ［EB/OL］. https://www.iie.org/Why-IIE/Announcements/2018/11/2018-11-13-Number-of-International-Students-Reaches-New-High.

④⑤ NAFSA. NAFSA international student economic value tool ［EB/OL］. https://www.nafsa.org/policy-and-advocacy/policy-resources/nafsa-international-student-economic-value-tool-v2.

外，杰出的外国留学生还有机会直接通过“杰出人才”或“国家利益豁免”类别成为永久居民。[①] 2011 年，美国移民执法局（ICE）扩大可延长实习期限的外国留学生范围，除传统 STEM 专业的四个领域外，又新增加了农业学、心理学、动物学、灌溉科学、食品科学、教育学等领域，涉及 50 多个专业。此类专业的毕业生可通过申请最长 17 个月的实习延长期（OPT extension），将其在美国实习时间延长至 29 个月；此后奥巴马政府又于 2016 年将实习延长期延长至 24 个月，从而使 STEM 相关专业留学生在美实习的最长时间延长至 36 个月，在实质上赋予了 STEM 相关专业留学生多次申请 H-1B 签证的机会，增大其留在美国工作的可能。这些政策增加了真正有能力留在美国的在美留学的学生的就业机会，以此吸引更多优秀人才到美国深造并留在美国。

3. 利用跨国公司及国际合作吸纳人才

美国利用国际人才资源的另一个主要渠道是跨国企业在各国的分支机构。这些分支机构凭借其品牌优势，利用产学研合作等形式吸引当地高层次人才加盟，并通过跨国企业内部人员流动派遣的方式使其为美国服务。以微软公司在华招募人才的实践为例，其下属的微软亚洲研究院（MSRA，位于中国北京）是其在本土以外规模最大的研究机构。除常规人才招聘渠道以外，MSRA 通过“微软学者”“铸星计划”“明日之星”等项目，招收了大批优秀的计算机科学青年学者与在校学生参与微软研发项目，而这些青年才俊不乏后续通过选拔加入微软总部者。与微软的实践类似，IBM、英特尔、惠普等知名跨国企业都在北京中关村或上海等地设有地区总部和研究开发中心，以集聚当地专业技术和管理领域的人才。此外，美国的一些企业还往往将有美国学历或工作经历的外国专业人员派回其原籍国担任企业在当地的代表。这种“人才本土化”的战略，充分利用了外国专业人才较熟悉本国文化、社会习俗，又掌握相关专业知识技能，了解美国企业文化的特点，有助于美国企业更好地在当地扎根并传播其企业文化，进而招揽更多当地人才为己所用。

同时，美国充分运用世界领先的研究开发、创新条件和优越的生活环境，

---

① JUNE KRONHOLZ. Business make a push for high-skilled foreign workers [EB/OL]. www. yaleglobal. yale. edu/content/businesses-make-push-high-skilled-foreign-works.

通过科研资助、合作研究、学术交流和讲学等有效形式，邀请国际顶尖水平的外国专家学者到美国从事科研工作。目前，美国与世界上 70 多个国家和地区签署了 800 多个科技合作协议，合作攻关一些重大科研项目，比如美国、中国、英国、法国、德国、日本共同组建的人类基因组计划，美国与日本、俄罗斯和欧洲共建的阿尔法国际空间站等。虽然这些科技合作协议遵守的是“共摊经费和其他投入以及共享合作成果”的“互利原则”，但由于美国往往在这些科技合作项目中有财力、科技和人才上的优势，因此，美国是最大的受益者。近年来，美国开始重视与发展中国家的合作，实施“加强合作研究伙伴关系计划”（Partnerships for Enhanced Engagement in Research，PEER）、“全球科技创新行动计划”（The Global Innovation through Science and Technology，GIST）和“特使计划”等国际科研合作项目。通过各种合作计划吸引那些不能到美国来的外国科学家为美国服务。

4. 以创新战略及高强度研发投入集聚与培养人才

美国始终强调科技创新是社会经济繁荣的基础，在研发领域长期保持高强度投入。美国联邦政府研发投入预算多年保持在 GDP 总额的 1%左右，2002 年该项预算绝对数首次突破千亿美元大关，达 1 030.99 亿美元。此后即使受到经济危机、政府整体开支缩减等因素的影响，联邦政府在研发投入预算方面依然保持较高水平，2016 年已达到 1 492.66 亿美元[①]。在联邦政府带动下，美国全社会研发投入绝对数与在 GDP 中的占比近年来均稳步上升，2017 年全社会研发投入达 4 836.76 亿美元（按 2010 年现价美元计），达到其 GDP 总量的 2.79%[②]，相当于“七国集团”其他六国研发投入总和的 115.8%[③]。奥巴马就任总统伊始，于 2009 年 4 月提出了在其任期内将三大基础研究资助机构［美国国家科学基金会（NSF）、美国能源部科学办公室（Department of Energy Office of Science）、美国国家标准与技术研究所

① 2017 年以后美国政府修改了政府研发投入的统计口径，国防部的部分后期开发及测试评估项目预算不再计入联邦政府研发投入计算，因此呈现 2016 年数据较有可比性。数据来源：AAAS. Historical trends in federal R&D［EB/OL］. https://www.aaas.org/programs/r-d-budget-and-policy/historical-trends-federal-rd.

② The World Bank. Research and development expenditure（% of GDP）- United States［EB/OL］. https://data.worldbank.org/indicator/GB.XPD.RSDV.GD.ZS? locations=US.

③ OECD. Research and development statistics（RDS）［EB/OL］. http://www.oecd.org/sti/inno/researchanddevelopmentstatisticsrds.htm.

(NIST)］的预算经费提高100%的计划[①]，并通过《2009年美国复苏与再投资法案》(American Recovery and Reinvestment Act of 2009) 向三家机构追加52亿美元的预算[②]；通过加大基础研究投入，进一步强化了基础研究吸引人才的能力[③]。

在保持对研发领域的巨额投入的同时，奥巴马政府在8年任期内先后于2009年、2011年和2015年发布三版《美国创新战略》，在三版战略中均强调"培养高素质人才，打造世界竞争力的人才队伍[④]"；而构建人才队伍的渠道除了前文所述的吸纳技术移民、以一流高等教育吸引留学群体及国际科技交流外，还包括通过推动具体的优先发展项目以培养相关领域科技人才。以2011年2月发布的《美国创新战略：确保经济增长与繁荣》(A Strategy for American Innovation：Securing Our Economic Growth and Prosperity) 为例，该版创新战略共提出五项新的行动计划［升级无线网络、改革专利审批制度、改革基础教育体系（尤其是培养STEM学科教师)、发展清洁能源，以及扶持高成长型中小企业］，并将空间技术、卫生医疗等5个高新技术领域确定为优先发展突破的重点领域[⑤]，以系列行动计划与重点项目为抓手，在创新进程中吸引顶尖技术人才，扶持青年技术人员与科技型中小企业"创客"成长。以清洁能源领域为例，奥巴马政府在风电及其他可再生能源项目方面的投入达数十亿美元，帮助这些领域吸引全球最顶尖的人才，稳固其在清洁能源领域世界领先地位。

前述"以项目培养人才"方式的立足点在于美国政府为保持本土产业实力而采取的干预措施。同样以奥巴马政府为例，在2009年版《美国创新战

---

① Executive Office of the President of the United States. The president's plan for science and innovation doubling funding for key science agencies in the 2012 budget［EB/OL］. https://obamawhitehouse.archives.gov/sites/default/files/microsites/ostp/FY12-doubling-fs.pdf.

② Executive Office of the President of the United States. The president's plan for science and innovation doubling funding for key science agencies in the 2011 budget［EB/OL］. https://obamawhitehouse.archives.gov/sites/default/files/doubling_11_final.pdf.

③ Paul Rincon. Obama vows investment in science［EB/OL］.（2009-04-27）［2017-08-01］. http://news.bbc.co.uk/2/hi/science/nature/8020930.stm.

④ 袁永，张宏丽，李妃养. 奥巴马政府三版《美国创新战略》研究［J］. 决策咨询，2017（1）：30-34.

⑤ White House. A strategy for american innovation：securing our economic growth and prosperity［EB/OL］. https://obamawhitehouse.archives.gov/sites/default/files/uploads/InnovationStrategy.pdf.

略》发布后不久，奥巴马政府即发布《重振制造业框架计划》（A Framework for Revitalizing American Manufacturing），从劳动力、资本和技术研发等方面为制造业发展提供良好的条件，吸引高端人才，推动美国制造业与高新技术结合，重振美国制造业①。但特朗普就任总统以后，在"美国优先"旗号及共和党传统的"小政府"理念之下，联邦政府科技创新政策的总体战略格局与奥巴马时期相比趋向收缩。例如，特朗普显著减少了政府面向清洁能源开发项目的拨款②，同时其基于"政府应减少对技术研发的投入和干预"的主张，力图削减非国防科研项目经费，甚至一度试图在2018财年预算案中大幅减少对科技机构的经费支持③。

政策收缩并不代表特朗普政府不重视科技创新及人才培养。上任伊始，特朗普即在白宫内增设负责提供科技创新政策建议的"美国创新办公室"（Office of American Innovation）；此后，白宫科学技术政策办公室（OSTP）发布或更新了人工智能、量子信息、纳米技术等多个高新技术领域的发展战略④，而前述"以系列行动计划与重点项目为抓手，吸引和培养人才"的思路在这些战略中再一次得到了体现。此外，特朗普政府发布了《描绘成功之路：美国的STEM教育战略》（Charting a Course for Success：America's Strategy for STEM Education），并签署与STEM学科教育相关的系列法案与政策备忘录，要求政府相关部门和科研机构加大对STEM学科教育的投入，使美国学生通过更优质的教育成为在劳动力市场具有竞争力、能为美国科技创新做出更大贡献的人才⑤。

5. "美国梦"战略

作为世界上最发达的国家，通过提升软实力，利用其在媒体上的话语优势大力宣传其在民主和政治上的进步，树立正义、民主的国家形象，同时营

---

① White House. A framework for revitalizing american manufacturing [EB/OL]. https://obamawhitehouse.archives.gov/sites/default/files/microsites/20091216-maunfacturing-framework.pdf.

② 周云亨，余家豪. 特朗普政府的能源政策及对中国的影响 [J]. 美国问题研究，2018（1）：67-80，266-267.

③ 张鑫，田杰棠. 特朗普科技创新政策走向、影响与对策 [J]. 发展研究，2018（6）：12-17.

④ White House. Office of science and technology policy documents and reports [EB/OL]. https://www.whitehouse.gov/ostp/documents-and-reports/.

⑤ 樊春良. 特朗普政府一年来的科技政策分析与展望 [J]. 科学学与科学技术管理，2018，39（2）：3-10.

造一种积极进取、创新、公平的社会文化氛围，吸引世界各地追求梦想的人才到美国追梦，成为美国新一轮人才竞争战略的重点之一。如今，“美国梦”已成为全球范围内被反复提及的词语。然而，“美国梦”的对象不只是美国人，还有全世界向往美国的外国人——属于移民的“美国梦”。与其在全球推销的民主制度相比，针对个人的“美国梦”更受海外人才欢迎。

美国前总统奥巴马提名骆家辉担任商务部部长时说，骆家辉的祖父在20世纪初从中国广东乘船到美国，虽然在美国举目无亲，而且不会说英语，但仍在距华盛顿州州长官邸一英里的地方找到一份服务员的工作，开始为实现“美国梦”而奋斗，一百年之后，他的孙子骆家辉住进了华盛顿州州长官邸。奥巴马表示，骆家辉白手起家的移民奋斗史堪称“美国梦”的鲜活体现。

“美国梦”的重点不仅仅是有最庞大的科研投入与最雄厚的基础设施，更有其对人才的重视、制度上对人才的公平使用、环境上对人才的兼容。营造有利于人才成长和取得成就的社会文化环境是美国梦的重要部分。首先，美国有珍惜人才、尊重个人价值、崇尚个人自由、鼓励冒尖的传统，政策设计上以人才个体为着眼点，给人才以充分的发展空间，通过公平的竞争机制激发人的创新精神和工作热情。另外，美国社会对外来民族及其文化的较强包容性，为个人按照自己的意志寻找事业上的发展、安排生活提供了较大空间。

二、追赶型国际人才竞争战略：以德国为例

（一）国际人才竞争战略背景

作为最早进入发达国家行列的老牌发达国家，德国的经济环境一直保持较好的发展基础。2018 年德国 GDP 总量接近 4 万亿美元，位居世界第四。[①]人均 GDP 约 4.82 万美元，位列世界第 17 位。[②] 然而，受 2008 年经济危机和 2009 年欧债危机的冲击，同许多欧洲发达国家一样，德国的经济发展进入低潮。不过，作为欧洲经济引擎的德国，2017 年 GDP 增长率为 2.2%，在欧洲

① The World Bank. Data catalog [EB/OL]. (2018-06-29) [2018-07-26]. http://databank.worldbank.org/data/download/GDP.pdf.

② The World Bank. GDP per capita (current US $) [EB/OL]. [2018-07-26]. https://data.worldbank.org/indicator/NY.GDP.PCAP.CD? year_high_desc=true.

发达国家里增长率最高。德国经济信息研究所（Institut fur Wirtschaftsforschung，IFO）发布的商业景气指数指出，2017年德国进出口额均创历史新高，贸易顺差8年来首次下降，其中出口额1.279 4万亿欧元，进口额1.034 6万亿欧元，分别较上年增长6.3%和8.3%。① 德国伊福经济研究所2017年3月27日公布的数据显示，3月德国商业景气指数继续上升，达近6年来最高值。②

根据《2020年全球创新指数报告》，欧洲发达国家创新环境总体处于中上水平。其中，德国的创新指数在131个经济体中排名第9位，创新投入排第14位，创新产出排第7位，创新能力和效率都较强。2020年，德国《研究津贴法》生效，将为部分研究项目提供税收抵免。③

人口基数较小、人口增长率低和人口老龄化速度加快是欧洲人口结构及其变化的普遍现象。德国人口已经出现负增长，老龄化的情况更加突出，65岁人口比例为20.4%，这意味着5个人当中就有一个是65岁以上的老人。④ 据加拿大Visual Capitalist测算，到2019年，德国60岁以上老年人数量将超过30岁以下年轻人。此外，德国还面临着人才流失的状况，据经济合作与发展组织统计，截至2008年，德国的高技术型人才流失达86万人。⑤

在工作机制上，德国对国际人才战略管理职能相对分散，历史上没有专门管理外国人事务的政府部门，在不同的时期，不同的外国人事务由政府委托不同的部门负责，并注重发挥社会组织的决策参考和合作作用，例如，德国政府规定，有关劳工移民政策由联邦政府劳动机构和雇主合作组织共同制定通过。1975年，政府建立了移民政策指导委员会，该委员会号召给予移民社会、经济方面的权利，并加强移民的遣返，积极着手研究移民少数民族的问题。1979年，德国教育和研究部与基金会合作，为外国杰出科学家提供高额研究资助，吸引他们赴德从事科研活动。在德国移民法起草制定的过程中，

---

① 八年来首次！德国2017年贸易顺差收窄［EB/OL］. https://baijiahao.baidu.com/s? id=1591847371225806249&wfr=spider&for=pc.

② 德国商业景气指数创近6年来新高［EB/OL］. https://www.sohu.com/a/130694209_630337.

③ World competitiveness yearbook 2011［R］. 瑞士洛桑管理学院，2011.

④ Mundi指数官网［EB/OL］. http://www.indexmundi.com/g/g.aspx? c=fr&v=25.

⑤ 国际经济数据和新闻网［EB/OL］. http://www.globserver.cn/；德国商会警告人才外流将影响德国经济发展［N］. 德国世界报，2006-10-23.

2000 年，德国内政部部长奥托·席利（Otto Schily）召集成立德国移民委员会，该委员会由 21 名来自政界、科学界、经济界和社会团体的拥有丰富的专业知识和社会经验的知名人士组成，它的设立为科学的移民政策的研究和制定，打下了坚实的基础。

2004 年，德国“外国难民事务局”更名为“联邦移民与难民事务局”（Federal Office for Migration and Refugees，BAMF）。此外，部分外国人事务管理工作分散在其他政府部门，例如，德国劳工与社会事务部设有劳动市场政策、失业保险及外国人就业政策局，该局的工作重点是劳动市场政策及其相关问题，同时该局还负责外国人在德国的就业及与之相关的政策制定工作。

挂靠在联邦内务部的联邦移民和难民事务局负责所有避难申请程序。为避免避难权滥用，BAMF 制定了特定的提交避难申请的避难程序，其中最重要的是个人面谈。若避难申请者能大致陈述相关的迫害威胁，完整地描述其对政治迫害的恐惧或者使其免于驱逐的正当理由并展示所有可能的文件，德国政府会给予避难权。

（二）国际人才竞争措施

1. 改革移民法，大力吸收技术移民和投资移民

在 2001 年之前，非德裔移民不能取得德国国籍，不能永久定居或持有双重国籍，但劳动力人口的快速萎缩和短缺使移民成为迫切需求。2005 年 1 月 1 日，伴随着德国《新移民法》的颁布和实施，德国的绿卡政策合并于《新移民法》，集中体现在第 19 条“给高级专业人才的居留许可”和第 39 条“对外国人就业的批准”中。第 19 条包括两项内容：（1）决定给予 IT 专业高级专业人才以直接的居留许可[①]；（2）规定了“拥有高级专业水平”的三类人才的具体条件，即“拥有特殊专业知识的科学家”，“身处突出位置的学者或身处显要位置的科研人员”，以及“具有特殊职业经验的专家和处于领导岗位的专家，其收入至少相当于法定医疗保险衡量界限的两倍以上。”[②]第 39 条第二款给出了给予“高级专业人才的居留许可”的附加条件：（1）不可以通过雇用外国人对劳动力市场产生负面影响，尤其是在就业结构、地区体制和经

①② 德国联邦移民和难民办公室［EB/OL］. http://www.bamf.de/DE/Startseite/startseite-node.html.

济行业方面；（2）该工作岗位没有德国人或拥有优先权的外国人担当①；（3）规定了高级专业人才相关材料的审核期限。

2011年3月，德国联邦政府通过了《外国人居留法（草案）》，根据该草案，德国联邦政府将给予从事科研工作的外国人配偶充分的就业权，以加强对外国科研人员的吸引力。此外，德国政府还计划进一步降低技术移民政策的门槛，将长期居留签证年收入限制从目前的每年6.6万欧元降至每年4.2万欧元。②

2012年4月27日，德国议会当日表决通过旨在吸纳欧盟以外第三国专业人才来德的欧盟“蓝卡”法案（Blaue Karte EU），从而满足了欧盟关于吸引外来专业人才进入欧盟的相关规定，清除了相关官僚主义障碍。该法案下调了外国专业人才最低收入门槛，即从原先规定的年薪6.6万欧元降至4.5万欧元；对现今专业人才匮乏的职业，如医生、工程师等，其年薪门槛可降至3.5万欧元。依据此法，“蓝卡”持有者如能出示同雇主签订的在德工作合同，并掌握相应的德语知识，在21个月后可申请在德国长期居留。外国高学历、高素质人才可获得6个月居留权在德国找工作。法案同时为在德国留学的外国大学生在德国就业减轻了压力，他们可以有18个月的时间在欧盟其他成员国找工作。③

2020年3月1日，德国《技术移民法》将正式生效。该法扩大了合格的专业人才来德国工作的可能性，尤其是来自非欧盟国家的、经过专业、非学术培训的技术工人将更容易到德国工作。合格专业人才的条件放宽到经过至少两年的培训课程而具有大专学历或职业培训资格的人员，其进入劳动力市场也更加容易，只要拥有一份雇佣合同或一份特定的工作机会，并具有德国认可的资格即可以申请，而且可以从事其有资格的相关职业。④

---

① 德国联邦移民和难民办公室［EB/OL］. http://www.bamf.de/DE/Startseite/startseite-node.html.

② mth Tieben & Partner 网站［EB/OL］. http://www.mth-partner.de/rechtsanwaltsblog/german-immigration-law-provides-four-ways-for-foreigners-to-obtain-a-residence-permit-in-order-to-work-or-invest-in-germany/.

③ 中华人民共和国商务部［EB/OL］. http://www.mofcom.gov.cn/aarticle/i/jyjl/m/201205/20120508105331.html.

④ The Federal Government［EB/OL］. https://www.make-it-in-germany.com/en/visa/kinds-of-visa/work/skilled-immigration-act/.

为了鼓励外来投资，提高就业率，2005 年《新移民法》规定：只要投资 2.5 万欧元注册一个公司，就可申请获得一年期居留许可。公司注册完成后，外国经理人或执行经理可以动用这笔注册资金用于生意或投资，支付办公租金及雇员工资等。如果投资者在德国注册公司后能给国家或所属地区带来益处，公司良好运营 3~5 年后投资者便可申请无限期居留许可。① 2007 年 8 月，德国联邦政府对以投资为目的的申请者放宽了居留准许政策，若投资者投资 50 万欧元成立公司，并承诺雇用 5 个以上的欧盟籍雇员，即可一次性获得 3 年期居留许可，3 年后若公司仍然具有以上投资事实，即可申请无限期居留许可，即绿卡。②

德国 2000 年改革国籍法，规定外国人才不但可以入籍，而且即使没有入德国国籍，如果外国人才在德国连续合法居住 8 年以上，且获得德国永久居留权 3 年以上，其子女在德国出生会自动获得德国国籍，待其成长至 23 岁后，他们可以在德国国籍和其外籍父母国籍中选择其一，如果不能放弃拥有的非德国国籍，允许拥有双重或多重国籍。由于德国的“绿卡工程”只针对高技能和投资人士开放，这项政策实际上就是为了吸引更多的高端人才移民德国或在德国长期工作。

2. 设立各类人才吸引计划

根据欧洲经济研究中心的预测，到 2014 年，德国因人口老龄化和经济结构转变造成的专业人才缺口将达到 18 万~48 万人。为此，德国政府于 2006 年推出了包括培养和吸引创新型高级人才的“高技术战略”，力图在争夺全球人才、技术和市场领先地位的竞争中立于不败之地。③ 为确保本国储备充裕的人才资源，消除人才瓶颈，2008 年和 2009 年德国政府在“高技术战略”框架下，陆续出台多项人才培养措施。此后，德国相继推出“通过教育实现起飞”“德国就业和稳定一揽子计划”以及“工作移民对保证德国专业人才基础的贡献”等三项人才培养和动员计划，进一步加大对人才培养的投入。

---

①② 裘竹如. 论德国首部《移民法》的革新之处［EB/OL］. http://www.ims.sdu.edu.cn/cms/index.php? modules=show&id=2816.

③ 德国教育科研部［EB/OL］. http://www.fona.de/pdf/publikationen/bmbf_the_high_tech_strategy_for_germany.pdf, P-8.

2010年，德国颁布了《思路·创新·增长——德国高技术战略2020》，通过该战略汇集了德国联邦政府各部门的研究和创新举措，试图通过人才培养及引进解决气候/能源、保健/营养、交通、安全和通信5个领域的关键需求与重大问题。[①] 工业4.0的提出标志着自动化和信息化在德国制造业的广泛应用，而产业结构的调整和新一轮产业革命也对职业技术人员的专业结构和从业能力提出多方面要求。同时，大批新型职业技术人才也成为德国工业4.0战略能否顺利实施的关键，为德国引领制造业发展方向提供基础保障。

德国一直很重视通过国际人才交流培养计划涵养国际人才。设立于1860年的洪堡基金会（Alexander von Humboldt Foundation）就是为德国学者赴国外进行学习研究以及国外学者来德国从事科研工作提供奖学金资助的机构。目前，针对外国人来德国交流研究开设的项目如“洪堡研究奖学金（Humboldt Research Fellowship）”；针对德国学者出国交流的项目为“费奥多·吕能研究奖学金（Feodor Lynen Research Fellowship）”。[②] 自基金会成立以来，已有来自超过130个国家的29 000名学者获得了洪堡奖学金，其中包括55位诺贝尔奖得主。其人才交流与培养项目加速了德国在第二次世界大战后重新融入国际科学团体的进程，加强了与世界不同地区研究者的关系，使其在21世纪初成为美国科学家和工程师在发表论文方面最重要的国际合作伙伴。除了促进国际合作发表，该项目还带动了高等教育领域学生和学者的流动，为德国随后确立知识生产中心的地位奠定了重要基础。

2001年，为了吸引顶尖科学家，德国设立了“保罗奖”[③]。“保罗奖”以德国粒子物理学家、诺贝尔奖获得者沃尔夫冈·保罗命名，是德国联邦教育与研究部（教科部）设立的“德国政府未来投资项目基金”的一部分，由洪堡基金会和德国学术交流中心（German Academic Exchange Service，DAAD）管理，努力“吸引全世界最好的头脑”。“保罗奖”是德国直接支持研究人员的最高奖金，获奖者最高可获得230万欧元，超过诺贝尔奖1倍多。该奖资助各个领域内世界上最著名的学者到德国最好的研究机构在一流的研究条件

① 德国教育科研部［EB/OL］. http://www.bmbf.de/pub/hts_2020.pdf.

② Alexander von Humboldt Foundation. Feodor lynen research fellowship［EB/OL］.［2019-12-09］. http://www.humboldt-foundation.de/web/lynen-fellowship.html.

③ 洪堡基金会［EB/OL］. http://www.humboldt-foundation.de/web/wolfgang-paul-award.html.

下进行为期 3 年的自由研究，相应的研究机构为引进来的学者提供相应的学术环境和其他辅助条件。通过实施“保罗奖”，德国将从前流向美国的部分顶尖人才吸引了回来，目前有 14 个获奖者被评为全球最优秀的研究人员，其中 4 人原籍为德国。

此外，德国还广泛参与了欧洲地区的区域科技合作计划，也设立了相应的基金与世界上很多国家开展双边和多边研究合作，如与 G8 集团科技协会的多边研究合作协议计划和社会科学开放研究区域项目。

3. 将吸引留学生定为国家战略

德国拥有世界上最大的资助国际学生和学者的基金组织——德国学术交流中心。该组织成立于 1925 年，已有超过 150 万的德国和国外学者曾经获得过其资助。因 DAAD 在国际留学市场的影响力，还吸引到其他组织的资助。目前，DAAD 已成为赴德留学学生的首要咨询和资助机构。DAAD 开展的项目有 250 个，每年接受其资助的学者超过 74 000 人。这些项目惠及短期国际交流生、本科生、硕士生和博士生，涉及实习、访问、收集访问信息以及帮助大学建立海外分支机构等事项。①

为应对全球化带来的挑战，2008 年，德国制定了国际化战略，以引领科技、教育等领域。德国国内许多科学家、产业领袖和政治家都被要求参与到这一战略的实施中来。吸引留学生是国际化战略的一部分，主要内容是提升德国的研发和创新能力，重点增强对金砖国家研究型人才的吸引力，以促进德国的高等教育发展，并与其他国家争夺国际学生尤其是博士生。② 德国还分别在俄罗斯、哥伦比亚、智利和泰国建立了四个“卓越中心”，鼓励德国大学和外国大学开展联合课程，让德国学生和国外学生一起上课，开展多项交流和访问活动，并从中挑选优秀学生给予奖学金，鼓励他们留学德国，并为他们提供学习德语的机会，为永久地留住这些人才打好基础。德国政府还规定，每个合法留德的外国学生，都拥有每年 90 个整天或 180 个半天的合法打工时间，留学生可以利用这些时间外出打工，赚取自己的学费和生活费。

---

① 德意志学术交流中心［EB/OL］. http://www.daad.de/deutschland/deutsch-lernen/wo-deutsch-lernen/00501.en.html.

② 德意志学术交流中心［EB/OL］. http://jobs.chronicle.com/academicDestinationArticle/Germany-Tops-Global-Gauge/39/,2011.

2012年德国推出新政鼓励留学生移民。该规定明确指出，外国留学生可以在毕业后一年内留在德国找工作，找到适合的职位后就可以在德国长期工作。不仅如此，凡在德国合法居留8年以上（其中包含留学时间）并且有正式工作的外国留学生都可以申请加入德国国籍。[①] 德国政府于2012年6月推出“优才定居”计划，旨在引进其他国家的高级人才，规定申请者有本科及以上学历，能在德国找到一份年薪超过4.8万欧元的工作即可获得欧盟蓝卡，数学、计算机、自然科学领域的人才年薪只需达到3.3万欧元即可获得欧盟蓝卡。[②]

4. 优化人才创新环境

为了调动高校、科研机构和企业研究人员创新科研的积极性，促进科研成果的市场转化，德国建立了市场机制与政府引导相辅相成的科技成果转移体系，该体系包括面向高校的技术转移服务机构，面向社会的专利信息服务机构，大型公立科研机构内设的技术转移服务部门，私人营利性技术转让中介和咨询服务机构，以及300多家不同类型的科技园区、创新创业中心和企业孵化器。德国还实施了一系列促进和保护人才创新成果市场化、产业化的专项计划。在《因斯提计划》和《通过专利申报与成果转化开展创新计划》等先前计划的基础上，德国联邦政府实施了《西格诺计划》，为企业、高校独立发明人科研技术成果的市场化和产业化提供相关的资金支持。此外，德国联邦政府经济部还实施了《商业用途创意保护计划》，为高校、科研机构、中小企业和独立发明人等专利申请保护提供咨询服务和经费支持，通过这一系列举措，优化了人才发展的载体环境。

三、赶超型国际人才竞争战略：以日本为例

（一）国际人才竞争战略背景

20世纪60年代末，第二次世界大战后的日本迅速蹿升为世界第二大经济体，从GDP总量上看，一直到2010年左右才被中国赶超。此后，日本经济状况逐渐呈下滑趋势。2017年，日本GDP总量约为4.9万亿美元，依然居世界

---

① 德国联邦司法部［EB/OL］. http://www.gesetze-im-internet.de/bundesrecht/aufenthg_2004/gesamt.pdf.

② 王耀辉，苗绿. 国际移民问题概述［M］. 广州：暨南大学出版社，2018.

第三。[①] 人均 GDP 为 3.93 美元，位列世界第 24 位。[②]

日本非常重视人才发展的科技环境，尤其重视科技投入。从 2009 年的科研支出数据来看，日本的研发支出仅次于美国，位居世界第二，达到 1 379 亿美元。[③④] 科技产出可以代表一国的科技发展水平。较高的科技产出往往代表较高的科技水平、科研能力，是国际科技人才十分看重的因素。以专利申请数、专利有效数和科技论文数量衡量一国的科技产出水平，可以发现，日本每 10 万居民有效专利申请数量为 994.8 个，排名世界第九；2010 年收录科技论文数量日本排名世界第五。[⑤] 关于大学和企业的研究人员数量，2016 年日本约有 66 万人，位于中国和美国之后，排名第三。2015 年研究经费约为 18.9 万亿日元（约合人民币 1.1 万亿元），仅次于美国和中国，但其中约七成是致力于应用研究的企业的费用，以基础研究为中心的大学仅占两成左右。[⑥]

进入 21 世纪以来，日本也面临着人口老龄化和人口增速放缓的问题，这也是近些年其日趋重视人才战略的重要原因。按照联合国的传统标准，一个地区 60 岁以上老人达到总人口的 10%，该地区视为进入老龄化社会，那么，日本已步入老龄化社会。2011 年世界平均人口自然增长率为 1.16‰，日本远低于这一水平，在 2005—2010 年间甚至出现人口负增长态势。2017 年日本人口总数比上年减少 37.2 万人，为 1.25 亿人，人口减少数量创最高纪录。[⑦] 此外，日本还面临人才流失的问题。《全球人才竞争指数报告 2018》指出，同新加坡和以色列这两个亚洲发达国家相比，日本的人才流失现象更加严重。[⑧]

就工作机制而言，日本并没有设立专门负责吸引人才及制定国际人才竞争战略的政府机构，其负责吸引人才的职能部门大体分为两部分：一是负责

---

① The World Bank. Data catalog [EB/OL]. [2019-11-26]. http://databank.worldbank.org/data/download/GDP.pdf.

② The World Bank. GDP per capita (current US $) [EB/OL]. [2019-11-26]. https://data.worldbank.org/indicator/NY.GDP.PCAP.CD? year_high_desc=true.

③ OECD Dataset: Gross domestic expenditure on R-D by sector of performance and source of funds [EB/OL]. https://stats.oecd.org/Index.aspx? DataSetCode=GERD_COST.

④⑧ OECD. IMD world competitiveness yearbook 2011 [M]. OECD Publishing, 2011 (6).

⑤ 日本每 10 万居民申请数和有效数均为 2008 年数据。

⑥ 日媒：中国科技论文数量升至全球第二，超越日本仅次美国 [EB/OL]. http://www.cankaoxiaoxi.com/china/20170811/2219405.shtml.

⑦ 日本 2017 总人口减少，在日外国人首破 200 万 [EB/OL]. http://news.yiminjiayuan.com/content-5558.html.

吸引科研人员和留学生的日本文部科学省（2001年由文部省和科技厅合并成立）[①]；二是负责移民和外国人居留政策的日本法务省。法务省是管理外国人的最主要部门，既会根据数据统计制订出适应形势的出入境管理计划，也负责《出入境管理及难民认定法》的制定、修改和实施等工作。其中海外留学生相关事宜，由文部科技省下设立的日本学生支援机构（Japan Student Services Organization，JASSO）负责。另外，日本拥有两个制定吸引人才政策的智囊机构：日本经济团体合作组织（Nippon Keidanren，简称经联团）和日本贸易振兴会（Japan External Trade Organization，JETRO），为日本的吸引人才政策建言献策。[②③④]

（二）国际人才竞争措施

1. 修改和完善外国人才出入境制度

第一，实行外国人才评分制，放宽居留和管理政策。近些年，日本面临一个不得不承认的事实：产业升级后的日本不像美国拥有众多世界排名靠前的大学，仅仅依靠本土人才和回流的日裔人才，不足以支撑日本继续前进。基于此背景，2010年1月，日本法务省开始借鉴发达国家的移民政策经验，提出日本吸引外国“高级人才优遇制度”，实施“积分制”来引进人才。2011年6月，日本确定了积极吸纳拥有特殊知识和技能的外国人才的方针。2012年7月即正式出台了吸引优秀技能人才的评分政策，以优异程度来评分，达到一定要求即被认定为高级人才。目前日本政府确定的“高级人才”，是对拥有专业知识和技能的外国劳动者的总称，主要目标人群是科学技术和医疗方面的高级人才。被认定为“高级人才”后，可以享受诸多优惠政策，主要包括缩短申请“永久居留资格”年限，由一般的在日本居住10年改为居住5年就可以申请；优先办理入国、在留手续；初次入国获得最长5年的在留权限等；超过一定年收入的高端人才，其家属及佣人允许同时入国。此外，居留

---

① Ministry of Education. Culture, Sports, Science & Technology in Japan [EB/OL]. http://www.mext.go.jp/.

② Japan Student Services Organization (JASSO) [EB/OL]. http://www.jasso.go.jp/.

③ KEIDANREN (Japan Business Federation) [EB/OL]. http://www.keidanren.or.jp/.

④ Japan External Trade Organization [EB/OL]. http://www.jetro.go.jp/.

资格签证为“教授”的外国人还可申请从事事业等资格外的活动。[①] 新制度将在现行入境管理制度的框架下执行，同时公开评定项目和各项分数。

第二，延长人才居留期限。为了吸引外国人才，日本不断修订《出入国管理基本计划》[②]，不断延长多种人才居留期限。2000 年，日本对《出入国管理基本计划》进行修订，对企业和研究机构引进的专业技术人才，放宽永久居住许可的限制；并对 1991 年《出入国管理基本计划》中规定的 27 种在留资格（暂时入国）中的 21 种（主要是专业人才在留资格）延长期限，从原来的一年放宽到三年[③]。2005 年，日本为了吸引高科技人才，尤其是 IT 人才，又对《出入国管理基本计划》进行了修订。修订提出对专业技术人才，尤其是 IT 人才，不仅要使其更加容易地进入日本，而且要促进这些人才永久居住日本，加入日本国籍；要构建更加适应外国人才居住生活的社区，促进日本社会与外国人的融合；对专业人才的暂时性入国的居留期限从 3 年放宽到 5 年。[④]

第三，简化外国人管理和出入境制度。2012 年 7 月起，日本正式开始施行新的外国人居留管理制度，原有的“外国人登录制度”将同时废止。根据以前的“外国人登录制度”，在日本逗留的外国人必须在入境之日起 90 天内，向所居住市区町村申报个人身份事项以及居住地等情况，进行外国人登记，领取“外国人登录证”；外国人登录证的居留期限是 3 年，如果再次入境，需要再次申请许可；在日本居住的外国人的身份证明和居住关系证明，外出时可以作为护照的替代证件使用，16 岁以上的外国人必须随身携带，当警察等政府行政官员要求出示外国人登录证时，必须出示。新的外国人居留管理制度规定，外国人最长居留期限延长至 5 年；并实行“免再入国许可制度”，即 1 年以内再次出入日本时，无须办理再入境许可手续。[⑤]

2. 实施外国科学家合作研究计划

第一，设置外籍研究员制度。日本学术振兴会（The Japan Society for the Promotion of Science，JSPS）设立了“外籍特别研究员项目（博士后项目）”

---

① 日本出台积分制招揽优秀外国人［EB/OL］.［2011-12-28］. http://jp.mofcom.gov.cn/aarticle/sqfb/201205/20120508111092.html.

② 《出入境管理基本计划》是指导日本出入境管理的方针法案，一般 5 年颁布一次。

③ Japan Ministry of Justice. Basic plan for immigration control 4th edition［M］. March，2010.

④ Japan Ministry of Justice. Basic plan for immigration control 2th edition［M］. March，2005.

⑤ 《移民控制和难民鉴别法》（Immigration Control and Refugee Recognition Law），1990.

和“外籍聘用研究员项目（访问学者项目）”。前者为海外青年研究人员提供赴日机会，资助他们在日本大学等科研机构接受日方研究人员的指导并从事共同研究。① 后者为海外学术骨干及教授级研究人员提供短期或长期赴日机会，邀请他们与日方研究人员开展深度研讨以及就特定课题开展共同研究。两者均涵盖人文、社会科学及自然科学的所有领域。

第二，实施自由研究计划和战略研究计划。自由研究计划是科技促进会资助的国际合作项目。科技促进会 2011 年财政预算的 8 800 万美元将花在国际项目上。促进会已经与 90 个国际组织合作，如中国国家自然科学基金委员会、美国自然科学基金会及美国国立卫生研究院。促进会主要资助个人研究者，而且通常不会列入国家战略。该计划每年大约可以为外籍博士后提供 200 个奖学金项目，为高级外籍科学家提供 70 项奖学金项目。战略研究计划是科技厅资助的国际合作项目，这类项目相对较少，主要资助与国家战略一致的项目，如低碳社会、先进材料和尖端免疫学。此外，日本还为引进的海外人才提供与日本研究者相同的社会保障，正是这种国际化的社会保障制度为引入的外籍人才解决了很多后顾之忧。

第三，颁布“创新 25 战略”。2007 年 5 月，日本颁布了一项促进创新的战略计划——“创新 25 战略”（Innovation 25），即在 2025 年前，使日本成为世界先进的创新国家，以应对日本出现的老龄化和亚洲邻国崛起的人才竞争，适应全球化趋势。为了促进科技方面的创新，日本明确提出要通过科技合作吸引外国顶尖科学人才，主要措施包括创造研究基础项目，吸引世界级高层人才；在环境、能源领域加强与他国的科研合作，开展环境外交，促进日本科学家参与国际项目研究。

第四，2009 年 6 月，日本政府又推出“新成长战略”，计划截至 2020 年，将海外“高端人才”的数量增加至 30 万人。② 同时，为了宣传该计划，日本每年在美国纽约、波士顿、洛杉矶等大型城市举办招聘会，向海外人才宣传日本的工作机会，吸引海外日本人和感兴趣的外国人来日本就业。招聘会每次有 190 家以上的日本企业参加，规模宏大。

---

① 日本学术振兴会北京代表处. 2020 年度 JSPS 外籍特别研究员项目（博士后项目）招募概要［EB/OL］.［2019-09-10］. http://www.jsps.org.cn/jspsbj/site/gjjlxmch/wjtbyjych.htm.

② 日本吸引海外高端人才申请“绿卡”年数减半［N］. 日本新华侨报，2011-03-08.

3. 实行亚洲校园计划，吸引30万留学生

日本对高等教育十分重视，并且不断提高国际化程度。2011年6月，日本政府投入13亿日元推出“亚洲校园”计划，目标是在中日韩三国的高端教育机构间，构筑学费互认、学习成绩统一管理、学位统一授予的合作教育项目，促进三国学生的跨国流动。到2011年年底，参与合作的日本大学有东京大学、名古屋大学等10所大学，中国有清华大学、北京大学等8所大学，韩国有首尔国立大学、高丽大学等8所大学。①

为了争夺国际优秀人才，日本政府从20世纪80年代起积极鼓励外国留学生来日本学习。日本前首相中曾根康弘倡导成立“21世纪留学生政策委员会”（COSP），该委员会在1983年提出到21世纪日本接收10万名留学生的目标。2008年，日本又提出了“30万留学生计划”，即到2020年将留学生数量增加到30万人。计划提出的当年日本的留学生数量为12.38万人。照此计算，12年内日本留学生数量将增加142.3%，平均每年约增加7.65%。这一政策主要的目标人群是亚洲国家的优秀学生，实施过程中会按照国家、地区、专业领域发展的需要，战略性地选择优秀的留学生。2016年6月，日本政府公布“日本再兴战略”，明确提出“创设世界上最快级别的日本版外国高级人才绿卡”。2017年，正式推出“1年申请永住政策”，预计到2020年将吸引1万名优秀人才。②

为了实现吸引30万留学生的计划，日本配套实施了“30所国际大学”项目（以下简称G30项目）。该项目将选择30所大学建设国际化大学基地，以大学为载体引进优秀科技人员和留学生储备人才。G30项目主要为日本大学开展英语教学、完善大学接收留学生的相关制度、促进国际合作和培养国际化人才等方面提供资金支持。此项目的资助对象是日本最好的30所大学，目标是招收30万名海外留学生到这些大学留学。该项目大大降低了留学日本的难度，由于日本很多学校使用日语，G30项目大多数课程采用英语教学，不要求留学生精通日语。另外，该项目还为学生申请提供很多便利，比如学生只需在本国参加入学考试等。

① 中华人民共和国科技部. 国际科学技术发展报告［M］. 北京：科学技术文献出版社，2012：66.

② 日本开始抢人了，高级人才只需要一年就能拿到永久居住证，多数是中国人［EB/OL］. https://baijiahao.baidu.com/s? id=1566061473997392&wfr=spider&for=pc.

2012年年初，已经有13所日本名校受到G30项目的资助，包括早稻田大学、名古屋大学、东京大学、京都大学和大阪大学等。目前这13所大学已建立了英语授课课程，外籍教师的数量从2 000名增加到3 200名，国际化程度也有了明显提高。

从政策实施效果上看，日本吸引留学生的计划较为成功。1991—2011年，日本留学生数量增长了近3倍。2003年，日本在读留学生人数达到109 508人，完成了“10万留学生”计划的目标。2011年，尽管受地震的影响，日本的留学生数量依然达到138 075人。①

4. 建立科学城留住人才

建立科技城，既可以为归国海归人才解决就业问题，提供创业场所，也可以为进一步吸引人才打下基础，形成吸引海归回国创业的良性循环。20世纪60年代，日本曾经采用建立科技城的方式吸引外国科学家，以加强日本的科技基础，实现赶超欧美国家的目标。1974年，日本政府开始将所属9个部（厅）的43个研究机构，共计6万余人迁到筑波科学城，形成以国家实验研究机构和筑波大学为核心的综合性学术研究基地和高水平的教育中心。②

筑波科学城在日本吸引海外人才方面起到了一定的作用，但是它与世界先进科技园区相比差距很大。1974年，筑波的海外人才比例为2.25%，而1980年新竹科技园的海外人才比例为3.3%，1960年美国硅谷的海外人才比例为32%；1994年筑波的高层次人才中海外人才的比例为22%，而1960年硅谷的相应比例为80%。造成差距的主要原因在于发展模式存在一定的问题，筑波科学城在产学研一体化方面做得不够理想，成果转化跟不上，在人才尤其是创业人才集聚方面的效果不明显。从科技园区的产值占全国GDP的比重可以看出，新竹科技园产值占台湾地区的10%，美国硅谷占美国的5%，而筑波则不到1%，可见其经济带动效果不甚理想。详见表4-1。

---

① Japan Student Services Organization（JASSO）database［EB/OL］. https://www.jasso.go.jp/en/.

② 于亦. 世界五大高新科技园区一瞥［EB/OL］. https://wenku.baidu.com/view/2218b3fdc8d376eeaeaa3128.html.

表 4-1 筑波科技城、新竹科技园和美国硅谷的引才效果比较

指标	日本筑波科技城	台湾地区新竹科技园	美国硅谷
建成时间（年）	1974	1980	1960
面积（平方公里）	284	21	700
高技术人才总数（万人）	2.1（仅科研人员）	3.6[①]	>100（2008 年）
海外人员占总人数比重（%）	2.25	3.33	32
海外人才占高层次人才的比重[②]（%）	22.5	11	80
产值占本国 GDP 比重[③]（%）	0.15	10	5（2011 年）

①2004 年，园区博士占从业人数的 1.7%，硕士占从业人数的 28.4%，本科学历占从业人员的 36.1%，合计 66.2%。按照硕士以上人才比例 30.1%计算。

②此处假设海外人员均为高层次人才。

③筑波科学城 2003 年 GDP 为 65 亿美元，而同年日本 GDP 为 42 291 亿美元。

资料来源：2011 *index of silicon valley*；新竹科技园区网站，http://www.sipa.gov.tw/；筑波科技城网站，Tsukuba city information，http://www.tsukubainfo.jp/.

四、防御型国际人才竞争战略：以印度为例

（一）国际人才竞争战略背景

2017 年，印度 GDP 总量近 2.73 万亿美元，超过法国，成为第六大经济体，并逼近排在第五位的英国（约 2.85 万亿美元）。[①] 印度经济事务秘书苏巴什·钱德拉·加格认为，印度经济正处于起飞阶段，预计到 2030 年将成为世界第三大经济体，国内生产总值届时将达到 10 万亿美元。[②] 然而，从印度 2017 年人均 GDP 来看，虽较往年缓步上升，但也仅为 2 015.6 美元。因此，印度仍被国际银行归为中低收入水平国家。[③]

OECD 2011 年 6 月发布的报告显示，印度 2009 年度的研发投入仅为 101.36 亿美元，占当年 GDP 总量的 0.8%，人均研发投入仅为 8.7 美元（中国人均研发投入为 63.6 美元），科研资金支持力度较低。[④] 其中，企业的研发投入总额仅为 30 亿美元，约占研发投入总额的 30.41%，而在中国，这一比

① The World Bank. Data catalog [EB/OL].（2018-06-29）[2019-11-26]. http://databank.worldbank.org/data/download/GDP.pdf.

② 印度 2030 年或将成为第三大经济体，仅次于中美 [N]. 参考消息，2018-07-17.

③ The World Bank. GDP per capita（current US $）[EB/OL]. [2019-11-26]. https://data.worldbank.org/indicator/NY.GDP.PCAP.CD? year_high_desc=true.

④ OECD. IMD world competitiveness yearbook 2011 [M]. OECD Publishing，2011（6）.

例为 73.22%。

从移民海外的数量看，印度是向外移民的大国。2010 年，印度移民海外的人数达 1 100 多万人，但由于人口基数大，移民海外的人数仅占总人口数的 0.9%。[①] 从移民层次来看，在 2011 年人才流失对竞争力影响排名中，印度排在第 12 位，中国排在第 48 位。根据瑞士洛桑学院的 2011 年世界吸引人才国家排名，印度紧随中国之后，排在第 18 名，对人才有一定的吸引力。[②] 不过，印度依然面临人才不足的问题。据调查，2012 年，48%的岗位找不到合适的人员，这些岗位多集中于 IT、市场/公共关系和工程领域。[③] 值得庆幸的是，从人才储备上看，印度的自然科学人数占大部分，且逐年增加，工程技术类的也一直在增长。[④]

在工作机制方面，印度吸引海外人才的相关部门主要包括海外印度人高级委员会、海外印度人事务部。海外印度人高级委员会（High Level Committee on Indian Diaspora）于 2000 年 9 月在外交部的牵头下成立，负责调查、研究海外印度人的历史和现状，并在此基础上研究制订海外印度人政策计划。同时，印度政府各相关部门（主要是劳工部、各级地方政府和外交部及其驻外机构）也为委员会提供了大量的最新材料或数据。印度中央各部、国会以及地方政府大都专门成立了辅助性机构，配合委员会的工作。通过多方合力，海外印度人高级委员会于 2001 年 12 月 19 日完成了巨型报告《海外印度人高级委员会报告》，系统且广泛地介绍了海外印度人的历史和现状，以及如何借力海外印度人的具体措施和政策。[⑤] 《海外印度人高级委员会报告》出台后，2004 年 5 月印度中央政府成立了“印度侨民事务部”（Ministry of Non-Resident Indians' Affairs），同年 12 月更名为“海外印度人事务部”（Ministry of

---

① International Monetary Fund. 2012 world economic outlook database [EB/OL]. http://www.imf.org/external/pubs/ft/weo/2012/01/weodata/index.aspx.

② IMD. Attracting and retaining talents [EB/OL]. http://www.greaterzuricharea.ch/default.asp? mde=dld&fnm=content/10/downloads/imd_attractingtalents.pdf.

③ Manpower Group. 2012 talent shortage survey [EB/OL]. https://candidate.manpower.com/wps/wcm/connect/be31f5804b6f7c07ada6ff4952b5bce9/2012_Talent_Shortage_Survey_Results_ManpowerGroup.pdf? MOD=AJPERES.

④ The LEVIN Institute. The evolving global talent pool: lessons from the BRICS countries [M]. New York: the State University of New York, 2006.

⑤ 李其荣，谭天星，林晓东. 海外高层次人才与人力资源建设 [M]. 北京：中国华侨出版社，2009.

Overseas Indian Affairs，MOIA），明确其服务对象不仅包括印度侨民（Non-Resident Indian，NRI），还包括已加入外国籍的印度血统人（Person of Indian Origin，PIO）。“海外印度人事务部”成立后，印度政府迅速集中相关资源，先后将原外交部侨民司和劳动就业部海外移民司的业务归并到“海外印度人事务部”中，由一名内阁部长领导，下设 4 个司：（1）“海外印度人社区服务司”（Diaspora Services Division），负责海外印侨与外籍印度人的身份认同，印度人节与杰出人物奖励活动及其他文教计划的实施；（2）对外移民服务司（Emigration Services Division），负责海外移民政策的制定，移民制度改革，国际移民协定的签署，移民的保护与管理等事务；（3）经济服务司（Financial Services Division），负责筹建投资协助中心、基金会与网络，引进侨资、侨智等；（4）行政管理司（Management Services Division），主要负责人事与后勤，与国会、各部、各邦的协调，官方语言的运用及其他行政事务，以保证该部工作的顺利进行。①

（二）国际人才竞争措施

1. 推出类似双重国籍政策，发放“印度裔卡”“印度海外公民证”

对印度而言，海外印度人分两种：拥有外国国籍的印度血统的人（PIO）和拥有印度国籍但侨居海外的印度人（NRI）。NRI 是“海外印度侨民”，如果一个印度公民一年离开印度超过 180 天，即可在税务和法律上视为“海外印度侨民”。PIO 是“源自印度人士”，他们不具有印度国籍，印度政府的定义是上溯四代内从印度移居外国的非印度公民为“源自印度人士”，根据签证的不同他们可享有不同的活动权利，如果要申请加入印度国籍，申请人在申请前需在印度至少居留 7 年。②

在 2005 年 1 月的海外印度人节上，时任总理辛格宣布除巴基斯坦和孟加拉外，只要居住国的法律在某种程度上允许“双重国籍”现象的存在，印度政府将授予世界各地的印度人“海外印度人公民身份”（Overseas Citizenship of India，OCI）。同年 8 月，印度议会就 1955 年的公民法令做出了相应修改，并于同年 12 月正式实施“印度海外公民证”（OCI）计划。当时，无论是官

① Ministry of Overseas Indian Affairs. Annual report 2010-2011［EB/OL］.［2017-09-01］. http://moia.gov.in/services.aspx? mainid=17.

② 根据国际规定中的 Per section 5（1）a 和 5（1）c。

方文告还是媒体都将此做法称为“实施双重国籍法”，并宣称印度已将其实施范围扩大到欧美等 16 国。之后，印度政府指出国会修改的只是 1955 年有关公民的法令，不可将实施“印度海外公民证”计划误解为实施“双重国籍法”。因为“印度海外公民证”持有者在印度没有选举权，也没有被选举权，不能当选各级别议员，不得出任政府官员、最高法官、总统、副总统等职务，但终身可随时根据自己的需要多次进入印度，且无居住期限，无须向外国人入境居留机关登记，是一种类似双重国籍政策。此外，该身份持有者还可在经济上和教育上享受印度居民和侨民的一些权利，可从事多种职业，可在境内认领儿童，免费进入国家公园、自然保护区、历史古迹、博物馆、国家文物单位以及机场等。①

“印度裔卡”（PIO）计划和“印度海外公民证”（OCI）计划，作为国家人才政策的重要内容，能够很好地吸引海外印度人。在功能上，与“印度裔卡”（PIO）不同的是，“印度海外公民证”（OCI）并不适用于申请人的配偶。印度海外公民身份是终身享有的，而且在印度居住 5 年后，有机会申请印度国籍。② 对于这几种身份在实际操作中的区别，详见表 4-2。

表 4-2　　印度裔卡和印度海外公民证的区别

	印度裔卡（PIO）	印度海外公民证（OCI）
计划颁布时间	1993 年 3 月	2005 年 12 月
申请对象	持有印度护照的任何人在任何时期都可以；本人或者父母或者祖父母的任何一方在印度出生或按照 1935 年印度政府的法案所规定的常住在印度（或者后来属于印度的其他领土，但不能是以下国家的公民，包括阿富汗、不丹、中国、尼泊尔、巴基斯坦和斯里兰卡）	有资格在 1950 年 1 月 26 日后成为海外印度公民，或从 1947 年 8 月 15 日开始往后的任何时间成为后来属于印度领土的公民的拥有海外国籍的印度人；他的所在国若承认双重国籍，那么他的孩子、孙子可以成为海外印度人公民。这些人的未成年子女也可以申请海外印度人公民身份，但其需保证未曾成为巴基斯坦或孟加拉国公民

① Ministry of Overseas Indian Affairs. Annual report 2008-2012 [EB/OL]. [2017-09-01]. http://moia.gov.in/services.aspx? mainid = 17.

② Global Visas [EB/OL]. http://www.globalvisas.cn/%E5%8D%B0%E5%BA%A6%E9%A6%96%E9%A1%B5.

续表

	印度裔卡（PIO）	印度海外公民证（OCI）
获得方式	符合资格的人在印度内务部网站上下载申请表格填写	符合资格的人在印度内务部网站上下载申请表格填写
申请地点	常住地的印度邮政或印度代表处；在印度持有1年以上签证的，可以去印度内务部下面的外国人管理处（FRRO），新德里、孟买、加尔各答、阿姆利则、CHIO、金奈办事处或者联合秘书处（外国人）申请	非国籍所在国的印度邮政或印度代表处；或常住国的印度邮政或印度代表处；如果人在印度，可以去FRRO，新德里、孟买、加尔各答、阿姆利则、CHIO、金奈办事处或者外国国籍OCI板块下的秘书处申请
申请费用	成年人少于15 000卢比； 不到18岁的青年少于7 500卢比，或兑换成当地货币的价格	275美元；PIO持有者是25美元；或兑换成当地货币的价格
申请者国籍要求	除阿富汗、孟加拉国、不丹、中国、尼泊尔、巴基斯坦和斯里兰卡之外的国家	除巴基斯坦和孟加拉国以外的可以（以某种方式）承认双重国籍的国家
主要功能	（1）访问印度不需要单独签证；（2）在印度一次逗留不超过180天，不需要登记；（3）连续逗留超过180天需要在30天内在FRRO/FRO相关部门登记；（4）持有者如要在印度求学无须办理工作签证，在印度工作也无须办理工作签证；（5）和印度本土人一样享有经济、教育、金融领域的设施，但农林资产不包括在内，也不享有参政权利	（1）用允许多次入境和多功能的终身签证访问印度；（2）在印度逗留任意时间都无须到警察部门登记；（3）持有者如要在印度求学无须办理学生签证，在印度工作也无须办理工作签证；（4）和印度本土人一样享有经济、教育、金融领域的设施，但农林资产不包括在内，也不享有参政权利。其他权利将由海外印度人事务部公布
去印度是否需要签证	PIO卡下来后15年内去印度不需要签证	终身去印度不需要签证
是否需要在当地警察部门登记	在印度一次逗留超过180天时需要	不需要
在印度可参加的活动	所有的活动，除了登山、传教士、研究工作和需要具体许可证的现有的受保护类地区通行证（Protected Area Permit，PAP）或限制类地区通行证（Restricted Area Permit，RAP）	所有的活动，除了登山、传教士、研究工作和需要具体许可证的现有的受保护类地区通行证（Protected Area Permit，PAP）或限制类地区通行证（Restricted Area Permit，RAP）

续表

	印度裔卡（PIO）	印度海外公民证（OCI）
持有者获得印度国籍的要求	根据国际规定中的 Per section 5（1）a 和 5（1）c，申请人需在申请前在印度居住至少 7 年	居住在印度 1 年后登记，然后再等 5 年就可以申请

资料来源：Comparative Chart on NRI/PIO/PIO CARD HOLDERS/OCI.

“印度裔卡”或“印度海外公民证”持卡者在购房、医疗、社会保障、所得税、贷款额度、风险投资基金的申请、知识产权保护等方面都有“本土公民待遇”，但不享有选举权和被选举权。2014 年，印度停发 PIO 卡，PIO 与 OCI 合并为 OCI 卡。据印度内政部报告，截至 2019 年 3 月，共有 325 万海外印度裔注册成为 OCI 持卡人，并发行了 41 万张 OCI 卡替代 PIO 卡，极大地促进了海外印度人才的回流与环流。①

2010 年，印度总理在第八届海外印度人节上宣布，准备授予海外约 1 000 万印侨选举权，印度议会随后在 2010 年 9 月 22 日通过了 1950 年人民代表法修正案，授予印度护照持有者依据护照参与印度大选的权利。2011 年 2 月 3 日，又公布了 1960 年选民登记条例修正法，允许海外选民根据护照上注明的选区进行登记，基本上完成了印侨参选的主要法律程序。②

以上针对海外印度人的政策推动了海外印度人才的环流与共享，促进了软件产业外包业务的发展。在 1996 年之前，印度还只雇用了 7 000 名软件专业人才，而在 2006 年，印度已经雇用了 70 万名软件专业人才③，这些人的收入来源正是外包，而非内需。目前，印度已经是世界软件外包第一大国，印度软件业 80%的收入来自以美国为主的海外投资。前美国国家地理摄影师史蒂芬·雷默（Steven Raymer）教授说，据估计，自 2003 年以来，仅信息技术专业人员就有 5 万~6 万人从海外回到印度，大多数回到了新德里、海得拉巴和班加罗尔的郊区，尤其是班加罗尔。印度海外人才的回流促进了班加罗尔

① Overseas Talent Tired of Losing Chinese Identity [EB/OL]. http://www.globaltimes.cn/opinion/commentary/2011-01/613179_3.html,2011.

② Ministry of Home Affairs. Annual report 2018-19 [EB/OL]. [2020-11-07]. mha.gov.in/sites/default/files/Annual Report_English_ollo 2019.pdf.

③ India to Push on Services at WTO Talks [EB/OL]. http://www.gulf-times.com/site/topics/article.asp? cu_no=2&item_no=63698&version=1&template_id=48&parent_id=28.

的崛起，信息产业的兴盛，例如，软件行业的外包服务的扩大。此外，通过在印度成立 IT 公司，为印度 IT 公司投资或与之合资，以及做印度 IT 公司的智库，指导其发展，海外印度人在 IT 领域也为印度的发展做出了巨大贡献。

2. 创立一系列引才机构

印度一些专家学者称，印度的未来将有赖于海外的印度裔移民。在印度，许多精英移民在外闯荡多年后，不仅带回了资金、先进的知识信息，更重要的是带回了经营管理现代企业的各种先进经验，这些都是促进当地经济发展的重要因素。而印度软件公司所承揽的大部分国际合同都是由海外印裔人牵线引进的。在旧金山的“印度河企业家”组织有 1 000 多名会员，其中有一半是印度理工学院的校友。印度精英在硅谷及其他领域的突出成就，使印裔美国人的正面形象广泛传播。这些事实渐渐平复了印度国内对人才外流的不满，并开始视这类移民为一股潜在的积极力量。印度政府认为，这类移民是印度的“智慧银行”，会为印度今后的发展指导方向。

20 世纪 60 年代起，印度政府就开始投资创建“科学人才库”，吸引并接纳海归人才。为此，政府在主要发达国家都建有海外专家人才数据库，尤其关注那些能为印度重点项目解决难题的人才。此后，1990 年由外交部牵头，成立了“海外印度人高级委员会”，在“海外印度人高级委员会”2001 年年底完成的《海外印度人高级委员会报告》的推动下，先后成立了“印度内务部”“海外印度人事务部”等人才管理部门，以及“海外印裔科技专家联络中心”“海外印度人发展基金会”“海外印度人促进中心”等组织，设立了“海外印度人节暨海外印度人奖”等常规性人才集聚活动。

从成立至 2011 年，“海外印度人事务部”做了许多工作。其中，在为海外印度人提供社会服务方面包括：(1) 坚持和扩大“海外印度人节暨海外印度人奖”的活动与影响（为有效利用海外印裔的“故乡情结”和民族情怀，从 2003 年印度政府宣布对等承认双重国籍开始，印度政府决定每年举办一次规模盛大的“海外印度人节”，旨在吸引更多的海外印裔为印度建设出钱出力）；(2) 顺利实现“海外印度人公民身份证”发放计划；(3) 根据给予印侨选举权的承诺，完成印侨参选的主要法律程序；(4) 设置“海外印度人子弟奖学金”，开办海外印度人大学，推行“认知印度”活动，开展“寻根”活动；(5) 合作开展国际移民趋势与印度侨民工作战略研究；(6) 加强对印度侨居海外妇女婚姻的救助。①

在引进海外印度人资金和智力方面，主要开展以下工作：(1) 设立“海外印度人促进中心”，促进海外印裔资金流入；(2) 建立全球印度知识网络，引进先进科学技术；(3) 设立“海外印度人发展基金会”，加速慈善事业的发展；(4) 设立总理全球咨询委员会，作为高层直接掌握情况和决策的机构；(5) 筹建海外印度人的交流基地，为海外印度人提供固定的日常经济文化交流场所。②

在对外移民和劳工输出与保护方面的工作包括：(1) 修改 1983 年移民法，改革移民体系，推行电子管理法；(2) 加强移民总监的监督工作，加强对劳工招募中介的管理；(3) 设立“印度促进海外就业委员会”，摸清国际劳动市场的需求；(4) 设立海外劳工资源中心，向印度公众公布海外劳工市场的行情；(5) 建立海外劳工福利基金；(6) 与劳工输入国签署劳务合作备忘录，保障海外劳工的权益；(7) 与欧洲国家建立劳工流动伙伴关系与双边社会保障合作，确保劳务供需市场的稳定和双方职工的权益；(8) 与国际移民组织签署亚欧劳务对话规划，加强移民管理能力建设。③

印度政府于 1990 年成立了“海外印裔科技专家联络中心”（Interface for NRI Scientists and Technologists，INRIST）④，主要作用是聚拢海外印度专家，为其回国发展铺平道路。该中心的任务是改善吸引、利用海外印裔专家的环境；搜集、分析海外印裔专家工作情况的资料，出版《专家指南》，为海外印裔专家选择在国内的对口单位；为海外专家与国内对口单位接触、约见、联络等方面提供便利条件。

2007 年，海外印度人事务部与印度工业联邦联合成立“海外印度人促进中心”（Overseas Indian Facilitation Center，OIFC）⑤，旨在为海外印度人尤其是他们和印度的经济联系提供设施和服务。该中心的主要功能有为印度推荐海外印度人的投资项目并促进业务关系，建立和维护海外印度人的知识共享网络，整理过滤所有投资信息，帮助印度各省规划投资项目，为海外印度侨

①②③ Ministry of Overseas Indian Affairs. Annual report 2008-2012 [EB/OL]. [2017-09-01]. http://moia.gov.in/services.aspx? mainid=17.

④ South Asian diaspora. The skilled South Asian diaspora and its role in source economies [EB/OL]. http://southasiandiaspora.org/the-skilled-south-asian-diaspora-and-its-role-in-source-economies/9/.

⑤ 海外印度人促进中心 [EB/OL]. www.oifc.in.

民和源自印度人士提供咨询服务等。

印度首相于2008年1月8日在新德里宣布成立了一个自主性的、非营利的可靠的"海外印度人发展基金会"，该基金会是海外印度人对印度直接、可靠的慈善事业投资部门，也是直接参与印度社会建设的非政府组织和慈善机构，帮助海外印度人解决印度需要改善的教育、健康和乡村建设等方面的问题，为目标受益者和海外印度人搭建起公私合作关系的桥梁。

3. 加大对信息产业的扶持力度，营造人才发展的产业环境

印度政府为海外高科技产业人才回归或环流创建了许多高科技园，并出台优惠政策，建立政府风险基金，帮助这些高科技企业取得外包业务，并促进了这些高科技企业的发展，同时也从根本上增强了本国的科研能力。1986年，印度政府颁布了计算机软件政策，1987年又发起了"软件技术园区"计划，1991年被称为"印度硅谷"的班加罗尔建成了第一个软件技术园区。随后，浦那、海得拉巴德等8个软件技术园区也先后建成。印度科技园区的发展壮大，吸引了海外大量的科技人才回流，同时印度本土专业人才相对廉价，也吸引了大批欧美高科技公司来园区投资。英特尔、甲骨文、微软等知名跨国公司都倾向于招聘印度裔技术人员，并将其派往印度公司工作。跨国公司的商业事务外包，不仅促进了印度的科技革新，而且印度政府可以利用外国资金去培养本国的科学家。

《远东经济评论》曾指出，以信息技术为主的高新技术的快速发展成为印度经济发展的主要动力，它使印度经济以高于6%的年增长率迅速发展。近些年，印度政府进一步加大对以软件为代表的信息产业的支持，从而实现以产业为基础集聚人才。在《2020年科技远景发展规划》中，印度政府明确提出，到2020年，印度不仅要成为世界经济强国，还要成为信息技术大国、生物技术大国和核技术大国。① 根据印度第11个五年计划，印度政府计划在2012—2018年六年间建立50个英才中心，其研究领域覆盖生物技术、纳米技术、机电一体化、高性能计算机等，通过英才中心，将集聚大量技术英才。②

4. 印度：推动研究、创新和创业，打造全球人才中心

---

① 王守贞，石海峰，施卫华．印度高科技产业发展评析［J］．改革与开放，2010（11）：24-26.

② 中华人民共和国科技部．国际科学技术发展报告［M］．北京：科学技术文献出版社，2012：305.

印度自独立以来，一直信奉科教兴国，推行高等教育优先的政策，为印度经济建设培养了大批高层次人才，也使印度成为世界软件大国。2009 年，印度宣布 2010—2020 年为印度的创新十年，在这十年间要在全国建立 14 所国立创新大学，为印度培养创新型人才。并在 2010 年成立国家创新理事会，促进国家创新十年（2010—2020）的落实。[①] 印度工商合作组织在 2014 年举办了“第九届印度高等教育高峰论坛”，并通过了《印度高等教育 2030 愿景》(Vision 2030 for Higher Education in India)。

在创新创业方面，该愿景提出，要在 2030 年，使论文发表数量和引用指数在全球排名前五，在博士生培养数量上位列全球前五，有 5~6 名本土诺贝尔奖获得者，在专利拥有上位列全球前五，并在大学生创业方面成为领先国家。为此，该愿景建议，应着重发展研究型大学，提供高质量的研究成果，培养高水平毕业生；将研发经费增加到 GDP 的 5%，强化技术创新；构建适宜的教育、资金和管理系统。

在人才培养方面，该愿景提出，到 2030 年，印度应力争成为全球人才中心。具体来讲，即实现 90%的毕业生顺利就业的目标，成为全球人才的最大提供者。为了实现这一目标，该愿景提出，应培养具有较高技能、为工作做好准备的毕业生，并使高等教育毕业生具备国际能力。[②]

【本章复习思考题】

1. 国际人才战略的主要特点是什么？

2. 简述国外国际人才战略的主要类型，并简要说明各自的方式和手段。

3. 印度海外侨胞的“海外公民证”对我国有什么启示？有没有借鉴意义？如果有，请简要说明如何借鉴和落实；如果没有，请说明理由。

① PAPRI SRI RAMAN. India needs paradigm shift on science and technology [EB/OL]. [2017-07-01]. http://www.scidev.net/en/news/india-needs-paradigm-shift-on-science-and-technology.html.

② 唐晓玲. 印度提升高等教育竞争力的政策举措与实施效果 [J]. 教师教育学报, 2018, 5 (2): 103-110.

【案例及案例分析】

以色列主要人才竞争战略[①]

一、形成统筹协调的人才吸引职能部门

1948年以色列专门设立了政府部门——移民吸收部，负责移民政策的制定和项目的实施。其他相关部门有内政部，主要负责移民政策的执行；科技部下的吸收科技人才单元，主要负责吸收科技移民；工贸部下的技术创业育成中心，主要帮助科技移民创业。整个政府部门职能设计较为清晰，形成了以移民吸收部为核心，其他部门联合协作，移民吸收部为综合政策制定者，其他部门分工制定政策的科学管理服务体系。

二、通过移民政策吸引犹太人才

完善的法律体系确保人才顺利回归。首先，《国家宣言》确定犹太国家的意识形态。《国家宣言》为国家的各项政策制定定下了吸收犹太人口的基调。《国家独立宣言》中写道："这个国家将向所有犹太人敞开大门，并将使犹太民族成为世界民族大家庭中的真正一员"，"我们要求散居各地的犹太人团结在以色列的犹太人周围，完成移居和重建的任务，支持后人为实现世世代代的梦想——光复以色列而进行的伟大斗争"。

其次，《回归法》鼓励回归并成为公民。《回归法》从法律层面上保证了犹太籍优秀人才回国发展的权利，起到巨大的鼓励作用，同时为吸引犹太人才提供便利。《回归法》规定，所有犹太人及其亲属都有权移民以色列。犹太移民可以以申请移民签证（称作A-1签证）和申请成为公民两种形式移居以色列。两者的唯一区别在于，后者拥有选举权，并有服兵役的义务[②]。并且，以色列鼓励A-1签证移民在获得签证三年后申请成为公民，否则需要重新申请签证。

最后，《国籍法》允许拥有双重国籍。1952年通过的《国籍法》是对

① 节选自王辉耀. 国际人才竞争战略［M］. 北京：党建读物出版社，2014.

② 比如说，移民可以申请的国家补助不会受到影响。A-1签证移民在获得签证三年后需要决定成为公民还是重新申请签证。以色列法律允许双重和多重国籍，但来自某些国家的移民除外，比如苏联移民或从伊朗逃离的人。这些情况下，他们只能申请做公民，而不能申请移民签证。其实在其他国家，从伊朗逃离或偷渡的人也是不能申请公民或移民签证的。

《回归法》的具体化。《国籍法》对申请加入以色列国籍的要求十分宽松①。为方便吸收移民，最大的规定是允许移民回国的人才拥有双重国籍，以吸引那些不愿意或不方便放弃以前国籍的人。对持有双重或多重国籍者，在适用以色列法律时，以色列只认定其为以色列公民，给予公民待遇。满足某些条件的成年人可以取得国籍，这些条件一般为长期居住在以色列，对以色列有了解，并被政府允许长期待在以色列等。就立法技术而言，这部法律较为清晰、详尽地规范了入籍、脱籍、剥籍、实施、罚责等权利义务关系，值得我国未来修法时借鉴。

完整详尽的移民配套措施。第一，资金帮助。一种是吸收篮子，对到以色列初期安置的移民（从取得移民签证到达机场开始算起）采取资金帮助计划。资金帮助包括初到安置费、前6个月的生活费支出、前12个月的租房费。其中初到安置费平均每人1 250元（2012年）的现金和1 378元的存款，以后6个月的生活费和租金，每月约为2 500元，全年每人约18 000元。每多带一名儿童还可以多获得1 000元左右的补助。对退休前的工作移民的补助水平略高于退休人员。另一种是税收豁免。税收豁免是指对新移民在以色列初期的家电进口税的豁免。这种豁免将以补助的形式发放。平均每人每年6 066元。

第二，语言项目。语言项目是指为成年移民免费提供的语言培训。培训在移民得到吸收篮子帮助的6个月当中进行，其实是吸收篮子的一部分。

第三，就业预科项目。对不能在以色列找到与原来职业相近工作的，可以参加就业咨询中心。该中心提供希伯来语指导、职业技术指导、就业主题的讲座、就业讲习班、专用网站。另外，该中心的职业心理学家可以为求职者提供就业定位和咨询服务。该项目一般持续两个月。

第四，培训和在培训项目。吸收部门组织对移民的夜间培训和再培训课程，共200~300个小时。为起到鼓励移民初次就业的作用，该项目还提供求职讲习班服务。以上项目的成本约为400万美元/每年。

第五，就业全过程服务。科技吸收中心在帮助回归科学家找工作方面起

① 例如其中一项，完整要求包括：（1）在以色列；（2）在呈递申请前的五年中，在以色列已有至少三年时间；（3）被允许永久性地住在以色列；（4）已在以色列安家落户或有在以色列安家落户的意愿；（5）懂一点希伯来语；（6）已放弃其原先的国籍，或者能够证明在其将取得以色列国籍时，将不再取得原国籍。在取得以色列国籍前，申请者将要作如下表明：“我将是以色列国的一个公民。”从发给证书之日起，他将取得以色列国籍。

到了重要作用。他们的服务周到详细，全程跟踪科学家的求职、工作和转职，确保科学家毫无顾虑地在以色列顺利进行科技项目的研究。比如说，他们的服务包括帮助科学家制作个人履历；找出科学家的特殊研究轮廓；在必要情况下随同面试；同雇主谈判工作合同条款和科学家将要参与的科研项目，确定好科学家工作后1~4年的薪水和福利；在雇主的科研团队中为移民科学家确定导师；确定足以弥补成本的科研项目资金；对科学家和其导师进行后续访问，考察研究进展，并为科学家寻找新雇主或新地点。

第六，移民科学家研究项目资助。移民研究资助计划是政府针对1990年后的大量科技移民实施的移民资助项目，分短期和长期两种。短期项目如The Giladi Program，资助时间为2~3年；长期项目如The KAMEA Program，资助时间为从科学家就职到退休。

其中，The KAMEA Program实际上是1997年以色列政府与大学间签署的一份为科技移民提供500个大学科研岗位的协议。该协议可以保证科学家移民在大学里一直工作到退休。政府部门将在科学家就职期间一直为其提供补助。该项目的资金将由一个新建的联合委员会提供。委员会成员为移民吸收部、高等教育计划和预算委员会（the Planning and Budgeting Committee of the Council for Higher Education）以及各个大学。

第七，帮助科学家创业。工贸部建立的“技术创业育成中心”在帮助科技移民创业方面起到了重要作用。该中心向他们提供管理和技术上的支持、廉价设备及商业指导，帮助他们寻找战略合伙人和外部资金①。每一个“技术创业育成中心”至少容纳50名移民，负责10个项目的研究与开发。为在两年内将“技术创业育成中心”建成能够吸引外资的高科技的出口型的企业，工贸部承担前两年“技术创业育成中心”85%的预算（两年最高可达29万美元）。项目成功后，“技术创业育成中心”每年应向工贸部交纳销售额的2%，直到工贸部的投资全部收回。“技术创业育成中心”通常由地方市政当局组织，工贸部提供资金，大学、研究所或大公司提供技术支持②。工贸部扶持了27个“技术创业育成中心”、帮助了近700个创业团。

移民政策吸引大量人才，带来明显经济效益。迄今为止，以色列的吸收

① 包括选定研究与开发领域、计划、产品、投资者。

② http://course.shufe.edu.cn/course/cwep/fd/13.html.

犹太移民战略一直没有停止。由于《移民法》的实施，以色列的犹太人数量从1950年的137万人，增长到1998年的486万人①。这些移民中有大量的科技人才，对以色列的建设发展起了重要的作用。1948—1989年的40多年间，移居以色列的犹太人中拥有教授、副教授职称和博士学位的至少有10万人。尤其是1990年前后的苏联移民潮，给以色列带来了大量的高层次人才。从1989年年底至1994年又有45万犹太人移居以色列，其中科学家9 000名，工程师50 000名。1993年移居以色列的犹太人科学家、专家和技术人员的比例高达69.9%。从职业履历来看，1989年以来移居以色列的55万犹太移民，主要是俄罗斯犹太移民中，36%的人曾在科技部门任职，53%的人受过超过13年的培训。从学历看，这批移民大都有高学历，4成以上是大学毕业，不乏外科医生、莫斯科大学教授和尖端领域的科学家。培养1位大学生，政府至少需投资5万美元，保守估计，这批移民至少值200亿美元②。

移民给以色列带来的经济效益是显而易见的。查看以色列历年的人口增长和GDP增长可以发现，在人口增长的高峰阶段，GDP的增长速度也高于往年③。在20世纪70年代和90年代的苏联移民潮中，这种关系表现得最为明显。70年代犹太人增速达到2.9%的时候，GDP增速最高达到了11.9%。90年代的犹太人增长率为6.2%和5%，是50年代后最高的；GDP增长率为6.1%和6.3%（1992年继续加速达到6.6%），是50年代后第四高的。

移民吸收中心在其中起到的作用是十分关键的。从1989年到2002年，约1.5万个科学家和研发工程师移民至以色列。在这1.5万人当中，有1.1万人在以前的研究领域里发挥了作用，而这1.1万人当中的9 300人，曾经受到过科学吸收中心的帮助。

三、风险投资吸引海外精英创业

以色列是世界风险投资（以下简称风投）最发达的国家之一，被誉为“第二硅谷”。风投的发展促使以色列成为创业的聚集地。其实，风投在以色列的发展最初是为了解决就业问题。但正是以色列政府的促进风投的政策，为以色列创造了良好的创业环境，成为日后吸引人才的重要基础。

---

①② Shoshana Neuman. Aliyah to Israel：immigration under conditions of adver.

③ 1951—1966年、1968—1972年、1990—1991年、1994—1996年。

Yozma 项目实施后，获得了明显的拉动 VC 行业增长的效果。1993 年，通过 Yozma 项目建立了 10 家私人部门的 Yozma 基金，这些基金后来都加入了政府拥有的 Yozma 风险基金。另有 6 个 Yozma 风投基金成立。通过 Yozma 基金发起的总资金达到 2.5 亿美元，除去政府发起时的 1 亿美元，相当于拉动了私人部门 1.5 亿美元的资金。这些基金共投资了 200 家创业企业。2000 年，它们管理着投资到大约 160 个已启动项目上的 40 多亿美元的资金。以风险投资基金形式提供的经济投资已占到以色列国民生产总值的大约 3%（而像美国那样的经济领先的国家，这个比例仅为 0.3%）。到 2009 年，以色列已经成为世界上研发投入比最高的国家，比例达 4.3%。

苏联移民给以色列带来了大量的科学家和工程师，同时，以色列军事工业为劳动力市场提供了数百名科技退伍部队人才。此时，以色列政府的 R&D 投入已经不能缓解如此大规模的失业问题。为此，政府决定大力扶持他们创业，扶持方式就是通过发展风险投资行业，促进资本市场发展。在 20 世纪 80 年代末期以色列有零散的 VC 公司存在，但是这些机构发展缓慢，竞争混乱，更谈不上行业。以色列决定参与 VC 领域，并制定了将 VC 扶持成行业的目标。1992 年，以色列曾经实施过一项通过担保帮助 VC 机构上市交易的计划（Inbal），但是失败了。1993 年年初，又推出了一项直接参与 VC 领域的项目（Yozma），获得了不错的效果。

Yozma 项目的主要目的是通过投入巨资、设立基金，并制定风投管理制度，来扶持风险投资行业。目标是为形成一个竞争性的 VC 行业打下坚实的基础，创造条件学习外国的有限合伙的运作方式、获取国际联系网络。该项目成立了政府基金，基金数额为 1 亿美元。主要用在两个方面：一是投资私人部门的 VC 基金（使用其中的 8 000 万美元）；二是成立政府拥有的 Yozma 风险基金（使用其中的 2 000 万美元），直接投资高科技公司。政府成立了专门的公司，独立管理基金运作。还规定，每个 Yozma 基金必须联合一家外国机构、一家以色列当地的金融机构共同运作。这样可以保证更多的私人部门资金进入 VC 领域。

目前，以色列已经成为世界上风投最发达的国家之一。风投每年支持和培育大批小型、创新型科企，在其孵化、长大后“卖掉”或上市。1998 年，以色列科学家开发出最早的即时通信技术，仅 19 个月后，就以 4 亿美元卖给美国在线。最终，该技术转化成为世界首个即时通信软件“OICQ”，并成为启发马化腾等人初创腾讯 QQ 的一个重要技术来源。

以色列并未培养出类似微软、腾讯这样的重量级企业，但通过每年推出大量重量级的创新技术或企业出售或上市，已在全球高科技领域构成一股以色列“冲击波”和创业浪潮[①]。以色列在纳斯达克上市的新兴企业总数，超过全欧洲在纳斯达克上市的新兴企业的总和，甚至超过日本、韩国、中国、印度四国的总和（见图 1）。2008 年，以色列的人均创业投资是美国的 2.5 倍，欧洲的 30 倍，中国的 80 倍，印度的 350 倍[②]。

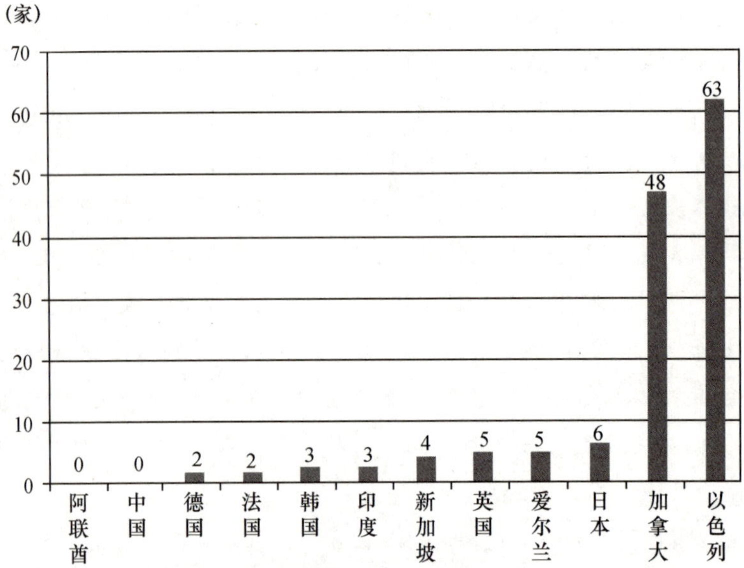

图 1　在纳斯达克上市的非美国公司

资料来源：摘自《创意的国度》一书，数据截至 2009 年 5 月（作者标注：在纳市上市的中国公司，如百度、网易、盛大等，都是在英属维京群岛或开曼群岛注册，作者仅以注册地统计）。

四、打造世界研发基地，吸引大量精英回国

重视教育，培育大量科技人才资源。为克服恶劣的生存环境，在国际竞争中立于不败之地，以色列人非常注重自身科学素质的培养。以色列的教育方针以犹太价值观、热爱祖国、自由与宽容为基础，设法向学生传授高层次的知识，传授有利于国家持续发展的重要科技技能。以色列儿童早期教育就

① http://tech.qq.com/a/20110404/000032.htm.

② 塞诺，辛格. 创业的国度［M］. 王跃红，韩君宜，译. 北京：中信出版社，2010.

利用计算机辅助教学，幼儿阶段便开始使用能开发儿童直观与反应能力、色彩感、空间方向感和基本数学概念等内容的教学软件。如今信息技术成为中小学教育的基础，所有中小学都能上网，所有课程都由计算机支持。在中学，为高质量地完成中学理科教育任务，培养学生对科学的兴趣，使学生较早地进入大学接受科学教育，以色列政府依托大学优势，在大学校园里建立了中学理科教育试验基地，由大学和中学一起承担中学理科教育，使教师更好地更新知识，以便指导学生。

以色列大学更重视科技创新，各大学均有自己的研究所，重视跨学科研究，学院附近设有科研机构，从事对国家工业、农业、交通等有重大意义的科研课题和重点项目应用与开发研究，而且非常重视科技成果的转化。魏茨曼研究所是世界上最早重视将科研成果转化为商业的研究机构之一，在其带动下以色列大学均设有自己的工业园，创立自己的实业公司，取得了重大成就。此外，为保持高水平研究，以色列政府鼓励博士后研究，积极参与国际合作，每年举办国际学术会议达百次以上，成为世界上重要的国际学术中心。由于注重国民科技意识的培养，因此在以色列形成了一支稳定、高效、强大、精干的科研队伍。以色列科学家在国际刊物上发表的论文占全世界论文总数的1%左右，人均科学论文数居世界第三位，论文引用数居世界第四位。以色列每1万名劳动力中取得理工科硕士和博士学位的为7名，这些科技人员分布在各研究所、大学、企业的研究机构当中，他们不断吸收世界各国的先进科技成果，并在此基础上开拓、创新，在众多领域取得了重大突破，从而使科技水平居于世界领先地位，为以色列社会发展做出了巨大贡献。

目前，以色列拥有世界上人均最多的工程师，每万名居民中就有135名科学家和工程师，高于美国、日本、德国和英国。以色列每万人中拥有著作者人数，在自然科学和工程领域高达60余人，居世界第一位。以色列飞机工业公司的电子集团的5 500名雇员中有60%以上是工程师和技术人员；TAAS以色列工业公司的5 000名员工中有50%左右是工程师、科学家和技术人员；塔迪兰公司的7 900名雇员中有57%是工程技术人员；EL-OP光电工业公司的1 094名员工中有35%是科学家和工程师①。

① http://www.hebdx.com/tabid/63/InfoID/9694/Default.aspx.

这些理科人才成为以色列重要的人力资源。许多大型高科技跨国公司慕名而来，在以色列建立分公司和研发中心，为以色列吸引精英回国起到了至关重要的作用。

成为高科技产业研发基地，吸引精英回国。以色列国内的高质量人才基础对世界，尤其是美国硅谷中的高科技创新产业有巨大的吸引力。美国硅谷的创业家纷纷来到以色列，利用大量的工程师和理科人才资源，开设分公司或研发中心，使以色列成为世界高科技产业的研发基地。据以色列工贸部人士介绍，目前，以色列已吸引了包括英特尔、IBM 在内的全球 200 多家跨国企业，使它们在以色列设立全球研发中心和工厂。目前以色列近 43%的科技人才，都服务于跨国企业或其研发中心。尽管以色列非常小，但却是全球技术创新的一个重要“源头”。

与发达国家之间形成人才环流。以色列知识分子的报酬一般不高，但是他们一年中常有几个月在美国大学或研究中心工作，以此来弥补收入的不足。去美国工作不仅交流了思想，获取了信息，更重要的是学到了美国科研机构与工业界之间的合作精神。

在这些移民创业家的推动下，这个每天都能因战火而登上报纸头条的国家却成为硅谷著名高科技企业研发中心的聚集地，不得不说这是一个奇迹。硅谷公司的以色列研发中心和生产工厂的设立，为以色列创造了大量高科技产业就业机会，大大减少了以色列的人才外流，而且因此加强了以色列和硅谷的产业联系。同时，还为以色列引入了硅谷的发展模式，使犹太民族血液里的创新元素在以色列有了更加出色的发挥。

五、完善科研基础，吸引高级人才

科研基础对高级人才最具吸引力。以色列从事研发活动的主要机构有 7 所研究型大学、国家农业科学院、专业国立研究机构和医院以及一些私人非营利机构。以色列的 7 所大学不仅承担了全部社会科学的研究工作，而且还承担了自然科学与技术领域 30%的研究工作。

政府、企业和基金会（如国家科学基金会）是科研体系的主要资金提供者。科研经费的形式包括政府拨款、企业委托研究资金、基金会资助，大学自己还会支付经费的 15%。其中政府资助主要由以色列高教理事会的规划与预算委员会和以色列科学基金会提供。以色列政府支持从基础研究到产业化的全过程，其中支持研发的比重最大，占政府科技经费的绝大部分。以色列高教理事会的规划与预算委员会和以色列科学基金会是支持基础研究的主要渠道。战略研究经费主要由科技部负责，农业部等其他一些政府机构也提供经费支持。产业研发工作由工贸部首席科学家办公室负责协调。

以色列在生命科学、医学、药学、农学、微电子学、光机电学、数学、天体物理学等许多学科有很强的研究基础，研究人员在生物技术、超级计算、纳米技术、电子芯片、机器人、卫星技术、数据通信和网络安全、国防科技等领域获得了许多重要科技成果。2005 年以色列主要科技成果有成功找到胚胎移植的窗口时期；与美国和法国科学家合作解开宇宙暗物质之谜；与德国科学家发现固液表面新的结构特征；希伯来大学罗伯特·奥曼教授与美国人托马斯·谢林一起获得了 2005 年诺贝尔经济学奖，成果是他们在博弈论领域做出的贡献，以及太阳能制氢燃料的新方法等。

以色列科技产出非常可观。总体来看，以色列科学家在全球科技期刊发表的论文占总数的比例高于 1%，计算机领域的论文占 2%。人均科技论文数居世界第 3 位，人均论文的引用数据居世界第 4 位。2004 年 SCI、EI 和 ISTP 收录的以色列科技论文共19 212篇，占收录科技论文总数的 1.09%，居世界第 22 位。2004 年以色列受理各类专利申请 6 414 件，比 2003 年的 5 898 件增长了 8.7%，其中来自以色列的申请有 1 344 件，来自国外的申请有 5 070 件。2004 年共批准专利 2 499 件，其中来自国外的专利有 2 142 件，来自以色列的专利有 357 件，批准的专利数比上年增加 38%。2004 年以色列在美国获准的专利为 1 092 件，在外国专利中居第 14 位，与 2003 年相比有所下降，年增长率为-13.3%。

打造世界尖端科研体系，吸引人才回国。2011 年，以色列实施了构建全新的合作研究体系的 I-CORE 项目。以色列在此项目实施前，特地派 Yuval Steinitz 同在美国的犹太高级人才交谈，了解他们的顾虑和需求。这些犹太科学家一直没有选择以色列的主要原因是害怕以色列不能为他们提供合适的岗位。Yuval Steinitz 回国后即对国内实验室资源和人员配备情况进行了研究。他发现，以色列虽然拥有世界顶级的实验室和科学家（比如威兹曼科学研究所和 10 位诺贝尔奖得主），但现存体系已被老牌科学家占领，确实不能为新移民科学家提供新的岗位。

为此，以色列实施了I-Core（Israeli Centers of Research Excellence）项目，承诺要为科学家提供最尖端的研究环境和30个新的研究中心。这个计划已经锁定了300位顶尖科研精英，并计划引进2 400名知名科学家①。这个计划由总理办公室、计划和预算委员会制定并实施，这两个部门都是负责高等教育的部门。

I-Core项目主要内容是大学、学院、研究机构和医院联合起来建立一个高效率的合作研究体系，专业研究可以在整个体系内完成。其中吸收回国的科学家大都来自世界顶级研究机构——哈佛大学、麻省理工学院、纽约大学和德国实验室。举例说明：认知科学研究中心主要由威兹曼科学研究所运营，特拉维夫大学和巴伊兰大学作为合作机构与研究中心相联系。所有新加入的成员，包括回国科学家，都被授予大学的终身职位。

政府为这个体系提供资金支持。回国科学家一回国就会获得60万美元的科研启动资金。这些资金用来购买仪器设备。另外，他们还会获得每年12万美元的科研拨款，用来选拔博士生、参加国际研讨会和其他的科研支出。这些科研拨款中有一部分比美国的还要高，以吸引人才回国。

在项目第一阶段，3家医院、6所大学和1个学院参与了I-Core项目。截至2011年10月，共有14位科学家受此项目吸引，回到以色列。

项目的第二阶段在2012年全面开展，围绕10多个研究中心进行建设。同时，增加参与机构的数量扩大参与机构的规模。

【本章参考书目】

[1] 陈凌，张原，国懿. 德国人才战略：历史、发展与政策 [M]. 北京：党建读物出版社，2016.

[2] 顾克文，罗雅区，王辉耀. 以色列谷 [M]. 北京：机械工业出版社，2015.

[3] 梁茂信. 美国人才吸引战略与政策史研究 [M]. 北京：中国社会科学出版社，2015.

[4] 李其荣，谭天星，林晓东. 海外高层次人才与人力资源建设 [M].

① 数据统计截止到2012年4月，2 400名科学家全部指的是分散于欧美地区的科学家。

北京：中国华侨出版社，2009.

［5］迈克尔·波特. 竞争战略［M］. 陈小悦，译. 北京：华夏出版社，1997.

［6］王辉耀. 国家战略——人才改变世界［M］. 北京：人民出版社，2010：119.

［7］王辉耀. 国际人才竞争战略［M］. 北京：党建读物出版社，2014.

［8］王辉耀，苗绿. 国际移民问题概述［M］. 广东：暨南大学出版社，2018.

［9］王辉耀. 国际人才战略文集［M］. 北京：党建读物出版社，2015.

［10］王辉耀，杨河清. 中外国家人才发展战略［M］. 北京：中国人事出版社，2016.

［11］中华人民共和国科技部. 国际科学技术发展报告［M］. 北京：科学技术文献出版社，2012.

第五章　国际人才竞争战略·中国篇

本章教学目标

了解中国国际人才竞争战略的历史发展进程，了解中国国际人才竞争战略的主要措施，尝试为改进中国国际人才战略提出建议。

【导入案例】

中国国际人才战略的开放思维[①]

在全球市场加速一体化、跨国公司日益影响全球经济的今天，开放思维是制定一个国家人才战略，尤其国际人才战略必不可少的一个条件。它意味着我们必须高度重视人才市场全球化的趋势。我们必须认识到，人才市场突破国界范围限制，是新时代人才战略的走向。

这一思维转变不是单纯地在某些方面的局部改进，而是为了适应经济全球化的趋势，在贸易、生产、金融等方面做出重大的系统性调整的一个有机组成部分。经济全球化要实现的是各生产要素在全球范围内的合理流动和优化配置，其中也包括人才的流动和配置。当前，人才流动的全球性特征越来越明显。具有丰富的专业知识、顽强的奋斗精神、出色的外语能力、突出的责任心和能力、对环境较强的适应和应变能力，善于处理各种人际关系等优秀素质的人才，已经成为全球争夺的对象。因此，对人才市场，要上升到与其他要素市场同等高度来认识、理解和把握。

不论从流动的广度还是深度看，今天的人才全球化进程都远远超过过去一切时代的人才流动规模，不单人才流动更为频繁，对人才素质的要求也越

① 节选自常晓勇. 中国国际人才战略的全球化思维［J］. 中国人才，2007（7）：26.

来越高，而且在流动途径等方面也发生了变化。借助互联网，人才和企业双方都可以在全球范围内寻找，互联网成为新的联系的载体。再如，在新的人才市场中，文化的融合成为一个必要的选择。新的全球人才的团队，使不同类型人才相互之间取长补短；发挥整体优势，必须处理好不同文化的融合问题。

由经济全球化带来的人才全球化，迫切要求我们在人才战略，尤其在国际人才战略上采取更为现实的开放思维。换言之，开放思维是中国国际人才战略的必要条件。缺乏开放思维，我们将很难适应经济全球化发展的需要，很难适应“人才强国”的战略要求。经济全球化和人才全球化要求我们在全球范围内，依靠市场体制来实现人才配置的平衡。在约束机制上，传统意义上通过户籍制度，通过单位的归属关系来限制人才的方式，将转变为通过市场方式，通过合同来约束签署合同双方的方式。

第一节　中国国际人才竞争战略的历史回顾

我国历来重视国际人才工作，在不同的历史时期确立了与发展阶段相适应的国际人才工作思路和政策，并取得了显著的成效。国际人才战略逐渐上升为国家战略，一批有志于国家发展的优秀国际人才来华并初步集聚，国际人才工作体系逐步完善。依托国际人才工作的繁荣发展，我国的综合国力和综合竞争力也得以增强。

一、新中国成立初期：团结、教育、改造与引导人才归国

新中国成立初期，按照“争取一切爱国的知识分子为人民服务”的实用主义原则，我国对知识分子制定了“团结、教育、改造”的政策，注重人才的利用。到 1956 年，随着社会主义改造的完成，我国的社会结构发生了变化。1956 年 1 月 14 日至 20 日，周恩来在中央召开的关于知识分子问题的会议上表示：“知识分子是工人阶级的一部分。”这一时期，国家对知识分子的积极引导，吸引了一批立志报国的海外留学生回国。以钱学森为代表的 3 000 多名海外留学生和学者回国，为 20 世纪六七十年代中国取得“两弹一星”伟业成就奠定了基础。

“文化大革命”期间，我国的人才引进政策出现中断。这一期间的人才引进工作基本处于停顿状态，主要依靠个人介绍引进和随设备引进来华服务，引进的海外专家较少，最多的是 1965 年的 1 022 人，1972 年仅有 59 人。①

二、改革开放初期：国际人才竞争战略正式确立

1978—1983 年，我国人才政策以拨乱反正为重点，主要是恢复被破坏或停滞发展的各项人才政策，并就如何制定切实有效的人才政策进行探索。这一时期我国人才政策的主要成就是落实了知识分子政策；实行人事制度改革，打破职务终身制；重启出国留学政策，恢复选派留学人员，成立引进国外智力领导小组等。

1978 年 6 月 2 日，邓小平在听取清华大学主要负责人工作汇报时，作了著名的扩大派遣留学生的讲话。他说：“我赞成留学生数量增大……要成千上万地派，不是只派十个八个。教育部研究一下，花多少钱，值得。今年三四千，明年万把人。这是加快速度的办法。”这是一项具有战略意义的决策。当时商定先向美国、日本、加拿大以及西欧派遣留学生。由于中美还处在互派联络处的阶段，赴美谈判代表团便以民间面貌出现。1979 年年初，邓小平率团访问美国，并在与时任美国总统卡特所签的协议中，将 1978 年中国同美方谈判的关于派遣留学生的口头谅解，作为正式协议加以签署，中国“文化大革命”后第一批派赴美国的 52 名访问学者便在不久后的 1979 年 12 月 26 日启程，由此载入史册。②

1983 年 7 月 8 日，邓小平又发表了“要利用外国智力和扩大开放”的讲话，开启了中国引进外国智力之路，这成为我国高层次人才政策演进过程中的一个重大转折点，标志着我国人才战略开始从“内”向“外”转变，从重视国内人才的发展，转向国内、国外并重的人才战略。

1986 年，中央引进国外智力领导小组提交了两年多的工作总结《关于引进国外智力工作的汇报提纲》，表示与单纯引进技术、设备相比，引进国外智力确实是花钱少、收益大、见效快的好办法。1987 年，党的十三大报告提出，

① 刘永志，何敬中. 引进国外人才工作的历程与前瞻［M］//潘晨光. 中国人才发展报告. 北京：社会科学文献出版社，2004：424-425.

② 王辉耀. 国家战略——人才改变世界［M］. 北京：人民出版社，2010：119.

在充分发挥我们自己科技人员作用的同时，还要积极开展国际人才交流工作，并将这一任务列入实现我国经济发展战略必须解决好的首要问题之中。至此，中国的“派出去”和“请进来”结合的国际人才竞争战略正式确立。

三、20 世纪 90 年代之后：国际人才战略的制度化

20 世纪 90 年代之后，我国初步建立起高层次人才培养、流动、引进、评价、退休等政策体系，同时高层次人才政策基本实现制度化、机构化和规范化，且高层次人才专项计划也成为培养、引进高端人才的重要平台和手段。

1992 年年初，邓小平发表了具有深远意义的南方谈话，向世界传达了中国将进一步深化改革和扩大开放的信息。政府也对在外留学人员的流失问题采取了积极的应对措施，对他们的护照延期和更换、退出中国国籍、出入境手续、家属探亲和回国工作等提供了一系列方便，并由此确立了“支持留学，鼓励回国，来去自由”的留学工作方针，同时提出要吸引留学人员“为国服务”。这一阶段，中国还对自费和公派出国的留学政策进行了进一步的调整和完善。①

与国家宏观人才战略相配套，为鼓励海外人员回国或者为国服务，政府还推出并实施了许多人才计划，初步形成了覆盖面广、针对性强、相互配套的政策支持体系。与此同时，还设立专项基金创办了“留学人员创业园”，为留学归国人员提供了用武之地。

四、21 世纪初：国际人才战略的提升与深化

21 世纪以来，我国人才工作的鲜明特色是人才上升到国家战略层面。高度重视发挥吸引外国人才以及留学人才对中国参与全球竞争的作用。时任总书记的胡锦涛指出：“要善于利用国际国内两种人才资源，做到自主培养开发人才和引进海外人才并重。”

2000 年 7 月，人事部印发了《关于鼓励海外高层次留学人才回国工作的意见》，对留学生回国的任职条件、工资津贴水平、科研经费等方面实施了一些优惠政策。2001 年 5 月，人事部、教育部、科技部等五部委又联合印发了

① 王辉耀. 国家战略——人才改变世界［M］. 北京：人民出版社，2010：119-120.

《关于鼓励海外留学人员以多种形式为国服务的若干意见》，为回国留学人员提供了兼职、合作研究、委托研究等7种为国服务的方式，做出了“不求所在，但求所用”的决策。2003年，胡锦涛在庆祝欧美同学会成立90周年庆祝大会上发表讲话，指出“海归”的作用是不可替代的，将其作用提到了历史高度。

2006年人事部出台了《留学人员回国工作“十一五”规划》，规划“十一五”期间实施高层次留学人才集聚计划、留学人才创业计划、智力报国计划，建立海外高层次留学人才回国工作绿色通道。表示力争使我国留学回国人员新增人数达到15万~20万人，吸引留学人员回国服务20万人次，并使全国各级各类留学人员创业园达到150家左右，人事部与地方政府共建留学人员创业园达到40~50家，留学人员入园企业达到1万家。

2007年2月，国家又出台了《关于建立海外高层次留学人才回国工作绿色通道的意见》，明确界定了高层次人才的范畴，并就高层次留学人才回国的报酬、申报项目、职称和职业资格评定、知识产权保护、配偶就业、子女入学以及出入境居留等方面，分别做出了相应规定。

外国专家局也制定了“以我为主，按需引进，突出重点，讲求实效”的引进外国人才的方针。

五、党的十八大以来，国际人才竞争战略发展和实践进入历史最快的时期

党的十八大以来，我国的人才理念开始发生了转变，“实施更加开放的人才政策”“建立具有国际竞争力的人才制度”“不求所有、但求所用”等一系列新的人才观点和思维开始被全社会接受，并成为当前我国人才工作的共识。海外人才工作的开放度，国际化、市场化的趋势也随着人才工作思维的转变迅速转变。从中央到地方积极与国际接轨，对接世界不断涌现的各种理念和创新的政策措施。在这种大的背景和形势之下，我国的海外人才工作取得了巨大成就，国内的海外人才队伍规模不断壮大、政策突破创新的力度不断加大，海外人才工作进入了前所未有的高速发展时期。在这种大的历史背景和趋势下，海外人才工作取得的成效也非常明显，各类海外人才群体来华的增长速度不断加快，人才制度国际化步伐明显加大，人才体制机制市场化特征凸显，为海外人才来中国创新创业营造了更加优越的环境。

(一)中央对海外人才工作的重视达到前所未有的程度

2012 年 12 月 5 日，习近平邀请在华工作的外国专家代表进行座谈，听取他们对中国发展的看法和建议，这是习近平出任中共中央总书记后的第一场外事活动，向世界传达新一届中央对海外人才的高度重视。2014 年 5 月 22 日，习近平在上海主持召开外国专家座谈会时又进一步指出，中国将实行更加开放的人才政策，不唯地域引进人才、不求所有开发人才、不拘一格用好人才。

伴随着党和国家领导人对我国人才工作高度重视的理念和精神，从中央到地方的一系列海外人才政策措施也相继出台。2013 年 7 月开始实施的《中华人民共和国外国人入境出境管理条例》，增设了“人才签证”类别，用于发给国家需要的外国高层次人才和急需紧缺专门人才。2015 年 9 月，中央全面深化改革领导小组会议审议通过的《关于加强外国人永久居留服务管理的意见》，于 2016 年 2 月由中办、国办印发，提出“要实行更加积极有效的外国人永久居留服务管理政策”等措施。

(二)各类海外人才回流速度不断加快，规模急剧扩大

我国海外人才回流的速度不断加快。此外，以留学人员为代表的“海归潮”现象明显加速（见表 5-1)，党的十八大以来，我国海外留学人员回国人数不断增加。其中 2018 年回国人数达 51.94 万人，比 2012 年增加 90.32%(2012 年当年回国人数为 27.29 万人)。2012—2018 年累计回国的留学人员达到 283.31 万人，是 1978—2011 年 30 多年的 3.46 倍。可以说，自党的十八大以来，我国在出国留学规模稳步扩大的同时，留学回国人数也呈现出快速增长的态势。

表 5-1　2012—2018 年累计出国留学人数和留学回国人数（单位：万人）

年份	当年出国留学人数	累计出国留学人数	当年留学回国人数	累计留学回国人数
2012	39.96	264.46	27.29	109.13
2013	41.39	305.86	35.35	144.48
2014	45.98	351.84	36.48	180.96
2015	52.37	404.21	40.91	221.86
2016	54.45	458.66	43.25	265.01
2017	60.84	465.05	48.09	269.95
2018	66.21	531.26	51.94	321.89

资料来源：中国统计年鉴及教育部公布的最新数据。

（三）留学人员组织建设得到高度重视，更加积极地发挥作用

习近平在欧美同学会成立100周年庆祝大会上的讲话指出，欧美同学会要“努力成为留学报国的人才库、建言献策的智囊团、开展民间外交的生力军”，为欧美同学会和留学人员组织建设赋予了新的定位。2016年8月，中共中央办公厅印发了《关于加强欧美同学会（留学人员联谊会）建设的意见》（以下简称《意见》），这是党中央首次对欧美同学会建设专门下发的文件，体现了党中央对欧美同学会及留学人员组织建设的高度重视。《意见》强调“各省（自治区、直辖市）、副省级城市和省会城市应当建立留学人员组织”，并重申欧美同学会的重要作用。《意见》颁布后，内蒙古、山东、广东、杭州、宁波、西安6个省区市相继成立了组织，原有的组织也得到了发展。目前全国已建立了40个省区市和副省级城市组织，许多省会也成立了组织。欧美同学会大力吸引了更多留学人员特别是青年留学人员，同时也为留学人员群体充分发挥建言献策和民间外交作用提供了重要平台。

（四）来华留学的外籍青年人才稳定增长、结构更加合理

近年来，我国来华留学生的工作发展也十分迅速。2014年在全国留学工作会议上，习近平提出“统筹谋划出国留学和来华留学”，这是我国最高领导人首次提出“来华留学与出国留学并重”的工作理念。与此同时，我国的来华留学政策也取得了突破性进展。2014年为进一步推动来华留学事业发展，教育部、财政部等完善了我国来华留学生的政府奖学金（以下简称奖学金）资助体系。与以前相比，新的分类标准不仅大大提高了奖学金的额度、完善了外国来华留学生的医疗保险等制度，而且更加科学，操作更加便捷。在党中央的重视和各项政策的积极推动下，来华留学生的规模大幅度扩大，质量大幅度提升。2018年共有来自196个国家和地区的49.2万名各类外国留学人员在华学习，比上年同期增加3 013人，增长比例为0.62%。同时来华留学生质量也明显提升，以汉语学习为主的格局逐渐被打破，学科分布更加合理。2016年来华学习汉语的留学生比2012年下降了15.3个百分点，而教育、理科、工科和农学留学生数量显著增加，相比2012年增幅均超过100%；经济、法学、管理等留学生增幅超过50%。

（五）海外人才政策国际化趋势明显

2012年12月，中共中央组织部、公安部等25个部门联合下发了《外国

人在中国永久居留享有相关待遇的办法》，明确规定了凡持有外国人在中国“外国人永久居留身份证”的外籍人员除政治权利和法律法规规定不可享有的特定权利和义务外，原则上和中国公民享有相同权利，承担相同义务。

2015 年 3 月，《中共中央、国务院关于深化体制机制改革加快实施创新驱动发展战略的若干意见》提出，要“实行更具竞争力的人才吸引制度”，要“规范和放宽技术型人才取得外国人永久居留证的条件，探索建立技术移民制度”。

2016 年 2 月，中共中央办公厅、国务院办公厅印发的《关于加强外国人永久居留服务管理的意见》又一次对我国外籍人才的管理办法进行优化升级，提出要实行更加积极有效的外国人永久居留服务管理政策，进一步理顺体制机制，健全政策法规，优化申请条件，简化工作流程，落实资格待遇，加强日常管理，形成更为科学合理、开放务实的外国人永久居留管理服务工作格局。文件要求“进一步完善国家移民管理机构设置和职责配置”，改变我国目前外籍人才引进制度不畅、条块管理等问题。

自 2017 年 4 月 1 日起，我国开始对来华工作的外国人统一实施外国人工作许可证，不再发放“外国专家来华工作许可”和“外国人就业许可”。这些都显示出我国关于海外人才的工作与国际接轨的趋势明显加快。

对于外籍青年人才，我国在政策制度上也实现了重大突破，针对来华留学生优秀毕业生，2017 年 1 月，国家三部委下发通知，允许取得硕士及以上学位且毕业一年以内的外国留学生和境外高校外籍毕业生申办外国人就业许可证和外国人就业证。

（六）新一轮海外人才政策改革加速，市场化特征明显

2016 年 2 月，中共中央办公厅、国务院办公厅印发的《关于加强外国人永久居留服务管理的意见》明确指出“推动建立以市场为导向的人才永久居留申请标准”。我国人才的永久居留标准开始从传统的职称、行政级别等认定的标准和依据向工资、税收和社会信用等市场评价要素转变。根据市场需求、国家需要、市场主体认可的外籍人才评价体系建立起来。在此之前，上海先行先试，于 2015 年 7 月发布了《关于深化人才工作体制机制改革促进人才创新创业的实施意见》，取消了就业单位类别和职务级别限制，放宽居住时限要求，出台了年薪达到 60 万元即可认定为外籍人才、外国人才签证落地签、外

国留学生毕业后留下就业和创业、制定“职业清单”制度等创新性举措，大幅降低了外国人才来华创新创业的门槛。2016 年 3 月，公安部出台支持北京创新发展的“北京新政 20 条”，明确提出根据实际需求，取消在京就业外国人申请永久居留对单位类别和职务级别的限制，放宽居住时限要求；对在北京已连续工作满 4 年且 4 年内每年在中国境内实际居住累计不少于 6 个月，连续 4 年工资性年收入（税前）50 万元人民币以上，每年缴纳个人所得税 10 万元人民币以上的外国人，经现工作单位推荐，可以申请办理外国人永久居留。此后，福建、广东等地的“人才新政”也纷纷出台，为当地的创新发展注入活力。从中央文件的出台到上海、北京等地政策的实施落地，可以看出，我国吸引海外人才工作的市场化改革正在加速，人才制度环境越来越好。

第二节　中国国际人才竞争战略的主要措施

一、国际人才竞争战略措施的实施背景

从国内形势看，我国国际人才竞争力不断提高为招揽全球人才创造了条件。近半个世纪以来，我国经济飞速发展，迅速崛起为新兴国家，吸引国际人才的竞争力不断提高。表现为，一方面，有研究认为，当一国的人均 GDP 达到 4 000 美元以上、产业技术资本密集达到 60%以上、第三产业贡献率达到 64%以上时，人才将大幅度回流；另一方面，据美国科技博客 TechCrunch 网站刊登的题为“中国正在吸引来自硅谷的高管”报道[①]，对硅谷人才来说，为中国公司工作是既可行又极具竞争力的选项，因为中国科技企业的高管薪酬与硅谷越来越接近。该网站提供的数据显示，在雇员超过 1 000 人的企业中，拥有研究生以上学历的员工级别越高，中美公司提供的薪酬越接近，例如初级工程师的税前年薪分别为 5 万美元和 9. 5 万美元左右，而总监及以上级别的年薪都在 20 万美元左右。我国逐渐成为国际人才的向往之地，外国人才集聚的态势逐年加强。

从国际形势看，英美移民政策变化为中国广纳世界人才提供了机遇与挑

① 硅谷对华人的吸引力下降了［EB/OL］.（2017-02-03）［2017-08-01］. http://www.360doc.com/content/17/0203/09/27794381_626148369.shtml.

战。美国总统特朗普上台后，出台的一系列新政措施引起了全球的关注，其中移民政策的收紧尤为值得关注。但其每年接收 14 万职业移民家庭、每年签发 8.5 万份 H1B 工作签证的制度并没有动摇，其对人才移民仍持欢迎态度。2016 年 6 月，素有“移民杀手”之称的特雷莎·梅任英国首相后，其移民政策有收紧的趋势。在伯明翰举行的保守党会议上，被特雷莎·梅提拔的新任内政部部长安珀·路德发表了一揽子关于收紧签证和严控移民的举措，包括提高国际学生的入学门槛、降低更多外国人留下工作的可能性等。这项改革方案被英国《每日电讯报》在内的诸多媒体称为英国史上“最严移民新政”，预测未来英国不仅要极力主张限制外来移民，还会限制外国留学生在英工作。国际人才竞争态势发生的巨大变化，为中国吸引人才创造了契机，将有助于中国吸引国际优秀人才。①

二、持续不断地完善国际移民政策体系

近几年来，我国移民政策不断放宽，尤以外国人在华永久居留制度的改革最为突出。在中央层面，2012 年 12 月，中共中央组织部、公安部等 25 个部门联合下发《外国人在中国永久居留享有相关待遇的办法》。2015 年 3 月，《中共中央、国务院关于深化体制机制改革加快实施创新驱动发展战略的若干意见》提出，要“实行更具竞争力的人才吸引制度”，要“规范和放宽技术型人才取得外国人永久居留证的条件，探索建立技术移民制度”。2016 年 2 月，中共中央办公厅、国务院办公厅印发的《关于加强外国人永久居留服务管理的意见》又一次对我国外籍人才的管理办法进行优化升级。2017 年 2 月，公安部印发了《外国人永久居留证件便利化改革方案》，从这次改革内容可以看出，首先更改了名称，将以前的“居留证”改成了“居留身份证”，这一变化，体现了对外籍人“身份”的认同；其次在功能上，也完全与中国“身份证”接轨，把“绿卡”的功能真正延伸到日常生活的各个方面。

在地方层面，结合从 2015 年以来北京、上海和广东等的改革，我们可以看出，前期的改革侧重于群体的扩大，认定的科学化等。具体体现在以前服务群体以体制内的人群为主，而现在进一步将服务对象延伸到各类企业、社

① 王辉耀. 从自贸区、国家自主创新示范区等园区建设看我国国际人才出入境政策的突破及建议［J］. 中国科学院院刊，2017.

会组织机构的团体；从前期的以职位、职称等为主的认定方式，扩展到税收、薪资等市场化特征明显的认定方式。并且为外籍华人归国创新创业提供了突破性的入出境和永久居留便利，如北京中关村对具有博士学历的外籍华人给予“华裔卡”，广东对广东裔的外籍华人则给予五年多次往返的“小绿卡”。可以说，随着中国“绿卡”政策的不断突破，“绿卡”申请将更加简便易行，“绿卡”的含金量将不断提高，外籍人才来华工作、交流的渠道更加通畅，中国吸引外籍人才的竞争力也越来越强。

外国人永久居留证件便利化改革任务完成后，持有中国“绿卡”的外国人将享有更多福利，即获得永久居留资格的外国人，除享有“在中国居留期限不受限制，可凭有效护照和外国人永久居留证出入中国国境，无须另外办理签证等手续；其配偶及直系亲属，可按有关规定申请办理相应签证、居留证件或外国人永久居留证”“在中国就业，免办外国人就业证”等待遇外，还可在购买火车票、机票、保险、宾馆登记等方面享有与中国公民同等的便利化待遇。据公安部相关负责人表示，该项改革将大幅提升中国“绿卡”的实用效能和外国人永久居留的获得感。

除永久居留制度的改革外，自 2017 年 4 月 1 日起，我国开始对来华工作的外国人统一实施《外国人工作许可通知》和外国人工作许可证。对于外籍青年人才，我国在政策制度上也实现了重大突破。

为强化对移民和出入境管理的统筹协调，2018 年 3 月，中共中央印发《深化党和国家机构改革的方案》，将公安部的出入境管理、边防检查职责整合，建立健全签证管理协调机制，组建国家移民管理局，加挂中华人民共和国出入境管理局牌子，由公安部管理。① 随着国家移民管理局的功能不断完善，将会有更多适应时代发展的移民政策和管理措施出现。

三、建设国际人才评估标准

我国人才评估工作起步于 20 世纪 80 年代初。随后，我国开始吸收国外先进的人才评价技术和做法，引入现代人才测评理论，并结合自身经验，落实到具体工作当中。随着人才市场的不断健全，人才评估工作的地位与作用

① 林靖. 国家移民管理局成立［N］. 北京晚报，2018-04-03.

日益凸显，很多业界专业人士和专家学者在学习西方先进评估方法和经验的同时，结合我国实际情况和人才工作特点，对国际人才评估指标体系、评估方法、评估机制等进行了探索，国际人才评估工作日趋实证化和可操作化，国际人才评估体系不断完善。从国际人才评估的对象看，评估对象不断扩大，重点关注创新人才和创业人才。

以外国专家局发布的《外国人来华工作分类标准（试行）》为例，该标准将来华工作的外国人分为外国高端人才（A类）、外国专业人才（B类）、其他外国人员（C类）三类（见表5-2），是当前我国对外国人才进行评判的主要依据。

表5-2　　外国人来华工作分类标准（试行）简表

类别	名称	对象
A类	外国高端人才	（一）入选国内人才引进计划的 （二）符合国际公认的专业成就认定标准的 （三）符合市场导向的鼓励类岗位需求的外国人才 （四）创新创业人才 （五）优秀青年人才 （六）计点积分在85分以上的
B类	外国专业人才	（一）具有学士及以上学位和2年及以上相关工作经历的外国专业人才 （二）持有国际通用职业技能资格证书或急需紧缺的技能型人才 （三）外国语言教学人员 （四）平均工资收入不低于本地区上年度社会平均工资收入4倍的外籍人才 （五）符合国家有关部门规定的专门人员和实施项目的人员 （六）计点积分在60分以上的专业人才
C类	其他外国人员	（一）符合现行外国人在中国工作管理规定的外国人员 （二）从事临时性、短期性（不超过90日）工作的外国人员 （三）实施配额制管理的人员，包括根据政府间协议来华实习的外国青年、符合规定条件的外国留学生和境外高校外籍毕业生、远洋捕捞等特殊领域工作的外国人等

参考资料：选自外国专家局《外国人来华工作分类标准（试行）》，关于各类人才对象的具体描述，请查看该文件。

四、吸引和培养来华留学生

近年来，我国来华留学生的工作发展也十分迅速。2018 年共有 49.22 万名外国留学生在我国高等院校学习，规模增速连续两年保持在 10%以上，其中学历生 24.15 万人，占总数的 49.38%，同比增幅 15.04%。同时来华留学生质量也明显提升，以汉语学习为主的格局逐渐被打破，学科分布更加合理。学习文科类专业的学生数量仍居首位，占总人数的 48.45%；学习工科、管理、理科、艺术、农学的学生数量明显增长，同比增幅均超过 20%。此外，2017 年来华留学生中，自费生达 43.06 万人，占总数的 88.03%。①

国家还设立中蒙、中坦、中埃和中印尼等 13 个专项奖学金；为配合高级别人文交流机制，设立中美、中欧、中俄人文交流奖学金；在“一带一路”倡议布局下，每年向沿线国家提供 1 万个新生名额；新设“丝绸之路”中国政府奖学金，通过部委合作、校企合作、省部合作模式，提供行业人才支撑。另外政府鼓励和支持高校与国家大型企业合作，开展订单式培养，为企业“走出去”提供本土化人才支撑。注重高端人才培养，设立“卓越奖学金项目”，培养发展中国家青年精英和未来领导者。②

五、发动社会力量，共建国际人才开发环境

建立良好的国际人才发展环境，不只需要政府推动，更需要动员社会力量，共同参与建设。

在人才引进方面，近几年，一些地方政府鼓励社会力量参与人才引进工作。在中国企业逐渐走出去、开展跨国并购、招揽国际人才的大背景下，相继出台的《利用外资“十一五”规划》《“十二五”利用外资和境外投资规划》对鼓励跨国公司在华设立研发机构起到了重要作用。目前跨国公司在境内设立的研发机构超过 1 400 家，培养了大量研发人才。

服务保障是各国集聚国际人才的重要一环，因此，需要通过不同形式为本国引进的国际人才及其家属提供全方位、高质量的贴心服务，让人才能够

---

① 教育部. 2017 年出国留学、回国服务规模双增长［EB/OL］.（2018-03-30）［2018-04-02］. http://www.moe.gov.cn/jyb_xwfb/gzdt_gzdt/s5987/201803/t20180329_331771.html.

② 王辉耀. 揽海外英才，筑大国梦想［J］. 人民论坛，2017（15）：24-25.

安心发展。如中国国际人才开发中心作为一家专业咨询和人才服务机构，自成立以来始终致力于为客户提供全面的管理咨询服务和全方位的人力资源问题解决方案，主要业务包括提供管理咨询、猎头、招聘、培训、劳动法律事务咨询服务等。同时，国家层面积极改革，通过设立自贸区、建设国际人才社区、完善配套的生活和工作服务，加强创业扶持、家属就业、子女教育等综合服务，为引进、服务外籍人才提供了诸多便利，为人才更好地发挥作用解决了后顾之忧。

第三节　中国国际人才战略展望

一、把引进海外高层次人才纳入立法目标，出台人才移民法

完善相关法律法规。引进境外人才，涉及境外人才出入境、在中国工作及在中国永久居留等方面。现有的法律体系主要包括《外国人入境出境管理法》《外国人在中国就业管理规定》《外国人在中国永久居留审批管理办法》等三部法律、法规（文件），还有《关于建立海外高层次留学人才回国工作绿色通道的意见》《中央人才工作协调小组关于实施海外高层次人才引进计划的意见》《引进海外高层次人才暂行办法》等。上述只有《外国人入境出境管理法》属于法律层面，由于引进境外人才涉及出入境、就业、生活等各方面，法律法规层面的顶层设计需要进一步加强。从国际情况来看，各国都通过制定移民法，规范外籍人才引进的各项制度。2016 年 3 月，中共中央印发的《关于深化人才发展体制机制改革的意见》指出，要完善外国人才来华工作、签证、居留和永久居留管理的法律法规。我国可以在综合《外国人入境出境管理法》《外国人入境出境管理法实施细则》《外国人在中国就业管理规定》《外国人在中国永久居留审批管理办法》等法律法规的基础上，加快制定《技术移民法》《投资移民法》，使我国人才引进、人才移民与人才管理的法律框架更加科学、系统，在具体操作上也能有法可依。

二、完善境外人才引进体制机制建设，明确职务分工与权责归属

首先，逐渐完善绿卡制度，建立技术移民、投资移民、创业移民、国家利益与贡献移民四大类别人才移民机制。目前，吸引投资人才和技术人才已

经是国际惯例。我国每年有 15 万名左右的高层次人才通过投资移民和技术移民的方式移民美国、加拿大、澳大利亚、新西兰等主要移民接受国，我国应建立至少包括以上四个类别的人才的移民机制，建立科学的境外人才筛选制度，探索“职业清单”制度，吸引创新创业人才来中国发展，以改革创新的精神进一步推动外国专家建言工作，给中国带来资金流、人才流、创意流、创新流和政策流。

其次，理顺境外人才出入境、居留和入籍的政策衔接问题，统一管理外籍人才的签证、居留、入籍等事务，入籍成功之后的社保、档案以及可能的集体户口等有关问题，并制度化、指标化，为外国人才设立可能达到的“奋斗目标”，给他们来华发展的“稳定预期”。重视海外人才移民融入问题，鼓励社会团体和组织参与人才移民融入工作。

三、创新境外人才引进模式，建立与国际接轨的社会保障体系

在境外人才引进模式创新方面，加大高层次留学人才吸收力度，允许优秀在华留学生毕业后在华就业和创业。设立更灵活的机制，建立首席科学家、访问学者制度，鼓励科研院所、高校相关研究岗位全球招聘人才制度；促进境外人才环流，通过人才环流活跃创新要素。对原籍中国的境外人才发放“华裔卡”，节省政府相关部门的工作成本，推动人才环流。鼓励企业等各类用人主体走出去建立海外研发机构等分支机构，充分利用海外本土化人才。建立境外人才库和大数据平台，探索建立国家猎头，专门吸纳具有战略意义和领军作用的顶尖人才，在一定程度上解决中国高层次人才匮乏的问题。建立与社会经济发展需求相适应的人才需求预测，实施宏观定性预测与宏观定量预测，实施专项人才预测，开展短期人才需求预测，编制人才需求信心指数等。

社会保障体系方面，建立专业的税收体系，包括税收条目与具体税率说明、相关税收优惠政策、退税政策等。提供与国际社会保障体系无缝对接的社会保障服务，对境外人才来华工作期间社会保障的开户服务、缴纳标准、保障内容、离境衔接等进行明确规定。完善社会保险对于境外人才的准入、使用与退出机制。倡导国内甲级以上医院开设英语服务通道。有针对性地建立从小学、中学到大学的专门国际班，开设境外人才子女教育过渡班，同时

鼓励民营企业办国际学校，改革国际学校、国际班的教学方式，促进教育者和受教育者与国际接轨。

四、促进社会融入，打造具有竞争力的引才软环境

境外人才来到中国后的融入性工作与服务是我国当前国际人才工作的短板。中国文化与西方文化在表现形式上风格迥异，对初来乍到的外国人来说，快速融入社会环境，对其生活、工作等多方面具有较大影响。当前，我国在为境外人才提供融入性指导方面，还是以对接单位为主，缺少统筹管理的单位。一般居委会、街道办事处作为城镇居民相应对接管理的端口，能够很好地起到上传下达的作用，未来可结合这些端口，建立相关服务体系，从对中国的介绍、当地文化风俗的讲解到生活起居方方面面，为境外人才快速融入生活环境，开始独立生活提供必要的帮助和充分的人文关怀。

打造若干有全球影响力的人才集聚高地，完善创新创业环境，确保长期需要的境外人才“留得住”。建立对科研成果的奖励激励机制，调动科研人才的积极性、主动性和创造性。完善与高科技园区、产业园区、创业园区等配套的产业化条件，产学研结合聚集人才。积极探索建立专门风险基金与担保机构，畅通境外人才创新创业融资渠道，吸引高科技、新经济领域的境外人才。可以尝试依托产业集聚效应，打造适合境外人才生活的专业化社区，包括子女教育、生活娱乐、社区活动、英文服务等，为其在中国的生活和发展提供舒适的生活环境。国际社区主要服务外国人才，其他附近居民也可以享受社区服务带来的福利。

五、加强自身软实力建设，争取国际人才竞争话语权

加强国际人才相关智库建设，为国家企业提供专业的分析、研究、咨询以及报告，作为决策参考，帮助政府把握入籍、绿卡、短期签证以及引进人才类别等政策尺度，清晰自身长、中、短期对各类国际人才的需求，并能够将相关政策落实到法律法规与地方层面。加强国际人才相关问题研究，夯实学科基础。消除人才流动壁垒，建立国际人才合作组织，打造国际人才有序流动、高效协调管理的机制，把握制定国际人才流动秩序的主动权和话语权。

【本章复习思考题】

1. 简述中国国际人才竞争战略的历程。

2. 简述中国国际人才竞争战略的主要措施。

3. 中国的国际人才战略和国外的国际人才战略有什么不同？各有什么特点和优势？

4. 在“全球化”和“逆全球化”并存的浪潮中，中国如何更好地开发国际人才？

【案例及案例分析】

中国人才战略悖论的具体表现：政策、价值与创新的视角①

一、人才战略的政策悖论

悖论是指“一样东西不能同时为两样东西。两个相互矛盾的解释不能同时为真”②。公共政策的制定一般将“公共利益”作为主要出发点，并用理性的、分析的和科学的方法来追求政策的合法性和政策效率的合理性。公共政策不仅代表着政府的政治决策，它更具有一种价值隐喻和较强的导向性，而政策所折射出来的价值偏好影响了社会群体的选择行为，因此在政策目标与手段之间、目标与结果之间、手段与结果之间普遍存在着矛盾，出现政策远离公共利益的情形，即“政策悖论”。我国的人才战略则表现出了明显的政策悖论：为了迅速弥补中国科研人才的短缺，我国政府制订了若干吸引国外高水平人才的引进计划，学术劳动力市场也将拥有国外研究型大学的博士学位作为招录的首要标准，所有这些政策都是为了吸引海外优秀人才归国。但这一政策的另一个隐喻则为国外的学位和经历被置于更加优越的地位，国外教育体系的优越性得到了权威认可，这不可避免地使本国学位的价值和竞争力处于较低的位置。这一政策悖论的直接结果便是本国的毕业生在劳动力市场

---

① 节选自黄海刚，马健生．“自主培育”还是“依赖引进”——中国人才战略的实践悖论［J］．北京师范大学学报（社会科学版），2012（4）：23-25．

② 德博拉·斯通．政策悖论：政治决策中的艺术［M］．顾建光，译．北京：中国人民大学出版社，2009：1．

上缺乏竞争力，“国外学位”成为衡量优劣的重要标准，虽然吸引了部分优秀人才归国服务，但也导致了更多学生，尤其是青年精英人才的外流和流失，导致在“创新之源”的基础科学领域难以招收到优秀的研究生。

选择解决中国创新人才不足的“最佳途径”以避免政策悖论体现了政治决策的智慧，人才的自由流动是学术职业的正常现象，优秀人才向经济和教育强国的集聚是普遍规律和历史趋势。当前我国已经步入经济大国行列，如何提升教育体系的声望和质量，将被动的人才引进转变为主动的人才集聚应是政策决策的着力点。

二、人才战略的价值悖论

人才危机意味着教育和社会的危机。在国际化时代，解决人力资源不足的策略显得更加多元化，制定富有吸引力的薪酬制度被认为是解决高层次人力资源不足的便捷手段，因此，无论从理论还是实践上，积极吸引人才都是一项合理且必要的政策。不过，政策是“长久之计”还是“权宜之计”则是政策矛盾中的永恒问题，突发性的危机需要当机立断的决策行为，而累积性的问题则需要思考策略的可持续性。人才危机并非一个突发性的问题，因为人才的成长和培育是复杂且长期的过程，而且人才需要良好的学术环境、必要的研究设施、高水平的科研团队以及长期潜心于学术研究的激励和保障措施等。根本上而言，人才危机不仅仅是“人”的问题，它涉及整个教育体系和学术体系的变革和有效运转。

19 世纪的美国也曾面临着像中国目前的人才生产困境：是鼓励学生去德国“学术朝圣”还是改革本国的教育体系以留住人才？当时，布利斯·佩里（Bliss Perry）写道：“德国人拥有学术的独有秘密，对此，我们 18 世纪的那些年轻人从不怀疑。……整个 19 世纪，留学德国的美国年轻人成千上万，他们到哥廷根大学、海德堡大学、莱比锡大学、柏林大学以及德国其他大学和学术中心接受专业和学术的高级训练，因为直到 19 世纪末，美国还没有形成这种方式的研究生教育和专业教育。……此外，在德国求学花费不那么高。在 19 世纪 80 年代末，留学生一年的花费，包括交通费用，估计比在美国著名大学学习一年的费用还要少三分之一。”① 人才的大量外流，激发了当时美

---

① 诺维克. 那高尚的梦想［M］. 杨豫，译. 北京：生活·读书·新知三联书店，2009：27-28.

国人改造旧学院、建立德国式的研究型大学和研究生教育的热情，他们最终选择以德国为榜样、兼顾美国自身的文化传统式样，逐步建立了现代意义上的研究型大学，尽管塔潘（Henry Philip Tappan）在密歇根大学的改革被批评者谩骂为“利用非美国化的教义，通过模仿英国贵族、德国神秘主义、普鲁士的专制和巴黎的无知使美国大学欧洲化”，公众媒介甚至批判塔潘为“我们见过的最崇洋媚外、变态的美国佬的典范”①，但那一时期的教育改革家仍然冲破了阻力，推动了美国研究型大学和研究生教育的崛起。1936 年 9 月，哈佛大学迎来了她的 300 年校庆，出席者包括来自世界各地的学者、科学家和文人。它是“美国大学之母的 300 年华诞”，是“有史以来最卓著的一次知名学者的聚会”，“它证明了就学者和科学家所取得的成就及其大学和学院事业的繁荣来看，美国时代已经开始。”②

不可否认，建立高质量的高等教育体系、实现人才的自主培养对美国的繁荣发挥了重要作用。当前我国人才的引进或人才加工依赖发达国家高等机构的“外包”方式最终会引发整个高等教育系统的式微，并难以建立和传承创新的学术生态，因为生产“人”与生产“物品”是截然不同的，教育的产品不仅是“人”，更闪耀着一个民族的理性光辉，一个缺乏科学信仰和高声望人才培养体系的国家，其科技创新是没有希望的。

三、人才战略的创新悖论

如何从“世界工厂”转变为依赖自主创新以获得科技竞争优势，这是目前我国科技政策的紧迫难题。尽管认识到“创新型人才”是解决这一难题的根本，但科技的自主创新与人才的外部依赖本身就是一个悖论，这一悖论的产生源于对“创新”概念的三个认识“误区”。

一是“创新”究竟是什么？“创新”不仅是一种物化的新思想、新产品，更是一种文化。思想和产品的创新往往是短暂的，创新文化的孕育和传承才能保持创新的可持续性，而教育系统无疑是这种文化孕育和传承的最佳场所。缺乏一个具有创新的教育和学术系统，自主创新最终将难觅出路。

---

① BUTTS R F. The college charts its course [M]. New York: McGraw-Hill Book Co., 1939: 154-155.

② 哈佛 300 周年校庆故事 [EB/OL]. [2012-03-01]. http://big5.ce.cn/gate/big5/edu.ce.cn/foreign/xy/200805/13/t20080513_15445333.shtml.

二是“创新”的主体究竟是谁？学术精英因其卓越的创新能力而成为一种稀缺资源，他们毫无疑问是重要的创新主体。但是，作为未来研究者的研究生尤其是博士生具有“双重”身份，他们首先是学生，其次更是科学研究的主力军。他们思维活跃，处于创新的上升期和高峰期，是新思想、新知识的重要生产者。正是意识到这一点，很多国家都纷纷通过提高奖学金的方式吸引各国优秀的人才，而中国优秀人才外流也主要集中在研究生阶段。因此，提升研究生教育质量，吸引更多优秀人才参与本国的研究生项目是解决未来创新人才危机的重要途径。可见，人才战略不仅要关注已取得卓越成就的人，更要创造良好的学术文化氛围来挽留和培育未来的创新人才。

三是如何认识“自主”和“依赖”的关系？创新是一个累积的过程，建设一个创新型国家需要几代人的努力和承继，并非依赖个别学术精英就可以实现。自主创新不仅关涉科技问题，更是政治、经济、教育和文化等全方位的社会问题。自主创新需要自主的人才培养体系，自主的人才培养体系不仅培养了创新所需要的“人”，更重要的是它所带来的整个民族的精神独立、文化自信和创新热情。人才的外部依赖或人才加工的“外包”策略不仅难以建立规模化的优秀人才队伍，也使得我们的科技发展永远处于跟随状态，缺乏科技创新的自主权和国际范围内的科技话语权，难以建立与中国经济大国地位相匹配的高质量的人才培养体系，最终不利于我国社会的可持续发展。

【本章参考书目】

[1] 潘晨光. 中国人才发展报告［M］. 北京：社会科学文献出版社，2011.

[2] 德博拉·斯通. 政策悖论：政治决策中的艺术［M］. 顾建光，译. 北京：中国人民大学出版社，2009.

[3] 王辉耀. 国家战略——人才改变世界［M］. 北京：人民出版社，2010：119.

[4] 王辉耀，苗绿. 人才战争2.0［M］. 北京：东方出版社，2018.

[5] 王辉耀，苗绿. 国家移民局：构建具有国际竞争力的移民管理与服务体系［M］. 北京：中国社会科学出版社，2018.

第六章　国际人才融入与实践

本章教学目标

了解国际人才融入的主要实践形式、国际人才融入的主要途径和具体措施。

【导入案例】

北京多地试点建设国际人才社区

北京将提升国际化服务环境。今年将在中关村大街等试点建设国际人才社区，积极为外籍人员就学就医提供便利。

2018 年 1 月 24 日，北京市第十五届人民代表大会第一次会议开幕。北京市时任市长陈吉宁当天做政府工作报告时如是说。

陈吉宁说，今年，北京将加大先行先试力度，在科技成果转化、知识产权保护、科技金融改革、生物医药材料通关便利化等方面，争取实施新一批创新政策。他表示，将深化中关村人才管理改革，在朝阳望京、中关村大街、未来科学城等试点建设国际人才社区。

“将以高标准推动全面开放。”陈吉宁说，北京将实行更加积极主动的开放战略，制订国际化服务环境和服务能力提升计划，营造法治化、国际化、便利化的发展环境；积极为外籍人员就学就医提供便利，深化外事侨务引资引智工作。

北京正对标国际一流、构建高精尖经济结构。面向全球引进战略性科技领军人才及团队，是北京的当然之选。

自 2017 年北京实施人才出入境新政后，571 名外籍高层次人才获得了“绿卡”。为方便外籍人才出入境，2016 年 3 月，中关村率先尝试外籍高层次人才申请永久居留的便利政策。2017 年 5 月，北京又启动实施服务业扩大开放综合试点示范区外籍人才出入境改革“新十条”，作为示范区，北京朝阳区和顺义区分别设立外国人出入境服务大厅，为外籍人才提供更宽松便捷的出入境、停居留环境。

(选自新华网. 北京多地试点建设国际人才社区［EB/OL］.［2018-01-24］. http://www.xinhuanet.com/local/2018-01/24/c_1122307749.htm.)

国际人才对区域经济、社会、文化等各方面发展具有重要意义。从全球来看，国际人才促进国际流动，推动经济、社会、文化等方面互通有无，加快了全球化进程。从区域来看，国际人才增加了多样性，提升了经济发展潜力，推动区域创新创业，当然也可能对当地人才市场和文化产生冲击，从而带来一系列的融入问题。国际人才的融入对于建立稳定、开放、生机勃勃的社区不可或缺，也将影响城市的治理和可持续发展。本章从城市、社区、特定区域三个层面探讨国际人才的融入实践。

第一节 国际人才融入的城市实践——新加坡

新加坡是一个城市国家，国土面积为 719.1 平方公里，大概是北京的一半。1965 年成立伊始，新加坡就是一个多种族国家，不同种族的人群同为新加坡公民，不分种族、语言、宗教，团结一致。可以说，新加坡是目前国际人才发展和流动的一个重要枢纽，是国际化城市建设的一个典范，它通过一系列的政策措施吸引并留住了大量国际人才，其国际人才融入经验值得借鉴。

一、国际人口现状

据新加坡总理公署公布的数据，2017 年，新加坡的总人口 561.2 万人。其中，新加坡公民 343.9 万人，占比 61%；永久居民 52.7 万，占比 9%；非居民（包括持工作准证、就业准证、访问准证、学生证等在本地逗留的外国人）164.7 万，占比 29%。[①] 在非居民中，56%为工作准证持有者（Work Permit Holder），12%为就业准证持有者（Employment Pass Holder），11%为 SP 签

① Population in brief 2017，strategy group of Prime Minister's Office | Singapore［EB/OL］. https://www.strategygroup.gov.sg/media-centre/publications/article/details/statistic-booklet—population-in-brief.

证持有者（S Pass Holder）。[1]

2008—2017 年，新加坡的人口总数从 483.9 万人增长到 561.2 万人，增长了 16%，其中，公民人口的增长率为 9%，永久居民的增长率为 10%，非居民的增长率为 38%（见图 6-1）。可见，非居民在新加坡的比例在这十年间的增长速度远高于新加坡公民和永久居民的增长速度，新加坡的国际人口呈快速增长的态势。

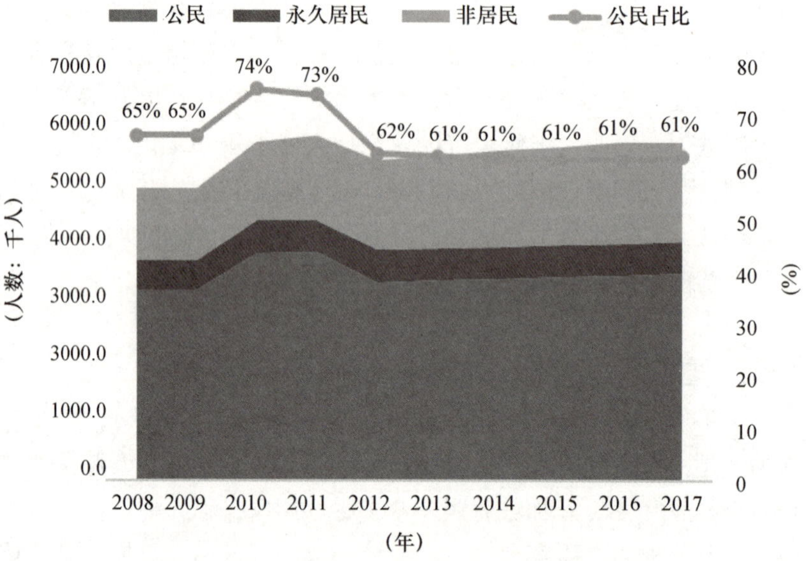

图 6-1　新加坡国际人口构成（2008—2017 年）

资料来源：Population in brief，strategy group of Prime Minister's Office，Singapore.

从劳动力市场构成来看，截至 2016 年 12 月，新加坡共有劳动人口 367.3 万人，其中本国劳动人口 228.0 万人，外国劳动人口 139.3 万人，外国劳动人口占劳动人口总数的 38%。分行业来看，外国劳动人口是新加坡建筑业的主要组成部分，占比 75%；制造业中本国与外国劳动人口的比例接近 1∶1；本国劳动人口则是服务业的主要组成部分（71%）[2]，如图 6-2 所示。

从劳动力的变化情况看，2008 年经济危机爆发前，外国劳动人口快速增

① Department of Statistics，Ministry of Manpower.

② Summary table：employment，labour market statistical information，Ministry of Manpower［EB/OL］. http://stats.mom.gov.sg/Pages/Employment-Summary-Table.aspx.

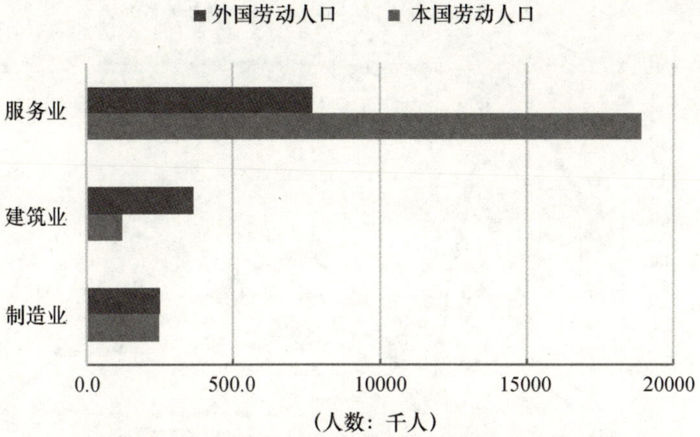

图 6-2 劳动人口行业分布情况（2016 年 12 月）

资料来源：Summary table：employment，labour market statistical information，Ministry of Manpower.

长，本国劳动力虽也呈增长态势，但速度较慢。经济危机期间，新加坡经济下滑，失业率上升，外国劳动人口快速下降，本国劳动人口增速下降。经济危机过后至 2011 年，随着经济逐渐复苏，政府再次调整外国劳动力流入门槛，外国劳动人口又呈现出快速增长的态势，本国劳动人口变化较小。2011—2014 年，外国劳动人口增速下降，本国劳动人口增速加快；近两年，本国与外国劳动人口增速持续降低，但本国劳动人口在 2016 年出现缓慢增长，如图 6-3 所示。总体而言，外国劳动人口除在 2008 年受经济危机影响数量出现大幅度减少外，在 2006—2016 年的十年间整体呈增长态势，但增速自 2011 年开始呈下降趋势。

虽然新加坡的常住人口总量在过去十年间呈上升趋势，但人口生育率持续下降，老年抚养比①快速增长。2017 年数据显示，新加坡常住人口的生育率为 1. 16‰，远低于人口可持续发展的生育率（2. 33‰），而且老年抚养比已达到 18. 1%（见图 6-4），即平均每 100 名 25~64 岁人口对应 18. 1 名 65 岁及以上的老年人口，老龄人口对社会发展的压力持续增加。② 由于新加坡的人口生育率持续下降，自身无法及时补充老龄化和去世的人口，人口总数将下降，

① Old-age dependency ratio：residents ages 65 years & over per hundred residents aged 20-64 years.

② Department of Statistics Singapore. Population trends 2017 [EB/OL]. https://www.singstat.gov.sg/publications/publications-and-papers/population-and-population-structure/population-trends.

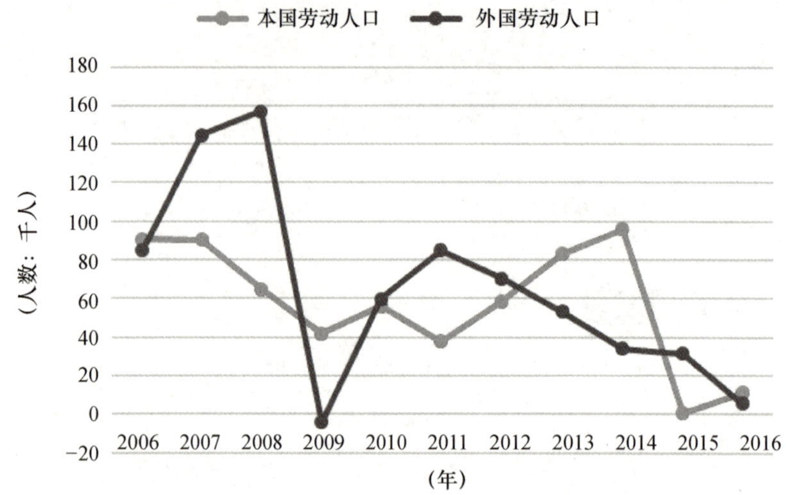

图 6-3　新加坡本国、外国劳动力人口变化情况（2006—2016 年）

资料来源：Summary table：employment，labour market statistical information，Ministry of Manpower.

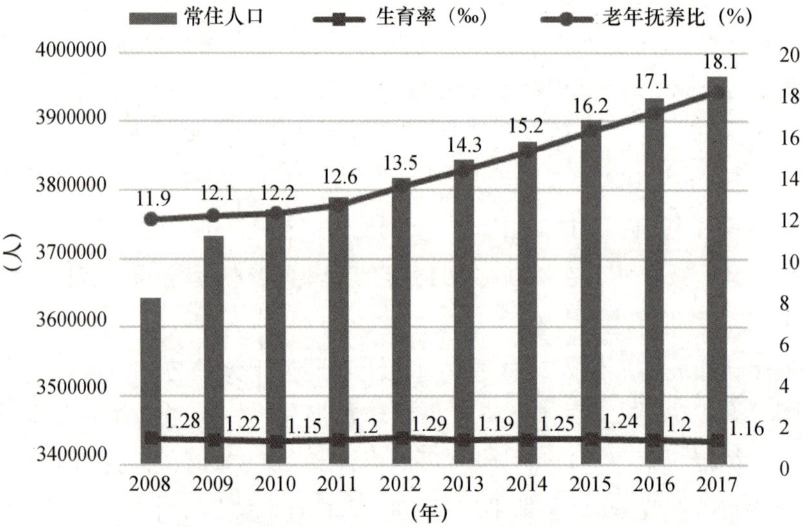

图 6-4　新加坡常住人口生育率及老年抚养比（2008—2017 年）

资料来源：Population trends 2017，Department of Statistics Singapore.

劳动人口也将随之减少，会对经济产生严重影响。因此，新加坡需要国际人才，一方面补充日益减少的人口数量，另一方面保持新加坡经济的竞争力。

二、吸引国际人才的政策及管理体系

在全球人才竞争力排名中，新加坡凭借完善的政府监管、良好的市场环境和推动经济发展的能力在全球名列前茅。由 Adecco 集团、英士商学院（INSEAD）和塔塔通信公司（TATA）在达沃斯世界经济论坛联合发布的 2018 全球人才竞争力指数（Global Talent Competitiveness Index，GTCI）显示，新加坡的人才竞争力在全球排名第二，仅次于瑞士，在吸引和留存国际人才方面是亚洲排名最高的国家，反映出其世界一流的教育体系和在数字信息时代良好的适应技能。[①] 这也可管窥新加坡人才引进和人才融入政策的成效。

新加坡的国际人才吸引政策分为两个层面：一方面针对技术不够熟练的工人，另一方面针对熟练工人、专业工作者和企业家、投资者。对于熟练工人和专业工作者，新加坡一直持欢迎态度，因为这类人群可以为新加坡做出重要的经济贡献。新加坡不仅允许技术移民，还鼓励他们在新加坡扎根，成为永久居民。而对于技术不够熟练或低级技术人员，只有在严格条件下才允许其在新加坡工作，而且工作完成或合同终止后需要回到来源国，除非能将其技能提升到符合永久居民的水平。低级技术人员不能将家人带到新加坡或申请成为新加坡公民。[②]

在新加坡，对国际人口的管理由三部法律进行规范：《移民法》（Immigration Act）、《雇佣外来人力法令》（Employment of Foreign Manpower Act，EFMA）和《就业介绍所法》（Employment Agency Act）。这三部法律不仅管理国际人口的出入境，还明确规定了雇主、外国工人以及就业介绍所的权利和义务。从管理机构来看，出入境管理由内政部（Ministry of Home Affairs）的移民与关卡局（Immigration & Checkpoints Authority，ICA）负责，新加坡警察部队（Singapore Police Force，SPF）和海岸警卫队（Police Coast Guard，PCG）进行协助；人力部（Ministry of Manpower，MOM）则负责国外工人就业的管理，包括雇主、中介机构和外国工人的权利和义务。

---

① INSEAD（2018）：The Global Talent Competitiveness Index 2018，Fontainebleau，France.

② TENG，YAP MUI. Chapter 10：Singapore's system for managing foreign manpower. Singapore：Lee Kuan Yew School of Public Policy［EB/OL］. http://lkyspp2.nus.edu.sg/ips/wp-content/uploads/sites/2/2013/04/pa_MT_Managing-International-Migration-for-Development-in-East-Asia-Research-Papers_240215.pdf.

1. 国际人才管理体系

具体而言，外国工人就业主要依靠工作通行证进行规范管理，主要包括针对专业人士的就业准证（Employment Pass，EP）、熟练及半熟练技术工人（Skilled and semi-skilled workers）、受训者与学生（Trainees and students）、家庭成员（Family members）和豁免与持旅游签证期间的工作（Exemptions and working while on a visit pass）五类，在这五类的基础上，又进行了细分，同时对相应的群体又进行标准限定（见表6-1）。

表6-1　　新加坡工作通行证类别

专业人士	
准证种类	对应人士
就业准证（俗称EP准证，Employment Pass）	适用于外籍职业人士、经理与高管。准证候选人月薪应不低于3 600新加坡元，并具有可接受的相应资质
企业家准证（Entre Pass）	适用于希望在新加坡开办和经营新业务的合格外籍企业家
个人化EP准证（也称PEP准证，Personalised Employment Pass）	适用于高收入的现有就业准证持有人或外籍专业人员。与就业准证相比，PEP具有更大的灵活性
熟练及半熟练技术工人	
准证种类	对应人士
S准证（S Pass）	适用于中等技能人员。候选人每月收入应不低于2 300新加坡元，并符合相应评估标准
外籍工人工作许可（Work Permit for foreign worker）	适用于建筑业、制造业、造船厂、加工或服务业的半熟练外籍工人
外籍家政工人工作许可（Work Permit for foreign domestic worker）	适用于在新加坡工作的外籍家政工人
月子保姆工作许可（Work Permit for confinement nanny）	适用于马来西亚籍月子保姆，其可以在其雇主家婴儿出生后的至多16周内在新加坡工作
表演艺术家工作许可（Work Permit for performing artiste）	适用于在酒吧、酒店和夜总会等公共娱乐场所工作的外籍演艺人员

续表

受训者与学生	
准证种类	对应人士
培训准证（也译作 TEP 准证，Training Employment Pass）	适用于正在接受实践培训的外籍职业人士。准证候选人每月收入应不低于 3 000 新加坡元
工作假日准证（“工作假日”项目）[Work Holiday Pass（under Work Holiday Programme）]	适用于年龄在 18~25 岁之间，在新加坡工作与度假不超过 6 个月的外籍学生或毕业生
工作假日准证（“工作与假日签证”项目）[Work Holiday Pass（under Work and Holiday Visa Programme）]	适用于年龄在 18~30 岁之间，在新加坡工作与度假不超过 1 年的澳大利亚籍学生或毕业生
培训工作许可（也译作 TWP 许可，Training Work Permit）	适用于在新加坡接受不超过 6 个月实践训练的外籍半熟练受训人或学生

家庭成员	
准证种类	对应人士
家属准证（Dependant′s Pass）	适用于有效就业准证或 S 准证持有者的配偶和子女
长期访问签证（LTVP）（Long Term Visit Pass）	适用于有效就业准证或 S 准证持有者的父母、普通法配偶（译者注：普通法配偶包括同居但尚未完成结婚法律手续的伴侣等情况）、继子女或残障子女
预先批准的工作批准信（PLOC）（Pre-approved Letter of Consent）	适用于持有移民与入境局（ICA）发放的长期访问签证（LTVP/LTVP+）的，新加坡公民或永久居民的配偶或子女。PLOC 批准信持有者将被“预先批准”在新加坡工作。PLOC 批准信只能在申请或更新其长期访问签证时同时申请
工作批准信（LOC）（Letter of Consent）	适用于持有移民与入境局（ICA）发放的家属准证或长期访问签证的，就业准证持有者配偶或子女。LOC 批准信持有者可以在新加坡工作。雇主必须（为相应雇员）申请 LOC 批准信

豁免与持旅游签证期间的工作	
准证种类	对应人士
杂工工作准证（Miscellaneous Work Pass）	适用于在新加坡从事最长 60 天短期工作的外籍人士

续表

豁免与持旅游签证期间的工作	
准证种类	对应人士
工作准证豁免活动（Work Pass Exempt Activities）	适用于在无工作准证的情况下从事符合要求的短期活动。豁免候选人必须向新加坡人力部（MOM）告知其活动
外籍学生工作准证豁免（Work pass exemption for foreign students）	适用于在受认可的新加坡学校或教育机构进行全日制学习的外籍学生
长期访问签证［由移民与入境局（ICA）颁发］持有者工作准证（Work passes for holders of Long Term Visit Passes issued by ICA）	适用于与新加坡公民或永久居民结婚的外籍人士，或在新加坡学习的儿童的陪读父母

资料来源：Ministry of Manpower［EB/OL］. http://www.mom.gov.sg/passes-and-permits, 2019/12/20.

根据新加坡人力部公布的数据，2012—2016 年的 5 年间颁发给外国人的工作通行证从 126.8 万个增长到 139.3 万个，增长了 9.8%（见图 6-5）。在所有工作通行证类型中，工作准证（WP）的占比最大，增幅也最大，达到 52.9%；S 准证和就业准证（EP）的颁发数量相对较少，S 准证的增长率相对较快，为 26.2%；就业准证仅增长了 10.6%，增幅最小。①

2. 吸引国际人才的政策措施

新加坡积极吸引国际人才起始于 20 世纪 80 年代末，由于国民经济从劳动密集型向科技密集型转变，需要大量高技能人才，鉴于新加坡人口有限且本国公民的生育率持续降低，政府积极从海外招聘高技能人才。1988 年，杰出企业家和专业人士计划（Eminent Entrepreneurs/Professional Scheme）启动。最初通过提供永久居留权吸引在香港地区的精英高技能人才来新加坡发展，后来扩大到在全球范围内广泛吸纳高技能人才，同时为方便接收国际人才，永久居留的标准也逐渐降低。此外，为吸引高技能人才，新加坡经济发展局于 1991 年专门成立了国际人才项目（International Manpower Program）；总理

① Ministry of Manpower. Foreign workforce numbers［EB/OL］. http://www.mom.gov.sg/documents-and-publications/foreign-workforce-numbers.

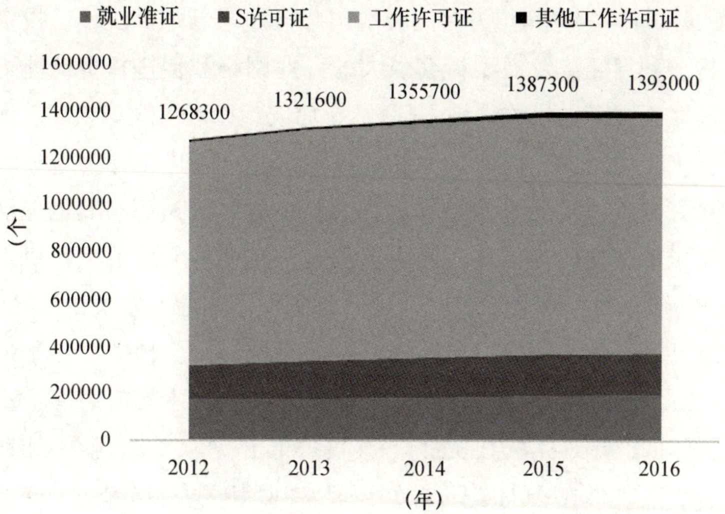

图 6-5　新加坡工作通行证发放数量（2012—2016 年）

资料来源：Ministry of Manpower，Foreign workforce numbers.

办公署也于 1995 年成立了国际人才工作组（Foreign Talent Unit），虽然成立之初以处理低技能劳动就业为主，但在归入人力部之后承担起吸引国际人才的责任，包括吸引高技能人才的任务。①

随着大量高技能人才的引进，新加坡制定了“成为全球高技能人才聚集地”的目标，于是在 1998 年成立了新加坡人才招聘委员会（Singapore Talent Recruitment Committee，STAR Committee）。委员会的职责主要包括三个方面：一是制定和实施能吸引并留住国际国内高技能人才的战略；二是将新加坡建设成为高技能人力资源的全球中心，通过促进新加坡人与外国人的融合，维持强大社会凝聚力和民族活力；三是评估公共部门和私营部门关于吸引外国高技能工人和发展国内人力资源的建议。②

1997 年，新加坡经济发展委员会和人力部联合成立“联系新加坡”

① KAORI IWASAKI. Singapore's strategies for attracting highly-skilled foreign human resources-how does Singapore recruit foreign talent [J]. Pacific business and industries，XV (56)，2015：2-27.

② Singapore Government Press Release. Speech by George Yeo，Minister for Information & the Art and Second Minister for Trade & Industry，at the 1988 Enterprise 50 Award Presentation and Gala Dinner on 25 November 1998 at 7. 30 PM at Westin Stamford Hotel [EB/OL]. http://www.nas.gov.sg/archivesonline/speeches/view-html? filename=1998112502.htm.

(Contact Singapore)，将其作为专门吸引国际人才来新加坡工作、投资和生活的政府机构。利用经济发展委员会强大的商业网络和促进投资的能力，以及人力部广泛联系国际人才的优势，“联系新加坡”以吸引全球人才、海外投资者和高净值人士为目的，以此扩大新加坡的国际人才库，并为新加坡创造经济财富和良好的工作机会。[①] 此外，“联系新加坡”网站还与其他经济部门等共同创建了求职网站，为国际人才提供从技术到金融领域的工作机会，能够通过平台查看工作机会并提交简历，极大地方便了国际人才来新加坡求职。

为发展知识经济、构建21世纪人力资源战略蓝图，1999年新加坡启动了“人力资源21计划”[②]，发布《人力21世纪：一个人才都市的远景》（Manpower 21：Vision of a Talent Capital）。该报告指出，“人力资源21计划”的主要目标是保持新加坡在21世纪全球知识经济环境下的战略优势，确保新加坡在知识、技能和才能等领域的人力资本竞争优势。[③]

新加坡吸引高技能国际人才的热情在21世纪第一个十年达到了顶峰，20世纪90年代建立的诸多机制在这一阶段开始实施实际的招聘活动，政府于2007年开始推行个性化就业准证（Personalized Employment Pass）。2004年，新加坡政府还推出了“全球投资者计划”（Global Investor Program）和“金融投资者计划”（Financial Investor Scheme），为计划中的外国投资者和创业者提供永久居留权。相比于就业准证对居住年限、工资、学历等一系列的要求，“全球投资者计划”和“金融投资计划”将制度优惠待遇提高到一个新的水平。

2010年以来，国际人口的大量涌入引起了本地居民越来越多的批评和不满，就业、住房、交通和文化身份认同等问题日益严重，新加坡政府放缓了吸引国际人才的步伐。“金融投资者计划”于2012年被取消，全球投资者计划的标准也有所提升。

---

① Ministry of Manpower. New contact Singapore launched to attract global talent to work, invest and live in Singapore [EB/OL]. http://www.mom.gov.sg/newsroom/press-releases/2008/new-contact-singapore-launched-to-attract-global-talent-to-work-invest-and-live-in-singapore.

② Singapore Government Press Release. Launch of manpower 21 plan [EB/OL]. http://www.nas.gov.sg/archivesonline/speeches/view-html? filename=1999083105. htm.

③ 全球化智库. 新加坡：一个人才都市的远景. [EB/OL]. [2016-3-14]. http://www.ccg.org.cn/Research/View.aspx? Id=3581.

三、促进国际人才融入

(一) 国际人才融入的必要性[①]

作为公共政策的重要组成部分，新加坡的国际人才政策对新加坡社会有着深远的影响。一方面，它为新加坡的经济增长提供有效的支持。根据新加坡贸工部的统计，20 世纪 90 年代的 10 年间，外籍人士对新加坡 GDP 增长的贡献度为 41%，其中 37%来自有专业技术的白领阶层。[②] 但是，另一方面，外来人口的迅速增长也给新加坡带来了严峻的社会问题和政策挑战。不少新加坡人认为新移民（包括来自中国大陆的移民）与他们之间存在显著的社会与文化差异，而他们的大批到来，也使整个社会对有限资源（工作、住房、交通、学校、医疗）的竞争更为激烈；同时，他们还质疑新移民对新加坡的效忠度。

为了让外国人才能够更好地融入新加坡、留在新加坡，减少社会的不满情绪，新加坡政府对人才政策进行了多次调整，在开放门户的同时提高门槛。而且新加坡政府越来越重视新移民的融合，《人口白皮书 2013》强调，对于新移民，融入新加坡社会显得尤为重要。大多数新移民与新加坡公民都拥有相似的道德背景，但是仍有少数需要花时间来适应新加坡社会的道德准则、文化以及价值观。其孩子及后代由于在新加坡长大并且享有模式化经历，故将会很好地融入新加坡文化中。同时，政府通过各种努力促进新移民适应新加坡的生活方式，帮助他们沉根，这也增加了新加坡的民族多样性。

《人口白皮书 2013》中提到了促进社会融合的几个途径：其一，利用自然的接触点，例如学校、国家服务部以及社区等，鼓励新移民像其他新加坡公民一样去了解他们的邻居，并积极参加社区活动。其二，鼓励使用通用语言（英语），以更好地建立相互理解的纽带，对于想要学习英文的人，新加坡会为他们提供充足的机会，例如由人民协会（People's Association）以及全国职工总会举办英语课程，以帮助他们学习英语。其三，鼓励新加坡本土居民与新移民之间建立思想上的互相欣赏、互相信任以及真诚的关系。而坚固的社区纽带可以帮助社区居民克服可能出现的危急情况，因此鼓励更多的新加

① 本部分选自刘宏，王辉耀. 新加坡人才战略与实践［M］. 北京：党建读物出版社，2015.

② 王辉耀. 人才战争［M］. 北京：中信出版社，2009.

坡公民散播新加坡促进民族融合的希望，帮助建立一个更加和谐的社会。

（二）促进国际人才融入的相关机构

新加坡的一些机构和组织，如国民融合理事会（National Integration Council，NIC）、企业家行动社区（Action Community for Entrepreneurs，ACE）等，为促进新加坡公民、新移民与外国人之间的融合发挥了重要作用。

1. 国民融合理事会

新加坡人的祖先主要来自马来半岛、印尼群岛、中国、印度次大陆和斯里兰卡等不同的国家和地区。尽管有着不同的背景和起源，但是新加坡人有信心、有能力去建设一个和谐社会，因为新加坡人把互相理解、包容、接受作为重要的价值观。但由于这种价值观还没有完全自然地融入每一位新加坡公民的（也包括非公民）心中，并使其认识到自己在社会和谐方面具有重大作用。因此，新加坡在2009年4月建立了国民融合理事会。国民融合理事会成立的目的在于推动和促进新加坡人、外来新移民以及外国人三者之间的融合。当然这种融合并不包括让新移民放弃自己的信仰和文化；相反，新加坡鼓励和期望新移民去分享其价值观和经验，以促进新加坡人、新移民以及外国人更好地融合在一起，并集中精力为自己和下一代建设美好家园。[①] 通过促进融合，以期达到以下五个方面的目标。

——提高各方面对移民融合对于国家和社会持续成功的重要性的认识。

——帮助新居民适应新加坡的生活方式，如帮助他们更好地理解当地的文化和社会规范。

——为新加坡人和新移民的相互交流、成长提供公共空间和互动平台。

——促进新加坡人与外来移民共同分享经验，通过相互交流增进相互了解，扩大相互的接纳程度。

——培养、加深新加坡人和外来移民的情感和归属感。

国民融合理事会与来自公共、民众和私营部门的合作伙伴进行战略合作，以制定相应的融合措施，在寻求促进融合时遵循以下原则：其一，融合是两个过程。成功的融合首先需要在当地人和新移民之间建立人际关系。因此，双方都可以发挥作用。其二，每个人都可以扮演角色，任何努力都不会太小

---

① National Integration Council [EB/OL]. [2019-12-20]. https://www.nationalintegrationcouncil.org.sg/about/national-integration-council/.

或不足。跨越社会各个领域和不同阶层的所有人，都可以在日常生活中帮助加深新加坡的社会融合，从而使融合长期有效和持续。其三，融合需要时间。移民在另一个国家度过了成长的岁月，并可能带来自己的社交习惯、语言、信仰和价值观。因此，他们将需要时间来了解并适应当地规范和习俗，融合是一个持续的过程，需要付出决心、耐心和毅力，经历时间的沉淀方可硕果累累。①

国民融合理事会内部由25个代表成员组成，他们分别来自公众和私营部门，由青年、社区与文化部部长主持，下设秘书处和社区工作小组（community）、媒体工作小组（media）、教育工作小组（schools）、工作场所工作小组（workplaces）等4个小组。国民融合理事会结构框架如图6-6所示。理事会定期开会，共同讨论能促进国民融合的策略和方案，4个工作小组的职能见表6-2。

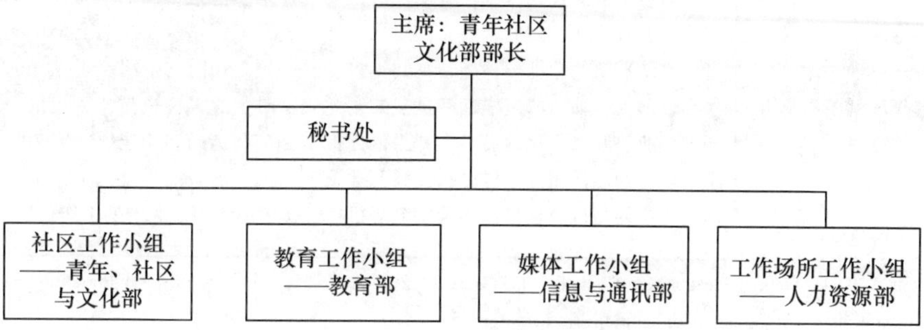

图6-6 国民融合理事会结构框架

资料来源：National Integration Council [EB/OL]. [2019-12-20]. https://www.nationalintegrationcouncil.org.sg/about/national-integration-working-groups.

表6-2 国民融合理事会主要组成部分

主要组成部分	主要职能
社区工作小组	基于国民的共同利益，为非新加坡公民创造相互交流的机会，同时也致力于为新移民提供软技能和社会规范方面的教育。 社区工作小组一方面鼓励新移民参与一些活动以拓展个人关系网络，结交新朋友和其他民族的朋友等；另一方面也鼓励当地人为新加入新加坡的人群提供一个舒适的环境，以建立信任和相互理解。社区工作小组通过提供关系网和人力资源方面的支持，帮助社区成员实现创新发展和平稳的融合

① National Integration Council [EB/OL]. [2019-12-20]. https://www.nationalintegrationcouncil.org.sg/about/national-integration-council/.

续表

主要组成部分	主要职能
媒体工作小组	与主要合作伙伴一起提升新加坡全体公民的融合，尤其是提升新加坡人、新移民与永久居民的融合。媒体工作小组利用各种媒体平台宣传和强调团结与社区精神的重要性，促进互相学习和借鉴。另外，该小组还将积极探索互动喜剧或者比赛等新平台，以实现不同种族之间的信息交流
教育工作小组	学校和教育机构是实现人口自然融合的很好的平台，在鼓励当地学生以包容开放的心态去接受外来学生方面有很重要的作用。教育工作小组主要是与学校等教育机构合作促进种族之间的相互交流，其中也包括帮助新来者深入了解新加坡，促进新加坡种族和谐，相互尊重和增强社会凝聚力
工作场所工作小组	新加坡是个多种族国家，这使他的劳动力在本质上是不同的。另外，不断变化的人口特征，使更多的女性步入职场，进入工作场所。再加上全球化的出现，使不同的性别、种族、不同年龄、国籍的人在同一个组织里工作，这些都增加了劳动力的多样性。员工的多元化，对企业来说也是一种挑战，它要求企业协调多元化的员工，并为他们提供一个和谐的工作场所，因为一个团结协作的多样化的集体能够提高商业绩效和员工的敬业程度。工作场所工作小组主要与行业合作伙伴及工会等机构合作创建包容、和谐的工作场所

资料来源：National Integration Council［EB/OL］．［2019-12-20］．https://www.nationalintegrationcouncil.org.sg/about/national-integration-working-groups.

通过宣传融合政策，帮助新移民了解、适应新加坡的生活方式、社会规范，为新加坡人与新移民提供交流平台，帮助建立新加坡人与新移民之间的良好关系等各方面的努力，国民融合理事会催动新移民对新加坡社会产生认同感和归属感，使其真正融入新加坡。

2. 企业家行动社区

新加坡企业家行动社区（Action Community for Entrepreneurs，ACE）是由私人和公共部门共同创建的组织，旨在推动新加坡的企业家精神和创新。ACE 由贸易和工业部于 2003 年发起，并于 2014 年改组为私人实体。在国家发展部、贸易和工业部国务卿高级部长的支持下，ACE 得到了政府的支持。其主要目标是提供全面的社区战略支持，促进企业家精神，帮助有抱负的企业家创建一个充满活力的社区，扩大创业规模并建立明星企业，把这些企业家的资源、知识和人脉联系在一起，在促进社会交流、合作、学习的同时创造一个良好的创业环境，形成最具活力和影响力的互联创业生态系统。①

企业家行动社区由董事会（board of directors）、管理组（management team）、海外组（overseas team）、创业特派记者（launchpad journalists）及设施与人力资源（appointments & HR）、审计与合规（audit & compliance）、金融与投资（finance & Investments）、女性创业（women entrepreneurship）、商务指导（mentorship）等下属委员会（sub-committee）组成。②其中，董事会由新加坡国家发展部、贸易和工业部国务卿高级部长支持，由经验丰富的企业家和沉浸在企业家生态系统中的专业人员构成。

除了上述机构组织之外，新加坡企业家行动社区还有一项启动资金，其目的在于帮助新加坡企业家在创业路上迈出第一步，这在发扬创业精神的同时又为新加坡创造了更多有价值的职位。新加坡企业家行动社区启动资金针对的人群为：首次创业的新加坡公民和常住居民；最少掌握 30%的商业股权（截至申请时，其公司需运营至少 6 个月，至少有 51%的股份由新加坡公民或常住居民掌握，且在新加坡境内从事主体经营活动）；是主要的决策制定者并全权对公司负责。③

国民融合理事会、企业家行动社区分别从宏观和微观两方面推动新加坡人、新移民与外国人之间的融合，并且收到了良好的效果。新移民通过参与活动进一步了解了新加坡的历史、人文，熟悉了新加坡环境，同时还结交到新的朋友。这些活动在潜移默化中消弭新加坡人、新移民以及外国人之间的陌生感，促进了他们之间的融合，同时也促进了新加坡经济的发展。

（三）促进人才融入的实践

除了设置相应的机构促进人才融入，新加坡政府还通过社区融合基金、国际研究者俱乐部、新加坡公民之旅等各种项目和实践活动将人才融合发展的构想落在了实处。

1. 社区融合基金

社区融合基金于 2009 年 9 月设立，是国民融合理事会为促进国民融合而

---

①② Action community for entrepreneurship［EB/OL］.［2019-12-20］.http://ace.org.sg/about-us/#our-team.

③ Action community for entrepreneurship［EB/OL］.［2019-12-20］. http://ace.org.sg/programmes/start/startupsg-founder-grant/.

设立的资金项目。[①] 社区融合基金资助的具体活动见表 6-3。

表 6-3　　社区融合基金资助的活动类型

活动的目标	资助的活动类型
提供有关新加坡的信息和资源	能够提升当地历史、文化和社会认识的游学活动、实地考察、研讨会、出版物和产品
鼓励当地人、移民和外国人间的社会交往	可提供群众根据共同兴趣（如艺术、体育）交往平台的活动
促进看待融合的良好心态	深化相互理解的项目，例如多元化社团、文化项目和媒体工作
鼓励移民在新加坡的情感认同和参与	移民群体的志愿者活动和建立与新加坡社会联系的其他活动

资料来源：National Integration Council [EB/OL].[2019-12-20].http://nationalintegrationcouncil.org.sg/funding/community.

社区融合基金支持的比较有代表性的活动项目包括新加坡传统走访、新加坡管理学院国际生活动、新加坡健康服务浸入式项目（Singapore Healthcare Immersion Programme）等。

新加坡传统走访。为给当地人和移民提供学习新加坡多元传统文化的机会，新加坡华人联合会组织了新加坡传统文化走访活动，意在提升种族和宗教的交融和谐。2015 年，逾百名参与者参观了欧亚社区之家、福海禅寺等场所，鼓励了移民学习祖辈精神，为建设新加坡贡献力量。[②]

新加坡管理学院国际生活动。新加坡管理研究院开展了一系列定向破冰项目，帮助国际学生适应新加坡的生活。在整个课程学习过程中，学院组织讲座和学习会，给国际学生提供一些在新加坡生活的小提示，在方便他们生活的同时也使学生对新加坡的民族文化、生活有更深入的了解。此外，他们还组织国际学生去参观新加坡的阿拉伯区、印度区、唐人街等，让他们亲身感受新加坡文化的多元性，当地学生也作为导师为国际学生服务，帮助他们

①② Community Integration Fund [EB/OL]. [2019-12-20]. https://nationalintegrationcouncil.org.sg/docs/default-source/pdf/community-integration-fund-brochure.pdf.

扩展当地的社会网络。[①]

新加坡健康服务浸入式项目。新加坡健康服务浸入式项目主要是帮助刚到新加坡的医疗专业人员适应新加坡的工作和生活，该项目的一个重点是让新人了解新加坡当地的价值观念与其自身文化的细微差别，使其更好地适应新加坡的生活，促进他们与同事之间的交流，使其更好地服务病患。[②]

社区作为新移民接触、认识新加坡社会的一个平台，在新移民融合中有着举足轻重的作用。社区融合基金资助举办的传统走访、管理学院国际生活动、健康服务浸入式项目等都收到了很好的效果。这些活动项目一方面使新移民感受到了新加坡政府和社会对他们的接纳，消解了他们初到异乡的担心与忧虑。另一方面也加快了新移民对新加坡历史文化和价值观念的接受速度。曾有移民表示，新加坡政府提供的各项活动使他更倾向于新加坡的文化和生活方式了。这些项目促进了新加坡人与新移民之间的交流，使他们在参与活动的过程中增进彼此的了解，最终实现双向融入。

2. 国际研究者俱乐部

随着新加坡科学技术水平的迅速提升，大量的外国研究人员纷纷来到新加坡。在这种背景下，2001 年 8 月新加坡科学中心（Singapore Science Center）资助建立了国际研究者俱乐部（International Researchers Club）。

国际研究者俱乐部有以下三个主要职责：第一，创造一个有活力、有创造力的新加坡科研社群；第二，利用社团成员的技术与职业特长奉献新加坡社会；第三，为成员和成员家庭组织教育、文化、娱乐和福利等方面的活动。[③]

所有 21 岁以上的新加坡公民、永久居民、新加坡就业证持有者都可以申请成为国际研究者俱乐部的成员。无论是外籍还是当地的研究科学家、工程师，俱乐部都对其持开放的态度。[④] 国际研究者俱乐部实行会员制，其会员分

---

①② Community Integration Fund [EB/OL]. [2019-12-20]. https://nationalintegrationcouncil.org.sg/docs/default-source/pdf/community-integration-fund-brochure.pdf.

③ IRC Constitution [EB/OL]. [2019-12-20]. http://irc.org.sg/wp-content/uploads/2016/07/IRC-Constitution_amended_on18Apr2016.pdf.

④ International Researchers Club [EB/OL]. [2019-12-20]. http://www.irc.org.sg/membership_info.

为三种：普通会员，只针对非新加坡居民的外国研究者；主要会员，只针对新加坡的公民和学生研究员；补充会员，针对普通会员和主要会员的配偶。①

3. 新加坡公民之旅

新加坡公民之旅是促进新公民融合的一个重要项目，由国民融合理事会、新加坡移民与关卡局（Immigration& Checkpoints Authority of Singapore）和人民协会三个机构共同努力推进。②

新加坡移民与关卡局是一个政府代理机关，归内政部管理，主要负责新加坡的边境安全。具体职责包括：对进入新加坡的条件和目的不良的人员和货物进行检查；海运、空运的检查；新加坡公民的旅行证件、身份证和各种外来人口的移民通过许可的办理，另外，新加坡移民与关卡局还对移民罪犯进行打击。③

人民协会建立于1960年，目的是促进种族和谐、增强社会凝聚力。人民协会的构成由1 800个基层组织、社区俱乐部以及5个社区发展理事会（如国民青年理事会、国家社区领导学院、新加坡外展训练中心等）构成。为了实现“一个民族、一个新加坡”（One People，One Singapore）目标，人民协会发起和施行了一系列的范围广泛的项目和服务来满足来自各行各业的新加坡人的兴趣和需求。④人民协会将协助新移民融入社区的过程分为4个阶段：通过家访或茶会认识新移民，邀请新移民参与社区活动（包括社区节庆活动、选区之旅、组屋聚会、楼层派对等）或兴趣小组、民众俱乐部的课程等，培养新移民成为社区活动的固定参与者，鼓励新移民成为基层领袖服务社区。人民协会利用其基层组织的优势每年吸引4万~5万名新移民参与社区活动，使新移民在3年内成为基层领袖服务社区。

新加坡公民之旅有3个环节：网上课程、半日游和社区对话会。新加坡准公民必须在两个月内完成这3个环节才能获得公民权。网上课程旨在使准公民以各自的节奏熟悉新加坡，包括国家的历史与发展、重点政策法规和建设和谐社会的努力等。课程包括历史与人物、政策与工作生活环境、文化和

① International Researchers Club［EB/OL］.［2019-12-20］. http://www.irc.org.sg/benefits.

②③④ Singapore Citizenship Journey［EB/OL］.［2019-12-20］. http:/nationalintegrationcouncil.org.sg/citizenship/singapore-citizenship-journey.

规范、全面防卫4个部分。半日游是指准公民用半天的时间参观新加坡国家博物馆、市区重建局、国会大厦等地标性建筑，以加深对新加坡历史、未来规划和国会制度的了解。社区对话会在准公民所住的选区内进行，是一个互动性比较强的环节。在这一环节里，由人民协会的基层领导负责向准公民介绍所住选区的社区活动和志愿活动，鼓励准公民与当地人接触，使准公民对社区有更进一步的了解。

第二节 国际人才融入的区域实践[①]

一、国际化人才特区的概念和内涵

（一）国际化人才特区的概念

国际化人才特区是具有中国特色的新生概念。苗月霞认为，“人才特区”是在全球化和知识经济快速发展、市场经济体制不断完善的背景下，由地方政府提出的人才政策和体制机制创新试验。[②] “人才特区”通过创新人才政策体系、打造人才交流平台、优化人才配套服务、完善人才生活设施，全面推动区域人才集聚、产业结构升级、双创氛围加强，并对周边地区起到积极的带动作用。“国际化”强调了其国际化视野和发展目标，要打破国际壁垒，面向国内外引进人才，打造具有国际竞争力的工作、创业、生活环境，加强国际交流交往，创造国际化的氛围，使“人才特区”成为具有国际影响力的人才发展核心区。

（二）国际化人才特区的内涵

2019年2月，《粤港澳大湾区发展规划纲要》颁布，要求广州南沙“积极探索有利于人才发展的政策和机制，加快创建国际化人才特区”，这是国家首次对一个地区提出“国际化人才特区”的战略定位。尽管国际化人才特区的概念在其他城市未被广泛使用，但部分城市、学术机构对城市国际化发展、国际人才竞争力等方面提供了相关借鉴。[③] 大体来说，国际化人才特区主要包括以下几个要素。

① 本节内容基于全球化智库（CCG）2015年以来与广州南沙、北京石景山等地合作的研究课题修改整合而成，在此对相关地方政府人才工作部门表示感谢。

② 苗月霞. 我国地方政府“人才特区”建设研究［J］. 中国行政管理，2012（10）：34-37.

③ 李俊，许迪. 国际化城市的理论研究、评价指标与经验启示［J］. 技术与应用，2017（4）.

1. 国际人才引进培养平台

拥有吸引各个层次的国际人才来这一地区发展的引进平台，有国际人力资源服务机构的进驻，拥有受国际认可的高校、技能培养机构，满足自身国际人才需求的同时，对周边地区起到带动作用。

2. 开放的经济发展环境

对外商、外资进入市场的限制较少，对经济社会发展领域的进口设备、材料收取的关税相对较低，人流、物流通关便利，法治化环境较好。产业发展，重点产业集聚形成规模等。

3. 创新创业发展环境

拥有国际人才创新创业的发展平台，政策扶持，所需的场地，以及相关的培训和指导等。

4. 国际化生活环境

区域内与国际生活环境标准接轨，国际语言环境基本形成，各国居民形成和谐共处的和谐社区气氛，具有多元的、开放友好的融合环境。经常开展一些促进文化交流的活动，开展国际文化交流会等活动。

5. 国际影响力

地区与国外合作交流的壁垒较少，企业、社会组织与海外机构交往紧密，国际会展、论坛等多种形式多个方面国际交流合作平台较多等。

二、国际化人才特区评价指标

在构建国际化人才特区的过程中，往往需要一个具体的评价体系，这里在遵循了全面性、合理性、动态性、可量化性和可操作性的基本原则下，博采众长尽可能地选取具有代表性的指标，对国际化人才特区建设进行评估。本指标共有一级指标 5 个，二级指标 11 个，三级指标 44 个。一级指标涵盖了区域人才国际化水平、经济发展国际化水平、国际化双创发展环境、国际化生活环境、国际影响力。

在设计国际化人才特区评价指标时，目前国内外可借鉴的指标有两种：一种围绕人才，从人才本身的特征和人才的发展环境入手进行评价；另一种关注城市本身，从经济发展、基础设施、文化融合、生活环境、影响力、产业、金融等方面入手，评价城市的人才竞争力。国际化人才特区不仅注重人才集聚和发展，更关注区域本身发展尤其是产业和社会培育环境的关注，其评价指标应是两种指标的融合，并且更侧重于评价区域本身发展的指标。

围绕人才设计的评价体系，参考了全球化智库发布的《2017 中国区域国际人才竞争力报告》，重点吸取了其中有关人才本身情况的评价指标，参考了人才发展环境的指标，使用了对国际化人才集聚情况和国际化人才培养能力方面的两个“输入端”的指标对国际化人才集聚情况进行评价。

城市的人才竞争力评价体系，参考了欧洲工商管理学院（INSEAD）2018 年的《全球人才竞争力指数》（Global Talent Competitiveness Index，GTCI）、日本城市战略研究院（Institute for Urban Strategies）发布的《2017 全球高能城市指数》（2017 年 Global Power Cities Index），美国《外交政策》杂志和科尔尼公司等机构联合发布的《世界级城市指数》（Global Cities Index，GCI）中关于国际化城市建设的指标体系研究。

《全球人才竞争力指数》和《2017 年全球高能城市指数》都是综合性指数，采用投入—产出模型，衡量一个国家或城市在人才培养、引进、留存方面的表现，从而评价各国、各地的人才竞争力。《世界级城市指数》的评价体系相对简单，不过对城市的评级分类更加细致，有利于更好地使用其他指标。深圳市和青岛市的评价指标的出发点与《全球人才竞争力指数》类似，但是更加关注城市本身的人才发展，比较有中国和本地特色。在具体的指标方面，《全球人才竞争力指数》的评价指标使用了诸如（区域）研究经费占 GDP 比例、人均 GDP、主流大学数量等比较经典的指标，强调的是宏观和数据可获取性。在国内，深圳市和青岛市的有关国际化城市的指标充满特色和创意，使用了诸如 PM2.5 浓度、人均绿地面积等指标，从很多重要的细节衡量城市国际化建设。借鉴以上指标体系，本节试图构建国际化人才特区指标体系，见表 6-4。

表 6-4　　国际化人才特区指标体系

一级指标	二级指标	序号	三级指标
区域人才国际化水平	国际化人才规模	1	常驻国际化人才增量
		2	常驻高层次人才增量
		3	国际化人才常驻登记数量
	国际化人才培养	4	具备国际化人才培养能力的大学数量
		5	具有培养国际化专业人才的机构数量

续表

一级指标	二级指标	序号	三级指标
经济发展国际化水平	经济开放程度	6	服务贸易进出口总额占 GDP 比重
		7	外商直接投资额占 GDP 比重
		8	国际知名企业下设机构数量
		9	国际货运、客运班轮航线数量
		10	国际化贸易仲裁机构年纠纷协调量
	国际领先产业聚集情况	11	重要高新技术产业基地数量和规模
		12	先进制造产业链聚集数量和规模
国际化双创发展环境	国际化人才服务水平	13	国际化人才交流服务中心（问卷调查满意度）
		14	国际化人才市场中介服务机构数量
		15	统一透明的国际化人才服务窗口（问卷调查满意度）
		16	透明的国际化人才相关的法律法规和政策（问卷调查满意度）
国际化双创发展环境	国际化金融服务	17	国际金融交易服务机构数量
		18	国际投资服务机构数量
		19	国际金融创新机构数量
	创业支持力度	20	创业基金投入资金数额
		21	创业空间数量（孵化器、共创空间）
		22	初创企业平均企业所得税减税比率
	国际科研水平	23	国际水平科学创新研究成果数量
		24	国际水平科学家数量
		25	国际顶级期刊发表数量
		26	年均科研投入资金量
		27	获得国际水平学术奖项数量
		28	跨国研发中心数量
	国际化知识产权交易及服务	29	国际化知识产权服务平台（问卷调查满意度）
		30	国际化知识产权交易中心年成交量

续表

一级指标	二级指标	序号	三级指标
国际化生活环境	国际化生活环境	31	人均公共绿地面积
		32	空气质量（PM2.5 浓度）
		33	国际化学校数量（幼儿园、小学、中学）
		34	国际化医院数量
		35	每 10 万人拥有博物馆与文化艺术场馆数量
		36	国际化人才居住社区配套设施完善程度（一揽子生活配套完整度）
		37	每千人享受国际化餐饮场所数量
		38	每万人享受国际化休闲场所数量
		39	公共场所国际语言标识覆盖比例
国际影响力	国际交流合作	40	每年往返境内外的人数
		41	境外企业、个人在本地区的直接投资
		42	每年国际组织及下属机构在本地区举办活动数量
		43	每年国际会展举办次数
		44	国际旅客占总常住人口比重

注：该指标在体系设计中尽量本着“可量化”的标准，对一些“非可量化”的指标并非排斥。

【拓展阅读 6—1】

国际人才港的建设

近些年来，北京、上海、南京、杭州、广州、青岛、贵阳、石家庄等地均提出建设“国际人才港”“国际人才城”，并以此作为国际人才的综合性服务平台。各地国际人才港各具特色，综合起来具有四个特性：一是资源集聚，整合了大量科技资源和服务资源，为国际人才创新创业活动提供基础支撑和保障。二是功能协同，平台各相关主体在资源整合、人才合作、产学研一体化、服务创新等方面，优势互补、全面合作。三是开放共享，引导不同机构到港提供资源、人才、技术和信息等服务。四是机制创新，各国际人才港在资源整合、管理模式等方面都各具特色。具体包括如下几个方面。

其一，多数国际人才港均以开放的姿态、国际化的视角，建立服务更大范围人才的国际人才港。更大服务范围主要体现在两方面：一方面，国际人才港由区级政府主办，而服务区域则超过本区域面向全市范围或全省。如上海、杭州、南京等地的国际人才港、人才城均由区级政府主办，整合市（省）、区两级人才、产业政策，以国际化的视角在更高、更广的层面对国际人才港进行统筹设计，服务更大区域范围发展需求。另一方面，国际人才港的服务对象不局限于外籍人员和高端人才。如上海的浦东国际人才城服务对象不仅限于外籍人才，而是兼容并包，服务于各类中高层次的创新创业人才和就业类人才。南京国际人才港服务对象不局限于外籍人才，也包括各类高层次人才。

其二，采取适合自身发展的运营模式，充分调动了各类资源。在国际人才港的建设初期，政府为其提供资金支持。在国际人才的引进和服务过程中，调动社会组织、专业力量、中介机构等社会力量投入人才资源开发活动，借助市场和社会力量吸引人才、评价人才、使用人才，营造天下英才竞相汇聚、开放发展的市场环境。比如浦东国际人才城，通过成立浦东国际人才城理事会（政企社联合的7人理事会）和国际人才发展中心（民办非企业），建立“社会化参与、市场化拓展、专业化运作”运营机制。浦东国际人才城理事会和国际人才发展中心，分别作为管理和运营的主体。浦东新区每年拨一定量款项支持浦东国际人才发展中心运营浦东国际人才城，通过政府购买服务的市场化方式，在行政资源引导的基础上，撬动市场资源投入，强化市场在人才资源配置中的决定性作用，形成“社会化参与、市场化拓展、专业化运作”的高效引才聚才机制。

其三，制定创新、务实和完备的配套政策。国际人才的引进、集聚以及其创新创业均离不开良好的政策环境。因而各地的人才港均以政策创新为突破，通过对人才发展政策的完善和升级，优化人才发展环境，激发激励人才创新创业的活力。如贵阳国际人才城主要从住房、医疗、子女入学、配偶就业等方面出台优惠政策。住房优惠方面，采取政府主导、市场运作、统一修建的方式，在人才相对聚集、生活配套设施较为完善的区域建设高级人才公寓，实行免费入住、减收租金、住房奖励等优惠。青岛国际海洋人才港以蓝色、高端、新兴等产业领域的高层次人才为对象，从安家、创业、科技、培育、保障五方面推出了30条人才政策。

其四，搭建综合服务平台，全面提升国际人才服务水平。积极拓展人才的服务领域，提升服务质量，通过综合性服务平台的搭建，为包括外籍人才在内的各类海外高层次人才提供个性化、一站式、全方位的各项具体服务。如南京国际人才港搭建集人才接待、创业服务、项目孵化、网上办事、成果展示于一体的综合性人才服务平台。南京国际人才港于坐落于建邺区新城科技园加速器4号楼，一楼是人才服务和交流展示中心，占地面积800多平方米，全面展示国际人才港的网络平台、人才计划、扶持政策和企业成果，二楼是创业苗圃，三楼到十楼则是人才孵化中心。上海国际人才城搭建融成果展示、配套服务、创业支持和活动交流四大功能于一体的服务平台。上海国际人才城落地于张江高科技园区，占地面积2.4万平方米，在一楼960平方米展示大厅里，系统展示了浦东人才工作历程，一些人才引进企业的创新创业成绩，以及国际人才创新实验区的实践成果，二楼1 600平方米的服务空间内，聚集了相关职能部门的服务机构，为人才提供政策咨询、项目受理、人才交流等服务，同时通过吸引银行、VC、国际猎头机构入驻，为创业人才提供一站式孵化服务。北京朝阳国际人才港建设集人才引进、培养、开发、服务于一体的综合平台。北京市朝阳海外学人俱乐部搭建“朝阳国际人才港”网站，其是面向海外高层次人才提供引进、培养、开发、服务的数据平台、信息平台、服务平台和经济社会建设所需要的高层次人才库、专家库与政策库。

其五，构建具有吸引力的人才工作生活环境。把构建无忧的生活环境作为打造国际人才港的重要组成部分，通过打造“宜业、宜居、宜学”的人才社区环境，为吸引和留住海外高层次人才创造条件。如南京国际人才港为人才开展了涵盖人才联系帮促、全程扶持及代办服务、产品交易发布、成立高端人才俱乐部、医疗保健服务、子女入学、直系亲属就业、家政服务等八项服务。并通过发放南京海外留学人才居住证即“南京蓝卡”，让人才享受居留和出入境、驾照办理等市民待遇和优惠政策，解除创业和生活的后顾之忧。浦东国际人才城所在的浦东新区则配备了4万套人才公寓、14所国际学校，实现了外籍人才的医疗保险在上海的直接支付报销，通过专业化的服务减少国际人才落地后的服务落差。

表 1　　部分国际人才港/人才城概况

国际人才港/人才城	所在地	定位	运营模式	时间
河北“侨梦苑”国际人才港	河北石家庄市正定新区	将国际人才港建设成为国际人才的“自由港”、创新资源的“中转站”，投资创业的“圆梦地”，让更多华侨华人的才智充分涌流、创新创业的激情充分迸发，成为华侨华人寻根、康养、圆梦的“港湾”	由侨之家综合服务中心、侨智汇交流合作中心进行管理	2017 年
首都国际人才港	北京市通州区	营造特有环境、打造特色平台、试行特殊政策、提供优质服务，加强人才交流合作，推动创投事业发展，促进科技要素流动，锻造创新创业的人才链、资本链和产业链，成为国家人才战略以及京津冀协同发展的新引擎和加速器	社团牵头、政府引导、企业运作	2015 年
南京国际人才港	南京市建邺区	集人才接待中心、创业服务中心、项目孵化中心、网上办事中心、成果展示中心于一体的综合性的线上线下人才服务平台	政府投资建设运营	2014 年
青岛国际海洋人才港	青岛黄岛新区	承担着科技研发、成果转化、创业孵化、公共服务等方面的功能，并配套政策、提供补贴和保姆式服务	政府投资建设	2014 年
贵阳国际人才城	贵阳市高新区	在科技人才和创新创业要素相对聚集的区域，搭建公共服务、创业孵化、科技金融、成果展示、活动交流等人才发展支撑平台，建设产业人才发展综合体，以更加开放的思想、更加优惠的政策、更加良好的环境、更加广阔的平台聚集各类优秀人才	贵阳国际人才城发展中心负责运营管理	2013 年
浦东国际人才城	上海浦东新区张江高科技园	集聚各种服务要素的空间载体、服务人才各类需求的综合窗口、畅通人才合作交流的温馨家园，是一座融成果展示、配套服务、创业支持和活动交流四大功能于一体的“人才之城”	“政企社才”共建共治共享运营模式	2012 年

续表

国际人才港/人才城	所在地	定位	运营模式	时间
广州国际人才港	广州市	按照吸引高端人才、集聚高端产业、提供高端服务和建设高品质生活环境的“四高战略”，在人才投入、人才环境、人才机制等方面实行特殊政策、特优支持、特别机制	政府投资建设	2010 年
朝阳国际人才港	北京市朝阳区	面向海外高层次人才提供引进、培养、开发、服务的数据平台、信息平台、服务平台和经济社会建设所需要的高层次人才库、专家库与政策库	由北京市朝阳海外学人俱乐部主导，政府参与建设	2007 年

资料来源：根据公开资料、调研资料整理所得。

国际人才港的建设，更像国际人才特区的一个具体实现方式，侧重国际人才综合服务体系的建设。其整合了国际人才服务相关政策，融合了政府和各类服务机构，为国际人才创新创业提供全链条服务，也为国际人才生活提供便利化服务，创造国际化环境；既有实体服务空间和线下服务，又有线上交流空间和线上服务，目的是让国际人才留下来，更好地融入当地创业创新环境，融入当地生活环境。

第三节　国际人才融入的社区实践

“国际人才社区”的概念可以拆分为“国际人才”与“社区”两个子概念。“国际人才”主要指具有国际视野，能够进行跨文化交流，具有跨国工作能力的人才。“社区”的概念则根植于社会学，主要指若干社会群体或社会组织聚集在某一个领域里所形成的一个生活上相互关联的大集体。从学术研究上看，目前学者对“社区”概念给出了多达 140 多种定义。尽管定义各不相同，但在构成社区基本要素的认识上还是基本一致的，即普遍认为一个社区应该包括一定数量的人口、一定范围的地域、一定规模的设施、一定特征的文化、一定类型的组织。因此社区可以说是“聚居在一定地域范围内的人们所组成的社会生活共同体”。

基于对“国际人才”和“社区”两个分概念的阐述，可以归纳出“国际人才社区”概念的核心要素。第一，构成社区的基本人员单位是具有国际视野、能够进行跨文化交流且具有跨国工作能力的人才；第二，社区带有国际化的多元文化背景，并共享国际化的价值观念；第三，社区个体间共享区域内的社会及生活资源，并遵守一定的规范。

20世纪80年代以来，社会主义市场经济体制逐渐建立，中国的国际声望和影响力不断提高，外国人来华交流和工作变得日益频繁。中国各大城市的外籍人口也随着改革开放的不断深化逐渐增加。随着外籍人口的增加，在各个城市国际资源密集、涉外产业发展迅速、配套设施较为齐备的区域逐渐涌现了一批外籍人员聚居的国际人才社区。为了方便理解，这里选取了国内两个比较有代表性的国际人才社区，形成案例来详细讨论国内的国际社区建设和治理。

一、北京市望京新城

朝阳区是北京市经济比较发达的地区之一，同时辖区内聚集了大量的大使馆、外国媒体、外资企业等涉外资源，使朝阳区成为北京市外籍人口最为密集的地区之一。

望京新城是朝阳区外籍人口相对集中的社区，外籍人口主要由韩国人构成，另外区域内流动人口中的少数民族人口95%以上是朝鲜族（2009年数据）①。2010年，区域内常住外籍人员39 502人，其中约1/3生活在望京(80%以上是韩国人)。②

望京新城的基层政府根据区域内韩国人密集的特点，为方便中韩居民日常生活、促进中韩居民的沟通和融合进行了多种尝试。

打造多语言居住环境。在韩国居民集中的社区设立中英韩路牌、标牌、标识和公告，为居民提供便利，并及时宣传相关政策法规。为进一步提高服务水平，望京地区的派出所、社区物业公司组织部分工作人员接受韩语培训，

① 张丽娜，朴盛镇，郑信哲．多民族、多国籍的城市社区研究——以北京市望京地区为主线[J]．大连民族学院学报，2009（11）：114.

② 王名，杨丽．国际化社区治理研究——以北京市朝阳区为例［J］．北京社会科学，2011（4）：63-65.

此外还专门聘请了熟悉韩语和韩国人生活习惯的朝鲜族外事协管员共同解决韩国人日常生活遇到的问题。①

开设外籍人员服务站。由于韩国人普遍认为派出所一般与打击犯罪相关，在派出所办理登记会感到别扭，因此望京街道建立了两个外籍人员服务站，统筹望京地区的外籍人员服务，通过引入公安、工商、税务等职能部门和外籍志愿者，为外国人提供一站式综合服务。②

组织中韩文化交流活动。在中韩居民文化融合方面，望京街道通过组织望京国际文化艺术周、望京中外邻居节、共植友谊林、长走竞赛等多种形式的文化交流和社区活动，树立了国际社区形象，促进了外籍人士的文化融入。

2017 年，为进一步推进区内国际社区建设，朝阳区还制定了《朝阳望京国际人才社区建设实施方案》，对望京地区未来十数年的国际社区建设提出了完整的规划。计划打造以电子城北区为“一核”，电子城西区和大望京为“两翼”，产业配套区、综合服务区、宜居休闲区为“三区”，在教育、医疗、文化、生活服务等方面与国际标准接轨，优化居住环境、打造国际城市景观，加强推进望京地区国际社区建设。

二、上海市古北新区

改革开放后，上海市获得了大量的外商直接投资，经济活动被极大地激活。上海经济迅猛发展的同时伴随着大量的人口迁移，其中很大一部分就是外籍人口的迁移。

古北国际社区是上海市出现最早的成规模的国际社区，至 2016 年常住外籍人口达 1.9 万人，占社区总人口的 57%。20 世纪 80 年代，上海市成立了虹桥经济开发区以适应其经济发展的需求，而古北新区则作为虹桥经济开发区的配套生活居住休闲和外事外贸综合区被规划出来，并于 1986 年经上海市政府批准规划建设。

古北新区主要依托虹桥街道办事处以及社区自治组织——荣华居委会管理区域内的外籍人口。荣华居委会是我国第一家设立在涉外居民区的居委会，

① 朱秉渊. 在京韩国人及其社会同和状况 [D]. 济南：山东大学. 2013：15.

② 余瀛波. 北京望京“韩国城”：招募外国人参与社区管理 [EB/OL]. [2012-05-18]. http://www.legaldaily.com.cn/index/content/2012-05/18/content_3583544.htm? node=20908.

具有法定地位，辖区内有 170 幢欧式公寓，14 家物业管理公司，成立了 16 个业主委员会。①

居委会成为连接政府、社会组织和居民的沟通渠道。居委会对内联系业主委员会、物业公司和相关企业、学校，对外联系街道办、出入境管理处、派出所等，形成了全面关联的社区服务和管理网络，建立了业主、社区和政府机关之间有效的信息渠道和一体化的管理系统。

建立境外人员服务站，推进数字化社区管理。为进一步为居民提供便利成立了集公共服务、社会服务、境外人员服务等于一体的古北市民中心，并在此基础上建立了“古北境外人员服务管理工作站”，引入了“境外人员住宿登记信息社会化采集”系统，为境外人员提供住宿登记办理、信息采集、信息咨询等服务，提高了办公效率，建立了动态社区人员、社区设施和住房信息库，增强了社区和基层政府对涉外社区的管理能力。

积极引进社会组织，辅助社区管理。古北新区在政府的帮助下引进了上海先行民商调解中心，为居民免费提供法律咨询、法制讲座、纠纷调解等服务，并与古北的外籍居民联合成立了一支外籍志愿团队，促进了社区的共治共建。②

【本章复习思考题】

1. 国外国际化城市建设有什么特点？给我们什么启示？
2. 我国为什么会出现“国际人才社区”？
3. 国际人才社区应该有哪些功能？

【案例及案例分析】

北京国际人才社区建设

2017 年 7 月，北京市人才工作领导小组印发的《关于推进首都国际人才社区建设的指导意见》提道：“建设国际人才社区，就是要在全市范围内，有

① 戴春. 社会融入——上海国际化社区构建［D］. 上海：同济大学，2005：138.

② 上海古北：如何创新“洋居民”社区的社会管理［EB/OL］. ［2012-02-08］. http://www.shmzj.gov.cn/gb/shmzj/node4/node13/node1562/u1ai31202.html.

批次地选择试点区域，以国际人才需求为导向，打造一批有海外氛围、有多元文化、有创新事业、有宜居生活、有服务保障的特色区域，为国际人才创新创业搭建良好的承载平台、提供职住一体的生活配套设施，确保人才引得进、留得住、用得好，着力打造‘国际人才聚集区、人才政策试验区、创新创业示范区、宜居宜业典范区’。”北京在结合优化自身人才发展环境的背景下，“国际人才社区”的概念在保有原有核心要素的基础上，突破原本“社区”概念中对生活职能的侧重，将“国际人才社区”的功能定位进一步拓展至集生活、工作、创新发展为一体的“大社区”概念。

据北京市人才工作局副局长介绍，当前，北京市围绕国际一流和谐宜居之都的战略目标，加快建设具有全球影响力的科技创新中心，积极营造适宜海内外人才发展的良好环境；根据海外人才的工作、生活习惯，从规划建设管理等环节发力，不断提高社区便利化程度；通过建设国际化的办公、居住、商业等设施，设置与国际接轨的特色标识，形成多元文化相互融合的氛围，增强海外人才的认同感、归属感。下一步，北京市人才工作局将抓好三方面工作：一是入规，在新版城市规划总框架下，编制社区建设导则，指导各试点区域将其纳入区域控制性详细规划，并专门编制社区专项规划。二是立项，采取以重点带全面的方式，遴选了一批国际学校、国际医院、国际公寓、创新平台、创业空间、创意街区等项目，着力打造样板工程，发挥示范引领作用。三是建制，推动建立市区两级领导小组，并形成各部门联席会商机制，制定社区合伙人制度，调动社会力量参与社区建设，实现市区联动、部门联动、社会联动。① 目前北京正在开展试点的四个社区包括：望京国际人才社区、中关村大街国际人才社区、未来科学城国际人才社区、新首钢国际人才社区（见表1）。

① 余丽. 全球人才流动呈扩大趋势［J］. 中国对外贸易，2019（8）：65-67.

表 1　　北京四大国际人才社区试点建设目标

	望京国际人才社区	中关村大街国际人才社区	未来科学城国际人才社区	新首钢国际人才社区
目标定位	以望京区域（电子城北区、西区和大望京）为核心，全面营造适合国际高端人才创新发展、和谐宜居的“类海外”环境，打造创新研发的国际化发展高地，形成顶尖人才集聚区，建设人才先行先试区，建成国际人才社区示范样本，辐射引领 CBD、奥运功能区、国家文化产业创新实验区，形成人才社区与功能区联动建设格局，逐步实现朝阳区全域覆盖，支持城市副中心和雄安新区“两翼”建设，助力京津冀协同发展	充分挖掘海淀资源禀赋，以中关村大街及周边为核心区域，整合资源、提升环境、完善配套设施、优化服务，营造国际人才宜居宜业的“类海外”环境，吸引集聚一批国际顶尖创新创业人才，打造国内一流、国际知名的国际人才集聚区	围绕未来科学城核心区及辐射范围，夯实基础、健全服务、营造环境，全面打造国际人才方便来、贡献多、有归属感的发展环境，努力实现国际顶尖人才和团队充分集聚的发展局面，建成体现首都特色的国际人才社区，为未来科学城建设全球领先的技术创新策源地、协同创新示范区、创新创业示范城提供有力支撑	着眼强化首都核心功能，推动京津冀协同发展，立足新首钢功能定位和资源优势，以吸引国际顶尖人才为重点，以服务北京侨梦苑入驻、体育文化产业发展和产业技术创新为重点，以政策集成创新为动力，发挥人才作为支撑和引领发展的核心带动作用，建设较有鲜明工业遗存特征、工作生活绿色智慧、中西文化交流融通、管理服务便捷高效的国际人才社区，为首都创新创业和城市和谐宜居提供有力支撑

【本章参考书目】

［1］刘宏，王辉耀. 新加坡人才战略与实践［M］. 北京：党建读物出版社，2015.

［2］世界移民报告 2015：移民和城市——管理人口流动的新合作［R］. 日内瓦：世界移民组织，2015.

［3］王辉耀. 人才战争［M］. 北京：中信出版社，2009.

［4］王辉耀. 中国区域国际人才竞争力报告（2017）［M］. 北京：社会科学文献出版社，2017.

第七章　国际人才的全球治理

本章教学目标

了解国际人才合作组织的实现途径、探索未来国际人才合作的方式。

【导入案例】

CCG“国际人才组织联合会”倡议入选巴黎和平论坛 创新全球人才流动与合作机制

2018年11月11—13日，在由法国总统马克龙发起的首届巴黎和平论坛上，全球化智库（CCG）提出的倡议（国际人才组织联合会——入选论坛项目），获得了主办方的高度认可。与此同时，CCG倡议的“国际人才组织联合会”有坚实的中央政策支持，北京市政府亦对成立国际人才组织联合会表示高度认可和支持。

在如今的信息全球化时代，各国之间的人才竞争越发激烈，人才本身对自由流动的诉求也逐渐增加，世界范围内急需一套完整有效的机制来管理人才流动，以满足人才自身的发展需求。针对这一现象，CCG发挥自身在人才研究课题上的优势，筹建了国际人才组织联合会项目。这一项目旨在召集全球重要的移民组织、人力资源机构及国家地区政府等共同参与全球人才的建设与发展，共同建立国际组织人才联合会。

随着科技发展，许多国家正处于由传统制造业、劳动力资源密集型产业向高新技术产业、服务业转型的过程，实现人才的优化配置是推动经济长期发展的重要动力。同时，随着国际教育、国际职业培训的普及和教育水平的提升，国际人才大幅增加，如何帮助人才根据自己的定位找到满意的工作，最大限度地发挥自身能力，实现自身价值，也是CCG深切关注的课题。然而，人才的发展面临诸多挑战，体现在各国移民政策、人才吸引政策差异巨大，世界经济发展不平衡，企业自身的人才需求不明与人才培养能力欠缺，人民收入水平不均乃至生活环境差异等多个方面。因此人才发展的问题实际是一系列复杂因素综合作用的结果。

CCG 提出的国际人才组织联合会正是为解决这些问题而建立的，通过研究存在的问题，打造信息数据库，为政府、企业提供信息数据来源，并通过活动倡议共同影响政府改进政策。CCG 多年的人才研究以及在人才政策方面为政府提供建议的经验，为国际人才组织联合会的成立打下了重要的理论与实践基础。

目前，国际人才组织联合会已获得大都会项目、全球劳工组织、世界猎头协会等机构的支持并建立了广泛的合作。在此次巴黎和平论坛上，国际人才组织联合会的倡议受到了法国政府领袖，世界银行、联合国、世界贸易组织等权威国际机构领导人的赞许与认可，为国际人才组织联合会的筹建与成立进一步赢得了国际支持。

人才是发展的核心，是完善创新全球治理的主要推动力。CCG 提出的建立国际组织人才联合会这一倡议在国家层面和全球层面都具有重大意义。在国家层面，以中方为主导建立的人才合作流动平台填补了国际人才治理方面的空白，提升了中国在国际人才领域的话语权和影响力，进而为中国本身的企业国际化和“一带一路”提供人才保障。在国际层面，建立健全人才利用和发展机制，促进国际人才有序、合理地流动，既满足了用人单位和人才本身的双向诉求，更有助于清晰地把握人类进步方向，优化全球人才资源配置，实现全球共同利益。

（引自 CCG“国际人才组织联合会”倡议入选巴黎和平论坛 创新全球人才流动与合作机制 [EB/OL]. http://www.sohu.com/a/277609950_828358）

全球化发展与逆全球化的碰撞下，国际人才治理问题已成为全球治理体系下的重要议题，解决相关问题需要积极开展持续的国际对话，讨论实现共同目标的途径和手段，寻求恰当的国际合作模式，以保障人才来源国、目的国和人才三方的权益等，已经不是单一主权国家甚至双边外交所能解决的问题，需要多元行为体在全球层面的协调与合作。国际人才的跨国性、多样性和复杂性，决定了国际组织和其他非国家行为体在国际人才全球治理过程中扮演着非常重要的角色。从国际组织的角色来看，首先，国际组织能为国际人才的全球治理提供一定的公共物品，包括了知识性和物质性两类公共物品；其次，国际组织能够协调国家行为体间和非国家行为体之间的政策和行动，促进国际人才全球治理伙伴关系的建立；最后，国际人才涉及的问题的专业性及其所涉及领域的广泛性，更加凸显了国际组织开放性对话平台和专业性组织机构的重要性。从开展国际人才研究的行为体来看，对各个国家的人才发展相关指标进行研究、评级，可以为国际人才流动提供参考，为国家完善自身的人才发展环境提供有效引导。

目前，世界上成立的有关人口流动的国际组织有国际移民组织、国际劳工组织等，而这两个组织前者主要侧重于难民问题，后者则侧重于劳动者权利保障；着重于提高人口素质方面的国际组织主要有联合国人口基金会，致力于增进人口知识、提升人口能力，以适应国际人口活动和计划生育方面的需要；美国国际人口服务组织（PSI），是一家非营利国际组织，在全世界近60个国家致力推广用于预防艾滋病、疟疾及其他疾病的健康产品；人口与发展南南合作伙伴组织，是10个发展中国家成立的、代表南南国家声音的政府间的国际组织。当前，随着世界创意经济的崛起，越来越多的国际人才成为国际人口流动的重要群体，对国际人才流动如何规范约束，如何保护他们的权利以及如何平衡母国与迁徙国之间的人才之间利益等，急需建立一个相应的国际组织进行探讨和规范，并最终解决当前及未来发展中遇到的种种问题。

第一节 国际人才合作组织

经济全球化浪潮中，在世界贸易组织（WTO）的推动下，全球贸易的国际规则逐渐形成，世界贸易有序开展；金融全球化浪潮中，在国际货币基金组织（IMF）的推动下，全球金融流动的规则逐步建立，国际金融体系不断完善。无规矩不成方圆，没有国际规则引导，贸易全球化和货币全球流动难以有序开展。同样，在人才全球化时代，也需要相应的国际人才组织来维护人才流动与竞争秩序。本节将分析当前主要国际组织的建设发展经验，探讨国际人才组织建设的主要方向。

一、现行国际组织的运营特征

梳理国际人口、经济等组织的机构设置、主要任务和活动，发现国际组织具有鲜明的特征和运行模式，主要体现在以下几个方面。

（一）组织结构简洁高效

内部均具有高效的运营团体，或简或繁。大部分组织和论坛具有两个基本的机构：领导机构和执行机构。领导机构，如理事会、基金董事会等，负责制定宏观战略和发展方向，对组织或论坛进行总体监督和指导，设理事长负责理事会的总体事务。常设执行机构，如执行委员会、管理委员会等，保证组织在理事会闭会期间合理运行，负责实施理事会出台的政策、规划。大多数组织和论坛还设有大会机构，如国际劳工大会、部长级会议等，负责组织（论坛）年会的召开、活动策划等相关事宜。根据组织的定位及相关情况，设立相关机构，如研究院、秘书处、地区事务处等。

（二）发起国具有广泛的国际影响力

参与国的广泛度，与发起国或发起者具有很大程度的联系。发起者巨大的影响力可以加大成员国的参与力度。例如，博鳌亚洲论坛能在短期内发展迅速，与发起者强大的影响力密不可分。

（三）多国广泛参与

国际组织或区域性组织多具有广泛的参与者，否则难以制定国际性的行业标准或合作框架。参与者较少的话，制定出来的标准在国际上不能通用，召开的论坛不具备国际影响力。定期举办的年度大会，为各成员（会员）的交流合作提供了平台和契机。通过参加国际组织，成员拥有参与全球治理的权力，提高成员国特别是欠发达国家的国际话语权，促进多边交流资源共享。

除了参与者多国化，还要鼓励多元化交流，参与标准和规则制定需照顾到各成员国不同的发展阶段、客观条件约束和实际需要，建立公平、透明的运作框架和合作标准，保证各成员国既相对公平地分担国际事务责任，又享受相应的治理权力和资源受惠。

（四）关注世界性话题

国际组织的年会主题往往视野开阔，具有高度的凝练性与广泛的关注度，从而洞察世界发展态势、讨论发展前沿。例如，世界经济论坛，其主题往往成为经济发展的主流风向标，具有预警经济危机和引领世界思维等作用。

参与多方全球治理，融入全球化体系是开放型国家发展的重要一环。例如世界贸易组织，通过构建强大的世界贸易体系，世界各国可参与制定全球性贸易协定，为本国争取国际贸易上的权益。广泛参与国际组织，体现了各国对世界各方、各界的关注度和敏感度。

（五）具备商业盈利能力

国际组织需要具有一定的商业盈利能力，自负盈亏，以保证活动或论坛的有序进行。虽然大多数组织是非营利机构，但每个组织都需要固定的资金来源。大部分资金来源于会员会费、成员国的志愿捐赠、出版物销售收入等。盈利较好的组织如世界贸易组织和达沃斯论坛，每年都有大量的盈利收入，并将收益交与基金会打理，获得持续收益。

（六）重视品牌塑造

成功的国际组织并非单纯地经营一个组织，还要塑造品牌，产生溢出效应，使不同领域、不同国界之间与会者能够平等地讨论问题、愉快地交流和分享各领域中的成功经验。例如，达沃斯论坛，其精神价值超越了大会本身，甚至形成了“达沃斯模式”。这与组织的结构、运营管理等有很大关系。

现行部分国际组织运行情况汇总分析见表 7-1。

表 7-1　　现行部分国际组织运行情况汇总分析

组织类型	国际人口组织		国际经济组织		国际经济论坛	
组织名称	国际劳工组织	国际移民组织	世界贸易组织	亚洲基础设施投资开发银行	世界经济论坛	博鳌亚洲论坛
成员数量	185	165	164	57	全球 1 000 多家机构会员	全球 222 家机构会员
运营模式	第三方参与和社会对话制	高度分散化的管理机制	广泛参与者、管理体制健全、与其他组织密切合作	暂无	研究型世界论坛、非官方非营利性	官方色彩浓厚、品牌形象快速树立

续表

组织类型	国际人口组织		国际经济组织		国际经济论坛	
主要机构	国际劳工大会、理事会、国际劳工局	理事会、执行委员会、行政署	部长级会议、总理事会、专门委员会、秘书处等	理事会、董事会、管理层	基金董事会、管理委员会	论坛会员大会、理事会、咨询委员会、秘书处、研究培训院
资金来源	成员国会费	项目捐款、成员国会费	成员国会费、基金收入、出版物收入	成员国股份	会员会费、赞助费	会员会费、赞助费等
主要活动	举行国际劳工大会、国际劳工立法、监督国际劳工标准的实施	促进移民、协调移民、就移民问题展开国际合作	贸易协商、制定贸易协议、处理贸易争端	为亚洲的基础设施项目投资	全球议程、区域会议、行业议程	召开论坛年会、地区专项会议等
关键词	劳工立法、监督实行	移民合作	贸易协定	亚洲、基础设施项目	全球性、经济交流	亚洲、区域发展

资料来源：根据相关资料整理所得。

【拓展阅读7—1】

国际移民组织的发展史

国际移民组织（International Organization for Migration，IOM）的前身是欧洲移民问题政府间委员会（ICEM），1989年改用现名，总部设于瑞士日内瓦。国际移民组织的宗旨是通过与各国合作处理移民问题，确保移民有秩序地移居接收国。截至2014年11月，国际移民组织有157个成员国，10个观察国。[①] 中国于2001年成为国际移民组织观察国，并于2016年成为国际移民组

① 根据国际移民组织官网（http://www.iom.int/）整理而得。

织正式成员国。[①] 国际移民组织被视为解决国际移民问题最重要的国际机构之一。

国际移民组织下设IOM国际顾问理事会，IOM国际顾问理事会是IOM最高端的顾问和咨询理事会，专门针对当前全球移民趋势与现状为IOM决策层提供独立的、客观的咨询建议。IOM国际顾问理事会仅由10人组成。王辉耀是IOM国际顾问理事会中唯一一个来自中国的人选。同时获聘担任IOM国际顾问理事会的国际知名专家包括部分国家前首脑、重要政要，联合国前官员和世界著名高校的权威专家。其他理事会专家包括世界贸易组织前总干事、联合国秘书长特别代表彼得·萨瑟兰，牛津大学马丁学院院长伊恩·高登，菲律宾内阁秘书长伊梅尔达·尼古拉斯，吉尔吉斯斯坦共和国前总统萝扎·奥通巴耶娃，美国移民政策研究所联合创始人凯瑟琳·纽兰，孟加拉国外交部部长沙德希·哈克，荷兰亲王康斯坦丁·冯·奥兰治-拿照·冯·阿姆斯伯格殿下，国际天主教移民委员会政策部主席约翰·宾汉姆等国际知名人士。

国际移民组织定期出版《世界移民报告》，针对国际移民现状以及重点、热点问题展开研究，成为目前国际移民分析方面最全面和最权威的报告。笔者所在的全球化智库是《世界移民报告》的指定中文译者，连续翻译了《世界移民报告2013》《世界移民报告2015》，并协助国际移民组织在中国开展国际移民相关课题研究和研讨活动。

1. 成立之初的探索与发展

1951年，在比利时和美国的倡议下，在布鲁塞尔召开了“国际移民会议”，并决定成立“政府间欧洲移民运动临时委员会”（PICMME）。1952年11月，该委员会正式改名为“政府间欧洲移民委员会”（ICEM），被视为世界移民组织的雏形。当时，这一委员会的主要目标是为西欧的大多数流离失所者、失业者或者等待就业的人提供迁移服务。委员会对秉持“人口自由移民”原则的民主国家开放，却排除了以苏联为首的东方国家，因为在西方国家看来，它们并非民主国家，因此也难以做到“人口自由移民”。然而，到了20世纪60年代，随着欧洲经济与社会的发展，委员会事实上已基本完成欧洲过剩人口的迁移任务，本应随使命的完成而解散的欧洲移民迁移政府间

① 中国正式加入国际移民组织，参与移民领域全球治理［EB/OL］. http://world.people.com.cn/n1/2016/0701/c1002-28517016.html.

临时委员会，却依托其对外部环境的适应能力以及成员国的认可，继续为全球服务。例如，1964 年 ICEM 启动的致力于帮助拉美国家高素质移民的移民发展计划（Migration for Development Programmes），1971 年协助联合国难民事务高级专员公署（UNHCR）安置从孟加拉国及尼泊尔前往巴基斯坦的数十万难民等的行动均受到国际社会的广泛好评。1970 年之后，在日益“相互依赖”的全球社会中，国际组织在治理世界问题领域中的地位与作用日益凸显。

1980 年 11 月 20 日，“政府间欧洲移民委员会”再次更名为“政府间移民委员会”，将范围由欧洲扩大至全世界，组织宗旨变更为有组织、有计划地把移民和难民运送到最后接受他们定居的国家；组织和监督难民活动的进程以及通过移民传授技术以促进发展中国家经济、教育和社会的发展。对此，“政府间移民委员会”在 1983 年将“移民发展计划”范围扩充至非洲国家，并在两年后扩充至亚洲。随着，“政府间移民委员会”在解决国际移民问题上发挥着越来越重要的作用，1989 年，委员会正式更名为“国际移民组织”（International Organization for Migration）。组织名称的多次更迭反映了国际移民组织的沿革路径，由移民事务的办事机构逐步发展成为专业化的国际移民管理部门。

20 世纪 90 年代，随着冷战的结束，国际移民局势更加复杂，尤其是地区性冲突或战争带来大量移民危机，使得国际移民组织的重要性逐渐增强，也使其在危机处理中获得了成长与发展。1990 年，伊拉克入侵科威特使大量人口逃向邻国约旦，约旦政府呼吁联合国的支持，国际移民组织在邀请下负责人口的运输及与回迁相关的服务工作。1994 年，卢旺达大屠杀造成大量人口外移，之后人口开始回迁，国际移民组织负责了这部分工作。1999 年，科索沃战争爆发，国际移民组织参与了救助科索沃难民及流离失所者的行动。1999 年 4—10 月，国际移民组织安排了近 8 万科索沃人撤离到 31 个非邻国，并与联合国难民署、联合国科索沃特派团一起组织了 12 万个科索沃人自愿返回。2002 年的东帝汶独立导致了 25 万人（当时东帝汶人口仅 70 万人）逃到印度尼西亚。国际移民组织与联合国难民署达成谅解备忘录，发起了移民返回迁移计划，每天运输 1 400 人返回东帝汶，最终约 116 544 人通过有组织的遣返计划返回了东帝汶。

2. 新纪元的改革与贡献

进入21世纪后，为应对新的国际移民形势，国际移民组织开始了新一轮的改革与创新。国际移民组织制定了不断综合化的目标，整体规划移民管理方面的研究与实践。国际移民论坛（International Dialogue on Migration）是国际移民组织于2001年11月在其框架内发起的一个非正式机制，论坛以加强国家间交流移民治理信息、经验为目的，通过论坛探寻应对国际移民问题挑战的合作治理途径，论坛与国际移民组织的宗旨与功能保持一致。① 从2001年至今，国际移民组织持续召开国际移民论坛，每次论坛讨论的主题都是与国家紧密相关的移民问题，以便吸引和动员相关国家参与国际移民论坛，比如“移民与社会变化”（2010年）、“移民的未来：为变化储备能力”（2011年）、“危机情况下的难民管理”（2012年）、“离散人口”（2013年）、“人口流动与发展：新兴趋势和伙伴关系的新机会”（2014年）、“移民与城市”（2015年）、“可持续发展目标下的移民问题展望与回顾”（2016年）。国际移民论坛为各国移民利益相关者提供了一个开放、自由的讨论平台。

国际移民组织还在其他具体的移民事务领域中开展了大量的治理活动，扮演了其全球治理行为体的角色。国际移民组织主要在“移民与发展、促进移民、规范移民、被迫移民”四大领域进行移民治理，亦包含了一些交叉的治理领域，构成了国际移民组织自身的移民治理特色。

一是实施移民运输计划。履行其传统义务，如移民者的安置、遣返与运输，为其提供安全舒适的转移服务。正常的运作服务包括挑选、处理、语言培训、导向活动、医疗检查和其他促进融入的活动。2009年，国际移民组织为334 708人提供了迁移服务，比2008年增加了76%。自创立至今，国际移民组织已经帮助了125个国家的1 200余万难民和移民。国际移民组织也直接与相关国家政府对接，签订协助和保障移民安全的协议，如2016年与比利时签订条约，以促进双方在可持续发展、人权和移民问题上的合作。

二是提供移民健康与医疗服务。移民迁移过程中会给公共卫生带来挑战，可能会把疾病传播到目的地国，因此国际移民组织为移民提供了合适的预防性健康检查服务。如国际移民组织展开了188项移民健康服务计划，总开销

① Intersessional Workshop. 29 February-1 March 2016 United Nations Headquarters, New York [EB/OL]. https://www.iom.int/international-dialogue-migration-2016-follow-and-review-migration-sdgs.

约5 950万美元，这些计划43%在亚洲，38%在非洲。2009年，国际移民组织实施了最大的计划，即“移民健康评估和旅行健康支持”计划，大约在50个国家开展了28万份移民、难民健康评估。

三是开展针对国家的移民治理能力建设。主要内容包括帮助政府制定移民法、完善行政机构、加强移民方面人力资源管理与相关知识的提升、打击人口贩卖行为、提供移民信息等。2009年2月，国际移民组织在坦桑尼亚设立了“非洲能力建设中心”，为非洲成员国的移民治理能力建设提供直接支持，并通过21次培训活动对成员国的500名官员进行了培训。

四是关注女性移民者。2009年，国际移民组织通过开展一系列与性别有关的活动，以提高性别和移民问题在国际议程中的关注度。例如主题为“移民、汇款和发展的全球协商：从性别视角看待当下全球经济危机”的会议，同年又在以色列举办了“离散妇女领导能力建设”研讨会，主要是为了帮助在欧洲和北美的移民妇女，使其能够领导离散组织发展其移民社区。同时，国际移民组织还关注移民女性工人的权益，出版了《阻止对女性移民工人的暴力》及《亚洲的性别和移民工人》等著作，为女性移民等弱势群体发声。

五是实施高技能移民的返回和融入计划方案，支持发展中国家经济社会发展。20世纪60年代以后，国际移民组织意识到移民对发展中国家的影响，即发达国家经济快速发展，发展中国家的人民开始移民发达国家，从而造成人才外流，不利于移民来源国的发展。为此，国际移民组织逐步推出“移民与发展计划”，并在进入新世纪后把移民与发展作为该组织发展战略的重要组成部分。在非洲，亚洲和拉丁美洲，国际移民组织力图促进国家人力资源开发并减小“人才外流”的负面影响。一方面与原籍国政府协作，国际移民组织识别和选择合适的候选人，支助移民返回，保证他们能重返社会；另一方面采取一些特定激励措施，促进高技能移民的永久回归，例如免税、提供资金为其开办公司、给予其配偶和孩子公民权等。其中比较典型的案例是国际移民组织的“非洲移民发展计划”。然而，现有的经验表明这些措施有时难以落实，特别是在原籍国的经济和政治条件没有吸引力的情况下回返。不管怎样，鼓励侨民返回，即使只是暂时的，也能把其技术分享给他的国家。国际移民组织把这些内容框架都融入了其全球移民治理中。

国际移民组织的优势在于其可以系统地处理所有国际移民问题。在联合国系统内，没有任何一个实体拥有系统处理所有国际移民问题的权限。联合国组织负责处理国际移民与发展问题的不同方面，有时还存在重叠，且每个组织有其自身的理事会。国际移民组织业务则相对集中在国际移民问题领域，而且成员也基本涵盖全球。但是，与联合国明显不同，国际移民组织并不制定法律规范，只是为国家讨论国际移民问题提供场所，在达成一定共识之后，保障其得以实施。另外，国际移民组织还通过宣传联合国制定的各种移民法律，建议国家签订相关法律，以加强全球移民治理。

国际移民组织在正式成为联合国机构之前是联合国大会的观察员，在长期的历史发展过程中国际移民组织积累了丰富的专业知识和伙伴关系资源，日益证明其能够成为国际移民问题领域一个重要的行为体。2016 年 7 月 25 日，联合国大会通过《联合国同国际移民组织间关系协定》的决议草案，正式批准国际移民组织为联合国系统的相关机构，该协议自 2016 年 9 月起生效。决议旨在加强联合国和国际移民组织的合作，通过建立双方更密切的工作关系，来增强移民国履行义务的能力，并更有效地维护移民的利益。① 这也意味着国际移民组织将在应对难民危机和全球迁徙者的援助和管理中担任更重要的角色。中国也在 2016 年 6 月获批准成为该移民组织的正式成员，与其他成员国一起共同参与移民问题的全球治理，推动移民领域国际合作。②

二、国际人才合作组织运行方式建议

《国民经济和社会发展第十三个五年规划纲要》提出，我国要积极承担国际责任和义务，完善对外援助方式，为发展中国家提供更多免费的人力资源、发展规划、经济政策等方面的咨询培训。同时，2016 年中共中央印发的《关于深化人才发展体制机制改革的意见》也着重强调了“创立国际人才合作组织”。国家鼓励并支持政府、社会机构加强人才交流与合作，着力提高劳动力素质，增强劳动力市场灵活性，促进劳动力在地区、行业、企业之间自由流

① IOM. International organization for migration to join the UN. International organisation for migration, 2016 [EB/OL]. http://www.plenglish.com/index.php? o = rn&id = 3821&SEO = international-organization-for-migration-to-join-the-un.

② 中国正式申请加入国际移民组织 [EB/OL]. [2016-06-13]. http://finance.chinanews.com/gn/2016/06-13/7902909.shtml.

动。在此背景下，建立全球性人才合作组织显得尤为重要。从众多国际组织及论坛的组织架构、运营模式可以发现，成功的国际组织离不开层次分明、权责明确的机构设置，有效的运营和管理机制，一定的商业盈利能力以及品牌塑造力。同样需要注意的是，目前多数世界性组织都成立于20世纪中后期，其层次分明、权责明确的组织架构多产生于后工业时代。该如何既借鉴这些国际性组织的成功经验，又与现时代的组织趋势和优势结合；既保证运作效率，又增强灵活性，是我国面临的问题。

基于以上研究与分析，对以中国为主体牵头成立的国际人才合作组织提出以下建议。

（一）宗旨

中国作为世界第二大经济体的大国，未来将承担更多国际责任。国际人才合作组织将致力于促进国际人才流动，并加强人才的广泛交流与合作，为发展中国家提供基础性人才保障和智力支持，同时与发达国家加强关键领域的人才合作，从而提高成员国人才流动的便利化，促进人才培养。

具体来说，其宗旨可包括以下几点：营造公平竞争的国际人才交流环境；降低国际人才合作交流的壁垒，促进人才合作交流的便利化；维护人才的合法权益，维护人才的基本权益和主张；缩小世界各国（或地区）在知识和创新能力上的差距，提升全世界人力资源的创新水平；提升世界人民福祉，共享人类知识财富。

（二）基本原则

国际人才合作组织应坚持人才共享、合作共赢的原则。

人才共享：建立人才共享和交流平台，实现国家间人才畅通流动，包括人才资源共享、信息共享，从而构建良好的国际人才交流合作环境。

合作共赢：构建国际人才合作机制，加大对发展中国家的人才培养力度，与发达国家的高端人才合作，针对政府、企业、院校等不同主体建立不同的合作机制。

（三）功能设计

根据国际人才合作组织的目标设定，其在具体功能设计上可分为三大块，即机制建设、平台搭建及信息集成。

机制建设，主要指建设一个全球人才的对话、协调、合作机制。其功能路径实现主要包括：一是通过举办全球人才相关大会，对全球人才合作发展进行各方面的探讨和研究；二是通过学历的互相认证、职业资格的认证，甚至未来移民的配额、留学生的管理等，服务人才全球化发展；三是通过服务机制的建设，尤其是信息的收集和共享，对各国以及地区的人才政策和人才发展状况进行评估和指导，实现人才的有序流动。

平台搭建，主要通过打造分类明确的职能平台，加强国际人才的交流与合作，提升国际人才服务与管理水平，推进国际人才相关研究。其功能实现路径主要包括：一是打造信息平台，合作组织发挥官方网站和媒体平台作用，收集人才供需信息，发布相关重要指导意见；二是构建学术平台，合作组织发布世界人才年度发展报告和相关行业数据报告，为会员和非会员单位提供咨询服务；三是搭建数据平台，建立世界人才资源、统计及服务评价等数据库，为会员和非会员提供服务；四是建立活动平台，以人才为纽带，定期或不定期地举办年会、会展、论坛、推介会、交易洽谈会等活动；五是共享合作平台，加强会员之间、城市之间甚至国家之间关于人才发展与流动的交流与合作；六是设立培训平台，开展与人才发展相关内容有关的培训工作，提高人才管理水平，提高政府和机构的人才服务能力。

信息集成，主要通过大数据平台，加强对国际人才发展动态的精准把握，优化国际人才服务。其功能实现路径主要包括：一是通过大数据的建设，建立全球人才的信息资源库，长时间收集各方面国际人才的信息并进行分析，系统地为各会员单位提供有效信息；二是在信息分析的基础上，为政府提供相关咨询帮助其决策；三是为国际人才治理的总体思路、方式和方法提供数据支持手段。

（四）机构设置

国际人才合作组织的组织机构应设置充分突出“交流合作、共赢共享”的理念，其主要核心机构可由理事会、顾问委员会、基金管理处、研究部、秘书处及内设管理机构、各专业委员会及各地代表处等组成。

理事会：为组织的最高决策机构，由各组织会员代表组成，主要负责组织的理念、战略发展，决定组织的人事任免等事宜。

顾问委员会：为组织常设的顾问机构，主要由国际知名政要、名流及专家组成。

秘书处及职能部门：执行理事会的决议，受理事会的监督和领导，全面负责机构的运行。秘书处下设各职能部门，包括行政部门、会议部门、国际联络部门、媒体公关部门等，根据具体需求进行设置及变更。

研究部：负责提供智力支持。主要工作可包括收集最新、热点的人才发展议题，发挥外部专家团体作用；负责开展相关人才合作研究，定期发布年度报告和全球人才发展报告，广泛出版研究报告、专著和期刊；结合工作计划展开国际人才领域的调研，对人才稀缺的发展中国家进行定点定向的人才研究，提出有针对性的人才援助提案；制定人才合作框架、国际人才交流标准等人才合作事务。

基金管理处：负责资金募集及分配管理工作。基金会资金来源于成员会费、项目、国家赞助等。成员主体包括政府、企业、高校、科研院所、个人等。

地区代表处：视情况设立地区代表处，与地区政府、机构等进行联络，深入交流；也可组织临时调研小组，深入需求国调查人才情况。

分支机构：根据具体业务的开展，设立各专业分支机构（或者委员会），分支机构的设立和取消在理事会的同意下由秘书处具体管理。

（五）模式参考

目前，国际组织大致可以分为政府间组织和非政府组织，其中比较典型的代表有以下几种，国际人才合作组织的发展模式可参考其中一种或多种。

达沃斯论坛模式——民间模式的典型代表，通过达沃斯论坛汇聚全球企业家的一种组织方式。其会员以交流和对话为主，可按不同的功能和层次具体分组，各个成员组的会员代表各自领域内的最具影响力的决策者和潮流引领者，对世界大众认知、舆论方向有较强的影响力。

亚投行模式——政府间模式的典型代表，是由政府发起、外交部牵头、银行运营的模式。合作组织的成员以国家为单位，资金来源于成员国会费。一般可以先从双边开始，逐渐形成一个多边的机制，最后形成一个系统完善的国际组织。

博鳌亚洲论坛模式——在亚洲范围内的论坛组织，由民间组织牵头成立，有较强的官方背景，实行会员制，广泛邀请全球范围内的国家、企业和机构参与。对不同的成员主体，设置不同的会费比例和资金数额，资金方面主要依靠企业支持，同时接受会员捐赠、项目合作的抽成等。

第二节 国际人才相关量化研究

对人才的合理量化和分析是引导国际人才流动和国际制定国际人才政策的关键所在。目前，我国在这方面基本还处于空白阶段，国外在这方面的研究也刚刚起步，如“全球人才指数”（Global Talent Index）、“世界人力资本指数”（World Human Capital Index）、“全球人才竞争力指数”（Global Talent Competitiveness Index，GTCI），这些指数从不同角度对目前国际人才、国际人才竞争力等多个方面进行研究，为不同国家比较各国国际人才竞争力、找到自身差距奠定了基础，拓展了视角。本节将以“全球人才竞争力指数”和“全球人才指数”为例，阐述其缘起与发展、指标体系及主要国家的人才竞争力情况。

一、全球人才竞争力指数

全球人才竞争力指数（Global Talent Competitiveness Index）是欧洲工商管理学院（INSEAD）与其合作伙伴共同发布的一份年度基准报告，通过衡量一个国家在人才培养、吸引、留存等方面的表现，对国家和城市进行测评和排名，从而评估全球各国的人才竞争力，并为各国政府、企业提出提升人才竞争力的建议。GTCI 于 2013 年首次被推出，提供大量数据和分析，有助于政府、企业和其他各种利益相关者在教育、就业和移民等领域制定和实施更好的政策。

GTCI 是一个综合指数，采用投入—产出模型，由六类指标（投入端四个、产出端两个）组成（见图 7-1）。

人才竞争力投入分项指数由四大指标组成，描述了一个国家可以用来增强人才竞争力的政策、资源和努力。赋能（指标一）反映了监管、市场和商业环境为人才创造有利环境，使其发展与繁荣的程度。其他三大指标描述了人才竞争力的三个杠杆，它们分别关注国家采取哪些措施吸引（指标二）、培养（指标三）和留住（指标四）人才。投入分项指数是这四大指标所获得分数的算术平均数。

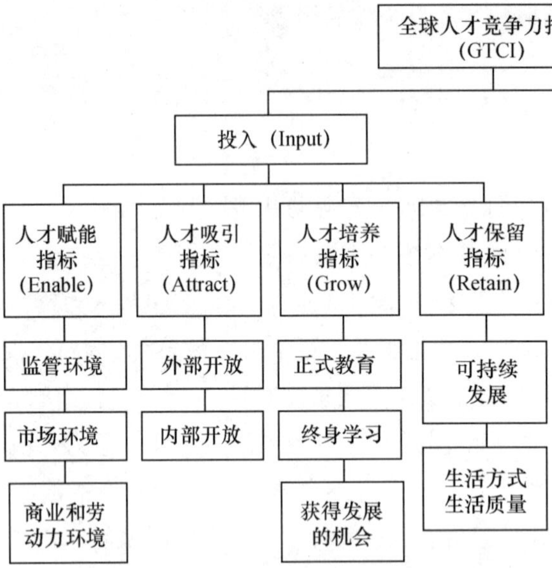

图 7-1　2018GTCI 模型结构

资料来源：南京理工大学高等教育研究所 .2018 全球人才竞争力指数［EB/OL］. http://gjs.njust.edu.cn/96/3c/c2317a169532/page.htm.

在产出方面，全球人才竞争力指数划分了两种层次的人才，即中等技能人才和高技能人才。中等技能人才，一般被称为劳动和职业技能人才，指通过职业或者专业培训和经验获得技术或专业基础的人才。劳动和职业技能人才的经济影响主要通过劳动生产率、工资和生产力之间的关系以及依赖这种技能的中等价值出口产品进行衡量。高技能人才，一般称为全球知识技能人才，主要指需要创造力和解决问题能力的专业性、管理性或领导性的知识型工作者。他们的经济影响主要通过创新和创业指标以及依赖这类素质的高价值出口产品进行评估。由于该报告关注的重点是人才，所以没有讨论第三种人力资本，即非熟练劳动力。整体上，劳动和职业技能人才同全球知识技能人才构成了全球人才竞争力指数模型的两大产出指标。

自产生之日起，GTCI 的指标体系得到了不断改进，如，2018 年的 GTCI 模型较之前版本增加了国家内部和组织之间合作质量的相关考量。因为 GTCI 认为，“协作”在知识经济中变得越来越重要，它是利用全球人才库和知识多样性的关键。①

从年度排名来看（见表 7-2），瑞士、新加坡两国一直占据榜单前两位，位居前列的以高收入的发达国家为主，而且人均 GDP 较高的国家，全球人才竞争力得分也高。中国在第 41～54 名之间上下浮动，尽管如此，仍领先于其他金砖国家。

表 7-2 全球人才竞争力指数情况

年份	国家数	前三名国家	中国排名
2013	103	瑞士、新加坡、丹麦	47
2014	93	瑞士、新加坡、卢森堡	41
2015—2016	109	瑞士、新加坡、卢森堡	48
2017	118	瑞士、新加坡、英国	54
2018	119	瑞士、新加坡、美国	43
2019	125	瑞士、新加坡、美国	45

资料来源：依据 http://gtcistudy.com/the-gtci-index/网站数据整理而得。

自 2017 年起，全球人才竞争力报告开始发布城市排名。在 2017 年的报告中，共分析了全球 46 个主要城市，丹麦首都哥本哈根最终成为最受全球人才欢迎的城市，瑞士北部城市苏黎世、芬兰首都赫尔辛基分别排在第二、第三位。数据显示，在美国，旧金山和洛杉矶对人才的吸引力最强。悉尼、新加坡则领跑亚太地区。所有排名靠前的城市都具有较高的生活水平、更活络的人际关系和更多元的职业机会。唯一上榜的中国城市上海排在第 37 位，领先于开罗、墨西哥城、圣保罗等城市。2018 年的报告中包括 90 个城市，排名前 20 名的依旧为欧美国家城市。其中，瑞士的苏黎世排名第一，排名第二至第五名的斯德哥尔摩、奥斯陆、哥本哈根、赫尔辛基均位于北欧，亚太区的东京排在第 12 位、首尔排在第 18 位，悉尼排在第 20 位。我国有 6 座城市上榜，北京（第 55 位）、杭州（第 66 位）、接着上海（第 70 位）、深圳（第 73 位）、广州（第 77 位）和天津（第 83 位）。2019 年的报告中，中国共有 12 座城市上榜，分别是台北（第 15 位）、香港（第 27 位）、北京（第 58 位）、上海（第 72 位）、杭州（第 82 位）、广州（第 87 位）、西安（第 92 位）、成

① 南京理工大学高等教育研究所．2018 全球人才竞争力指数［EB/OL］. http://gjs.njust.edu.cn/96/3c/c2317a169532/page.htm.

都（第93位）、深圳（第94位）、郑州（第101位）、武汉（第103位）、天津（第104位）。

二、全球人才指数

除《全球人才竞争力指数》报告外，由瑞士洛桑国际管理学院（IMD）主编的《世界竞争力年度报告》（World Competitiveness Yearbook，WCY）和海德里克 & 斯特拉格尔公司与《经济学人》信息部（简称经济学人智库）联合制作的《全球人才指数报告》，经常被用来从侧面评价各国人才竞争力情况及国际人才竞争的成效。

《世界竞争力年度报告》是瑞士洛桑国际管理学院（IMD）发布的关于主要国家和地区竞争力的年度研究报告，自1989年开始每年出版一次，被公认为研究国家和地区竞争力的最好的一手资料。2001年以后，《世界竞争力年度报告》通过经济运行、政府效率、企业效率、基础设施四大要素314个指标来评估国家竞争力。其中，在政府效率要素项中构建了与教育相关的全部公共教育支出、中等学校人数、教育评估、教育体系、大学教育、教育资金、合格工程师、知识转让、高等教育成绩等13个指标；在企业效率中构建了与人才可获得性相关的劳动力、劳动力增长率、女性劳动力、熟练劳动力、金融人才、人才流失、外国高素质人才、国家经验、职称的高层次管理人才等11个指标；在基础设施要素项中，构建了与技术基础设施相关的高技术出口、信息技术人才、人均计算机台数、技术的发展与应用等20个指标以及与科学基础设施相关的科学学位、科学论文、有效专利数、专利生产率、批准授予专利等22个指标。四大评价要素中有三大要素从不同的角度、运用66个指标来评估国家的人力资源和人才的竞争力，成为对国家及地区之间人才、人力资源竞争力评估的重要指标。①

《全球人才竞争力指数》报告主要从吸引人才、留住人才两方面来分析国家的人才发展情况，分析指标主要包括人口统计、义务教育情况、大学教育情况、劳动力素质、人才环境、开放程度、吸引人才的倾向度7个方面。每个分指标下面包含二级指标，并给出了相应的权重，详见表7-3。

① 参考资料来源于IMD官网。

表 7-3 全球人才指数指标体系

一级指标	权重	二级指标
人口	11.1%	人口数
		人口增长率
义务教育	11.1%	义务教育年限
		目前教育经费/GDP
		人均教育经费/人均 GDP
		中学入学率
		入学年龄
		成人识字率
		小学师生比
		初中师生比
大学教育	22.2%	毛入学率
		排在世界前 500 名的大学数
		高等教育总经费
劳动力素质	22.2%	科研人员比例（每百万人）
		技术人员比例（每百万人）
		劳动力质量
		劳动力的技术技能
		劳动力的语言技能
		地方管理者
人才环境	11.1%	科研经费（占 GDP）
		劳动法的约束程度
		工资规范
		知识产权保护
		私人产权保护
		有效的劳动报酬
开放程度	11.1%	雇用外国人
		FDI 平均资本投资
		贸易的开放（占 GDP）
人才吸引倾向	11.1%	人均可支配收入
		雇工增长

资料来源：The global talent index report：the outlook to 2015［R］. 经济学人智库，2011.

无论从维度还是从国家数量选取方面，由《经济学人》信息部（the Economist Intelligence Unit）与海德思哲国际咨询公司（Heidrick & Struggles）在2007年联合发布的“全球人才指数”（GTI）报告都很具有代表性。从2011—2015年排名来看，主要呈现以下几个特点。

第一，美国常年占据全球人才竞争指数首位。其优势主要体现在优质的大学、高质量的劳动力以及精英管理环境（meritocratic environment）上。

第二，排行榜前十位多为北欧国家和发达的亚太地区国家。北欧国家丹麦、芬兰、挪威、瑞典在各级教育体系上持续和大量的投入是其排名靠前的主要原因。亚太地区国家澳大利亚和新加坡则分别因其高质量的大学和开放的国际贸易、投资体系而排在前列。

第三，加拿大、智利和土耳其进步最大。这三个国家经济渐有好转，因此其人才环境也相应得到了改善。相反，希腊和委内瑞拉因经济情况不佳，在人才指数排名上下滑最大。

第四，中国排名居金砖国家之首。其排名快速上升主要因为中国对国外来华务工人员越来越开放的态度。巴西排名上升也非常快，主要因为其在就业数量和教育投入上的增加，以及劳动力语言水平的提高。①

【拓展阅读】

2018年11月，瑞士洛桑国际管理学院（International Institute for Management Development，IMD）发布的《2018世界人才报告》，该报告对世界63个经济体在培育当地人力资源及吸引优秀人才方面进行了评估，各项统计指标和背景指标数据由联合国教科文组织、经合组织以及参评国家和地区的合作机构等提供。

IMD世界人才排行榜的评估主要由3大要素决定：一是对人才的投资与培养（investment and development factor），反映政府在教育方面的投资和教育制度的完善水平；二是对人才的吸引力（appeal factor），即反映留住本地人才和吸引海外人才的能力；三是人才储备程度（readiness factor），反映现有人才满足市场需求的能力。IMD世界人才排名的数据标准统一使用《IMD世界竞

① Anonymous Writer. Global talent index，2011-2015［EB/OL］.（2011-05-04）［2018-05-03］. http://perspectives.eiu.com/talent-education/global-talent-index-2011-2015.

争力年鉴》（IMD World Competitiveness Yearbook）中采用的 STD（标准化分值）方法进行规范，汇集各项因素最终构建整体人才排名，将各因素和总体排名分别以 0~100 的数值呈现出来，以表明排名结果。

表 1　　评估要素的指标构成

要素	指标
对人才的投资与培养	教育总公共支出
	教育总公共支出/学生数
	学生对教师比率（小学）
	学生对教师比率（中学）
	学徒制度
	员工培训
	女性劳动力
	卫生基础设施
对人才的吸引力	生活成本
	人才吸引及留存
	劳动者积极性
	人才外流
	生活质量
	外来技术人员
	服务业薪酬
	管理业薪酬
	实际个人所得税率
	人身安全与私有财产权
人才储备程度	劳动力增长
	熟练工人
	金融技工
	国际经验
	优秀高级管理人员
	教育系统
	学校科学课程
	大学教育
	管理教育

续表

要素	指标
人才储备程度	语言技能
	国内学生流动性
	教育评估——国际学生评估项目（PISA）

注：所有调查为基础的指标值在0~10范围内。

2018年IMD世界人才竞争力排名前10位的经济体分别为瑞士、丹麦、挪威、奥地利、荷兰、加拿大、芬兰、瑞典、卢森堡和德国，除加拿大以外均为欧洲国家，美国排名为第12位。IMD指出，2018年世界人才竞争力排名欧洲国家占有优势，主要是因为这些国家在教育与生活品质上的投入很高。中国排名为第39名，落后的主要原因是公共教育支出低于已发展经济体的平均值。

（资料来源：2016世界人才报告［R］. 瑞士洛桑国际管理学院，2017；IMD官网）

【本章复习思考题】

1. 国际人才组织建立的原则是什么？
2. 中国应如何在国际人才组织发挥主导作用？
3. 中国应如何参与国际人才的治理和服务？
4. 国际人才竞争力评价的常见指标有哪些？各有什么特点？

【案例及案例分析】

国际劳工组织（ILO）[①]

一、概述

国际劳工组织（International Labour Organization，ILO）是一个以国际劳工标准处理有关劳工问题的联合国专门机构。其宗旨是促进充分就业，提高生活水平；促进劳资合作；改善劳动条件；扩大社会保障；保证劳动者的职

① 参考资料主要来源于ILO官网（http://www.ilo.org/global/lang--en/index.htm）。

业安全与卫生；维护世界和平，建立和维护社会正义。1919年，国际劳工组织根据《凡尔赛和约》成立，是国际联盟的附属机构，常设机构有国际劳工大会、理事会、国际劳工局三个部门。该组织实行“三方机制”原则，即各成员国代表团由两名政府人员，1名工人代表和1名雇主代表组成，三方都参加各类会议和机构，独立表决。截至2015年，该组织已有185个成员国。目前中国是国际劳工组织的常任理事国之一。

二、运营模式

第三方参与和社会对话制。国际劳工组织是以国家为单位参加的国际组织，但在组织结构上实行独特的“三方性”原则，即参加各种会议和活动的成员国代表团由政府、雇主组织和工人组织的代表组成，三方代表有平等独立的发言和表决权。国际劳工组织的根本工作是组织政府、雇主、工人展开有效对话，从而实现有效协商，将政府、雇主和工人联系起来，共同制定劳动标准、发展政策，开展项目等。

国际劳工组织的特别之处在于工人、雇主与政府在审议意见、实时展开社会对话上享有平等话语权，并确保社会参与者的观点能够紧密地在国际劳工组织的社会标准、政策以及项目上实时反映。

国际劳工组织在成员之间保持第三方身份，并通过与雇主展开系统的社会对话，提升贸易组织结构，完善许多贯彻社会、经济和其他方面的国际政策。

三、主要机构

国际劳工组织主要由政府、雇主和工人代表组成的三个机构来运营，即国际劳工大会、理事会、国际劳工局。此外还有国际劳工问题研究所和国际劳工组织培训中心这两个独立的机构。

国际劳工大会：最高权力机构，每年在瑞士日内瓦召开一次会议。主要活动有国际劳工立法，制定公约和建议书以及技术援助和技术合作。该大会也是一个讨论关键社会和劳动问题的论坛。

理事会（管理机构）：国际劳工组织的执行委员会，每三年经大会选举产生，在大会休会期间指导该组织工作，是国际劳工大会闭会期间的领导机构，其下设7个委员会协助理事会工作。

理事会负责决定国际劳工大会的议程、制定计划和预算，并提交国际劳工大会讨论通过，选举国际劳工局局长、总干事，请求成员国提交有关劳工事宜的资讯，委任调查委员会和监督国际劳工局的工作等事务。理事会由28位政府理事、14位雇主理事和14位工人理事组成。其中的10个政府理事席位由主要工业国担任，其他政府理事则每三年由劳工大会在考虑区域平衡的基础上选举产生。雇主和工人分别选举自己的代表。

国际劳工局：常设秘书处，受理事会的监督并接受局长的领导。劳工局雇用的官员有1 900多人，来自110多个国家，他们在日内瓦总部和全球40个办事处工作。此外，还有600多位专家分布在世界各地，执行技术合作项目。劳工局还拥有一个研究和文献中心以及一个出版社，广泛出版专题研究论著、报告和期刊。

国际劳工组织的组织机构如图1所示。

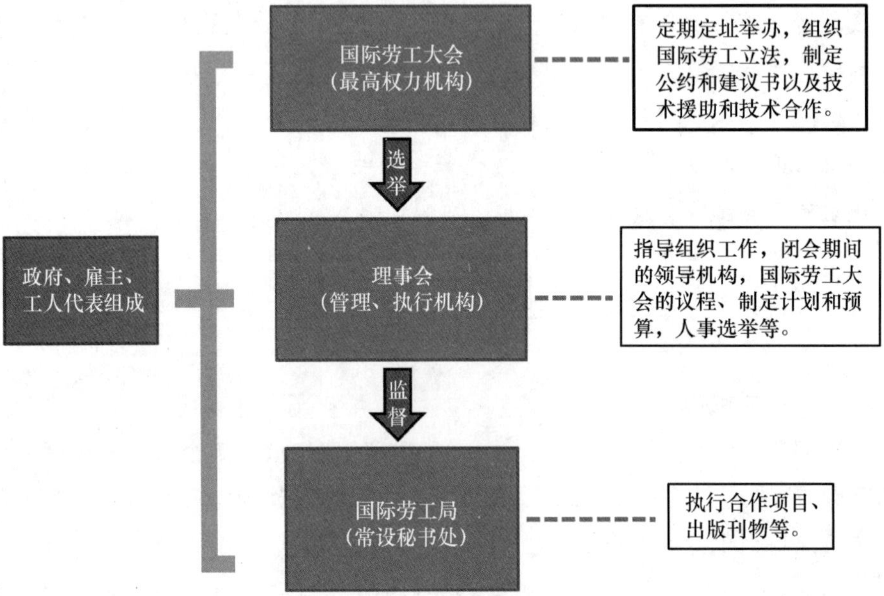

图1　国际劳工组织的组织结构

资料来源：课题组根据ILO官网资料整理。

四、主要活动

1. 举行会议

国际劳工组织每年举办一次国际劳工大会，截至2016年6月已举行过105次会议。

此外，国际劳工组织还经常举行区域会议和部门会议。区域会议是成员国定期举办调查区域关注的重要问题的会议，每四年举行一次。目前在非洲、拉丁美洲、阿拉伯、亚太、欧洲设置了区域办事处。部门会议为来自不同经济部门和产业部门的、具有实践经验的三方代表提供讨论交流的机会。

2. 日常事务

从事国际劳工立法，主要体现为制定公约和建议书。到108届国际劳工大会为止（2013年），共制定公约188个，建议书203项。

开展技术合作。为扩大该组织的影响，推动国际劳工标准实施，该组织战后以来逐步开展技术合作活动。

开展劳动领域的研究和传播信息。劳工局各部门每年结合工作计划开展大量劳动与社会领域的调研，组织出版有关调研报告和期刊，为会员国提供信息服务。

开展培训和教育，包括社会保障、职业安全与卫生、人力资源开发、企业社会责任、国际劳工标准等方面的培训。

推进社会保障工作。与一些国家政府及有关部门合作，研究、探索社会保障工作，建立和完善机制等。

五、资金来源

1. 常规预算。基于联合国评价标准，按比例向成员国收取会费。

2. 常规预算补充项目。由核心成员国自愿贡献资金，并提供充足的非指定资源。

3. 预算外的技术合作资源。由非核心成员国自愿贡献资金，包括公共和私人组织，如国际友谊组织（IFI）和联合国等，用以支持特殊项目。

六、立法与执行

1. 立法建制

国际劳工组织的主要工作是制定关于处理劳资关系以及与之相关的一系列关系的原则、规则和制度，并促进和监督其实施。

重点制定国际劳工标准。国际劳工标准，是指由国际劳工大会通过的国际劳工公约书和建议书，以及其他达成国际协议的具有完备体系的关于处理劳动关系和与之相关联的一些关系的原则、规则。

提出体面劳动标准。体面劳动指劳动者的权益得到保护、有足够的收入、充分的社会保护和足够的工作岗位。2008 年 6 月，在第 97 届劳工大会上通过的《国际劳工组织关于争取公平全球化的社会正义宣言》将体面劳动概念制度化。

2. 执行措施

为促进公约和建议书的实施，推动成员国切实按照《国际劳工组织章程》的规定履行其对公约和建议书的义务，国际劳工组织采取了相应的监督措施，如督促各国批准公约、将基本劳工标准纳入贸易协议内容、在普惠制中应用劳工权力保护内容、开展技术合作等。

公约的执行力很有限。政府不一定会批准实行国际劳工组织的立法和公约。国际劳工组织成立以来只对缅甸的强迫劳动问题进行过制裁。

随着经济全球化的深入和人权保护意识的提高，劳工标准在全世界被普遍接受并有效实施是必然趋势。

【本章参考书目】

[1] 王辉耀，苗绿. 国际移民问题概述 [M]. 广州：暨南大学出版社，2018.

[2] 世界移民报告 2015：移民和城市——管理人口流动的新合作 [R]. 日内瓦：世界移民组织，2015.

[3] 2015—2016 年全球竞争力报告 [R]. 日内瓦：世界经济论坛，2015.

[4] 世界移民报告 2013 [R]. 日内瓦：世界移民组织，2013.

[5] 王辉耀. 人才战争 [M]. 北京：中信出版社，2009.

[6] 王辉耀，杨河清. 中外国家人才发展战略 [M]. 北京：中国人事出版社，2016.

参考文献

[1] BHAGWATI J N. The brain drain [J]. International social science journal, 1976, 4 (28): 691-729.

[2] BROADED C M. China's response to the brain drain [J]. Comparative education review, 1993, 37 (3): 277-303.

[3] CAPPELLI P. Talent on demand: managing talent in an age of uncertainty [M]. Harvard Business Press Boston, MA, 2008.

[4] DEVORETZ D, LARYEA S A. Canadian human capital transfers: the United States and beyond [J]. Commentary C. D. howe institute, 1998 (115): 1.

[5] DOWLING P J. International and domestic personnel/human resource management: similarities and differences, in ed. R. S. SCHULER, S. A. YOUNGBLOOD and V. L. HUBER (eds), Readings in personnel and human resource management, 3rd edn. (St. Paaul, MN: West Publishing, 1988).

[6] FRIEDMAN T L, WYMAN O. The world is flat [updated and expanded]: a brief history of the twenty-first century [M]. Audio Renaissance, 2006.

[7] GUHA A. Brain drain issue and indicators on brain drain [J]. International migration, 1977, 15 (1): 3-20.

[8] HAUCH D, NEUHOLD R, PROHASKA E, et al. The size and distribution of human capital transfers from LDCs to Canada: 1966-1973 [J]. Economic development & cultural change, 1980, 28 (4): 779-800.

[9] ILES P, PREECE D, CHUAI X. Talent management as a management fashion in HRD: towards a research agenda [J]. Human resource development international, 2010, 13 (2): 125-145.

[10] ILO global estimates on migrant workers: results and methodology, special

focus on migrant domestic workers [R]. International Labour Organization, 2015.

[11] International Organization for Migration. The world migration report 2013 [R]. Geneva: IOM, 2014.

[12] IWASAKI K. Singapore's strategies for attracting highly-skilled foreign human resources-how does Singapore recruit foreign talent [J]. Pacific business and industries, XV (56), 2015: 2-27.

[13] LEWIS R E, HECKMAN R J. Talent management: a critical review [J]. Human resource management review, 2006, 16 (2): 139-154.

[14] MACGREGOR D. The human side of enterprise [M]. New York: McGraw-Hill, 1960.

[15] MCLUHAN M, FIORE B A J. War and peace in the global village [M]. Betascript Publishing, 1968.

[16] MICHAELS E, HANDFIELD-JONES H, AXELROD B. The war for talent [M]. Harvard Business Press, 2001.

[17] NAISBITT J. Megatrends: ten new directions transforming our lives [M]. New York: Warner books, 1982.

[18] PIOTR P, MARKO S. Labour migration from China to Europe: scope and potential [J]. International labour organization and international organization for migration, 2017.

[19] Project atlas: trends and global data 2014 [R]. Institute of International Education, 2014.

[20] PURCELL, J. 1996. Contingent workers and human resource strategy: rediscovering the core-periphery dimension [J]. Journal of professional HRM, 1996, 5: 16-23.

[21] Report of the task group on attracting talent [R]. Commission on Strategic Development, 2008.

[22] The LEVIN institute. The evolving global talent pool: lessons from the BRICS countries [M]. New York: the State University of New York, 2006.

[23] VAN MOL C, EKAMPER P. Destination cities of European exchange

students [J]. Geografisk Tidsskrift-Danish journal of geography. 2016, 116 (1): 85-91.

[24] VROOM V, PORTER L, LAWLER E. Expectancy theories [J]. Organizational behavior, 2005, 1 (1): 94-113.

[25] World competitiveness yearbook 2011 [R]. 瑞士洛桑管理学院, 2011.

[26] World migration report 2011 [R]. 国际移民组织, 2011.

[27] World on move [R]. Institute of International Education, 2018.

[28] 阿尔文·托夫勒. 第三次浪潮 [M]. 黄明坚, 译. 北京: 中信出版社, 2006.

[29] 彼得·J. 道林, 马里恩·费斯廷, 艾伦·D. 恩格尔. 国际人力资源管理 [M]. 赵曙明, 刘燕, 译. 5版. 北京: 中国人民大学出版社, 2012.

[30] 蔡永宁. 人才界定及其一般含义与特殊含义 [J]. 人才开发, 2008 (11): 10-11.

[31] 蔡哲人. 走向人才国际化: 上海人才发展研究报告 [M]. 上海: 上海社会科学院出版社, 2002.

[32] 常晓勇. 中国国际人才战略的全球化思维 [J]. 中国人才, 2007 (7): 26.

[33] 陈彬, 汤忠杰. 美日韩人才中介组织及其国际化发展研究 [M]. 北京: 中国人事出版社, 2016.

[34] 陈凌, 张原, 国懿. 德国人才战略: 历史、发展与政策 [M]. 北京: 党建读物出版社, 2016.

[35] 陈琪, 刘儒德. 教育心理学 [M]. 北京: 高等教育出版社, 2011.

[36] 黛博拉·佩里·皮肖内. 这里改变世界: 硅谷成功创新之谜 [M]. 北京: 中信出版社, 2013.

[37] 戴长征. 发达国家人才流动与配置 [M]. 北京: 党建读物出版社, 2014.

[38] 戴春. 社会融入——上海国际化社区构建 [D]. 上海: 同济大学, 2005.

[39] 德博拉·斯通. 政策悖论：政治决策中的艺术 [M]. 顾建光，译. 北京：中国人民大学出版社，2009.

[40] 德国商会警告人才外流将影响德国经济发展 [N]. 德国世界报，2006-10-23.

[41] 邓丹萍. 上海市国际化人才开发研究 [D]. 上海：华东师范大学，2007.

[42] 丁月牙. 全球化时代移民回流研究理论模式评述 [J]. 河北大学学报（哲学社会科学版），2012，37（1）：139-142.

[43] 樊春良. 特朗普政府一年来的科技政策分析与展望 [J]. 科学学与科学技术管理，2018，39（2）：3-10.

[44] 耿炎，杜宏川. 实现人才柔性流动的理性思考 [J]. 继续教育与人事，2002（12）：10-12.

[45] 顾克文，罗雅区，王辉耀. 以色列谷 [M]. 北京：机械工业出版社，2015.

[46] 郭爽，王辉耀. 中国应组建人才"WTO" [N]. 中国科学报，2016-03-08.

[47] 海外留学高级人才学成后缘何不愿回韩国 [N]. 朝鲜日报，2008-09-27.

[48] 郝洲."海外中国"的隐秘侍卫 [N]. 财经，2017-07-24.

[49] 黄海刚，马健生."自主培育"还是"依赖引进"——中国人才战略的实践悖论 [J]. 北京师范大学学报（社会科学版），2012（4）：23-25.

[50] 黄湘闽. 国际人才与国际人才环境 [J]. 中国人才，2011（1）：76.

[51] 库尔特·卢因. 个性动力论 [M]. 北京：中国传媒大学出版社，2013.

[52] 李福华，赵普光. 人力资本产权视野中的高校人才柔性流动 [J]. 高等教育研究，2008（10）：46-51.

[53] 李俊，许迪. 国际化城市的理论研究、评价指标与经验启示 [J]. 技术与应用，2017（4）.

[54] 李明欢. 国际移民的定义与类别——兼论中国移民问题 [J]. 华侨

华人历史研究，2009，6（2）：1-10.

[55] 李其荣，谭天星，林晓东. 海外高层次人才与人力资源建设［M］. 北京：中国华侨出版社，2009.

[56] 梁茂信. 美国人才吸引战略与政策史研究［M］. 北京：中国社会科学出版社，2015.

[57] 林琳. 中国智力回流的动机研究［J］. 发展经济学研究，2012（1）：267-285.

[58] 刘宝存，钟祖荣，刘强. 国外人才培养与开发［M］. 北京：党建读物出版社，2016.

[59] 刘宏，王辉耀. 新加坡人才战略与实践［M］. 北京：党建读物出版社，2015.

[60] 刘洪. 从人才流动看世界经济体的发展［J］. 当代世界，2007（11）：49-51.

[61] 刘昕. 人力资源管理［M］. 北京：中国人民大学出版社，2012.

[62] 刘永，王继娜，周惠来. 科研人才评价研究综述［J］. 河南图书馆学刊，2007.

[63] 迈克尔·波特. 竞争战略［M］. 陈小悦，译. 北京：华夏出版社，1997.

[64] 苗月霞. 我国地方政府"人才特区"建设研究［J］. 中国行政管理，2012（10）：34-37.

[65] 倪鹏飞，潘晨光. 人才国际竞争力——探寻中国的方位［M］. 北京：社会科学文献出版社，2010.

[66] 潘晨光. 中国人才发展报告［M］. 北京：社会科学文献出版社，2011.

[67] 赛诺，辛格. 创业的国度［M］. 王跃红，韩君宜，译. 北京：中信出版社，2010.

[68] 世界移民报告2013［R］. 日内瓦：世界移民组织，2013.

[69] 世界移民报告2015：移民和城市——管理人口流动的新合作［R］. 日内瓦：世界移民组织，2015.

[70] 宋斌. 一般意义上的猎头、猎头公司和猎头行业 [J]. 中南财经政法大学研究生学报, 2009 (5): 73-75.

[71] 宋斌. 中国猎头何去何从 [J]. 国际人才交流, 2012 (11): 46-47.

[72] 唐晓玲. 印度提升高等教育竞争力的政策举措与实施效果 [J]. 教师教育学报, 2018, 5 (2): 103-110.

[73] 滕珺, 曲梅, 朱晓玲, 等. 国际组织需要什么样的人? ——联合国专门机构专业人才聘用标准研究 [J]. 比较教育研究, 2014 (10): 78-84.

[74] 童昕, 王缉慈. 创新经济地理 [M]. 北京: 高等教育出版社, 2009.

[75] 王德晓. 国际科技人才的能力模型与现状分析 [J]. 劳动保障世界, 2017 (27).

[76] 王辉耀. 从自贸区、国家自主创新示范区等园区建设看我国国际人才出入境政策的突破及建议 [J]. 中国科学院院刊, 2017.

[77] 王辉耀. 国家战略——人才改变世界 [M]. 北京: 人民出版社, 2010.

[78] 王辉耀. 国际人才竞争战略 [M]. 北京: 党建读物出版社, 2014.

[79] 王辉耀. 国际人才战略文集 [M]. 北京: 党建读物出版社, 2015.

[80] 王辉耀. 揽海外英才, 筑大国梦想 [J]. 人民论坛, 2017 (15): 24-25.

[81] 王辉耀. 人才竞争: 海外看中国的人才战略 [M]. 北京: 东方出版社, 2011.

[82] 王辉耀. 移民潮 [M]. 北京: 中信出版社, 2013.

[83] 王辉耀. 中国区域国际人才竞争力报告 (2017) [M]. 北京: 社会科学文献出版社, 2017.

[84] 王辉耀. 遵循国际人才流动规律引进人才 [N]. 中国组织人事报, 2014-06-04.

[85] 王辉耀, 苗绿. 国际猎头与人才战争 [M]. 北京: 机械工业出版社, 2015.

[86] 王辉耀，苗绿. 国际移民问题概述 [M]. 广东：暨南大学出版社，2018.

[87] 王辉耀，苗绿. 人才战争 2.0 [M]. 北京：东方出版社，2018.

[88] 王辉耀，杨河清. 中外国家人才发展战略 [M]. 北京：中国人事出版社，2016.

[89] 王辉耀，苗绿，杨靖旼. 中国国际移民报告（2018）[M]. 北京：社会科学文献出版社，2018.

[90] 王辉耀，苗绿. 中国留学发展报告（2017）[M]. 北京：社会科学文献出版社，2017.

[91] 王名，杨丽. 国际化社区治理研究——以北京市朝阳区为例 [J]. 北京社会科学，2011（4）：63-65.

[92] 王守贞，石海峰，施卫华. 印度高科技产业发展评析 [J]. 改革与开放，2010（11）：24-26.

[93] 王通讯. 宏观人才学 [M]. 天津：天津人民出版社，1985.

[94] 王晓莉. 试论猎头公司在区域人才竞争中的作用 [J]. 中国集体经济，2012（19）.

[95] 汪怿. 引进海外高科技人才比较研究：以新加坡和我国香港、台湾、上海为例 [M]. 上海：上海社会科学院出版社，2012.

[96] 汪怿. 构建全球人才枢纽：原因、内涵与策略 [J]. 科学发展，2013（2）：89-99.

[97] 王振，高子平. 高层次创新创业人才评价工作研究 [M]. 上海：上海社会科学出版社，2015.

[98] 文月. 2016 年中国对外劳务合作发展述评 [J]. 国际工程与劳务，2017（3）：39-44.

[99] 吴道槐. 国外高技能人才战略 [M]. 北京：党建读物出版社，2014.

[100] 吴忠观. 人口科学辞典 [M]. 成都：西南财经大学出版社，1997.

[101] 鲜于钲. 日本诺贝尔奖获得者的悔恨 [N]. 朝鲜日报，2008-12-12.

[102] 叶忠海. 人才资源优化策略 [M]. 上海：上海人民出版社，2002.

[103] 叶忠海，郑其绪. 新编人才学大辞典 [M]. 北京：中央文献出版社，2015.

[104] 叶忠海，钟祖荣，沈国权. 新编人才学通论 [M]. 北京：党建读物出版社，2013：113.

[105] 俞可平. 治理与善治 [M]. 北京：社会科学文献出版社，2000.

[106] 袁晓玲，雷厉，郑华庭. 离岸创新中心：经济新常态下的合作创新模式 [J]. 管理学刊，2016 (4)：2，38-45.

[107] 袁永，张宏丽，李妃养. 奥巴马政府三版《美国创新战略》研究 [J]. 决策咨询，2017 (1)：30-34.

[108] 约翰·W. 布德罗，彼得·M. 拉姆斯特德. 超越人力资源管理：作为人力资本新科学的人才学 [M]. 于慈江，译. 北京：商务印书馆，2012.

[109] 张丽娜，朴盛镇，郑信哲. 多民族、多国籍的城市社区研究——以北京市望京地区为主线 [N]. 大连民族学院学报，2009 (11)：114.

[110] 张效功. 薪酬公开 VS 薪酬保密——基于亚当斯公平理论的比较 [J]. 东方企业文化，2007 (7)：69-70.

[111] 张鑫，田杰棠. 特朗普科技创新政策走向、影响与对策 [J]. 发展研究，2018 (6)：12-17.

[112] 赵立宪. 什么是国际化人才的关键特征 [J]. 国际人才交流，2013 (7)：55.

[113] 赵曙明. 国际企业：人力资源管理 [M]. 南京：南京大学出版社，2010.

[114] 赵永乐，中国人才研究会. 宏观人才学概论 [M]. 北京：党建读物出版社，2013.

[115] 赵永乐. 人才管理政府与市场关系研究 [J]. 国家行政学院学报，2016 (3).

[116] 郑其绪，中国人才研究会. 微观人才学概论 [M]. 北京：党建读物出版社，2013.

[117] 中华人民共和国科技部. 国际科学技术发展报告 [M]. 北京：科

学技术文献出版社，2012.

[118] 周三多. 管理学 [M]. 北京：高等教育出版社，2012.

[119] 周云亨，余家豪. 特朗普政府的能源政策及对中国的影响 [J]. 美国问题研究，2018 (1)：67-80，266-267.

[120] 朱秉渊. 在京韩国人及其社会同和状况 [D]. 济南：山东大学，2013.

后记

2015年，我刚到西南财经大学发展研究院工作，发现在高校学科专业设置中很少有人才学，更没有相关的教材。而此前，我本人及全球化智库（CCG）团队一直关注国际人才的研究，先后编著出版了系列蓝皮书以及相关著作，如2010年出版的《国家战略——人才改变世界》；2012年后，先后在社会科学文献出版社设立国际人才蓝皮书系列项目，每年出版4~5本蓝皮书，包括《中国海归发展报告》《中国留学发展报告》《中国国际移民报告》《中国区域国际人才竞争力报告》等著作。同时，CCG还参与了“十二五”国家重点出版物出版规划项目，先后在党建读物出版社出版了《国际人才竞争战略》《国际人才战略文集》等。多年的研究工作，也得到了相关领域的好评和同行的认可，我和团队所提交的“关于建议成立国家移民局”的建议得到了习近平、李克强、张高丽、栗战书、王沪宁等多位中央领导的批示，促成了国家移民管理局的成立。提出的“创立国际人才合作组织”，于2016年3月被写入中共中央《关于深化人才发展体制机制改革的意见》。2018年，中组部、科技部、公安部、人社部、中国科协等5个中央部门会同北京市委市政府联合印发的《关于深化中关村人才管理改革，构建具有国际竞争力的引才用才机制的若干措施》再次采纳了建立国际人才合作组织落地北京的建议。国际人才蓝皮书系列研究成果连续四年获奖（《中国留学发展报告2016》中关于《全球化时代中国留学和来华留学发展的特点与建议》一文获得第八届“优秀皮书报告奖”一等奖；《中国国际移民报告2014》中关于《国际人才在中国流动的壁垒与突破》一文获得第六届“优秀皮书报告奖”一等奖等）。CCG关于留学、海归蓝皮书出版也先后得到中央电视台、新华社、《人民日报》等国内主流媒体以及路透社、《华尔街日报》、《金融时报》、《纽约时报》等国际媒体的报道，政策建议为大众所熟知，引起社会舆论和政策制定者的关注。除了我与团队的努力外，在此基础上，我与中国人力资源和社会保障出版集团人才学教材编写委员会相关成员沟通，萌生了编写关于国际人才学教材的想法，并于2015年着手编写。这本书得以出版，更有来自国家相关部门机构、相关领域的学术专家、著名学者和社会各界的关心、支持、帮助和指导，在此表示感谢！

在本书的成书过程中，感谢西南财经大学赵德武书记、卓志校长和史代敏副校长长期对发展研究院以及对本人工作的支持和鼓励，感谢发展研究院同事对本教材编写提供的帮助。还要感谢全球化智库、北京东宇全球化智库基金会、南方国际人才研究院、北方国际人才研究院对本书编写工作给予的具体支持和帮助。此外，我们还得到了很多方面的帮助和支持。感谢全球化智库的研究人员苗绿、郑金连、董庆前、曲梅、吴菲怡、陈肖肖、李庆、杨景光、于蔚蔚、杨雅涵、杨婧旼、牛骁等研究人员，以及其他工作人员对本书做出的贡献。

借此机会，我们还要感谢中国人力资源和社会保障出版集团对本书提供的积极支持！同时也感谢国内外关心人才研究和智库发展的群体对我们工作的支持。

由于本书撰写和编辑时间仓促，加之水平能力有限，书中难免出现纰漏，欢迎社会各界批评指正，以便我们在未来的研究中改进。衷心希望本书能为公众、专家、学者和政府对我国人才体制机制改革、人才理论发展状况的系统了解起到一定的帮助作用，对政府建言献策有所参考，以促进我国在人才理论领域进行深入研究，以此为人才工作实践提供科学指导，为实现人才强国战略贡献力量。

西南财经大学发展研究院院长

全球化智库（CCG）主任　王辉耀

中国人才研究会副会长

2020年11月10日于北京